Uni-Taschenbücher 612

W0188599

UTB

Eine Arbeitsgemeinschaft der Verlage

Birkhäuser Verlag Basel und Stuttgart
Wilhelm Fink Verlag München
Gustav Fischer Verlag Stuttgart
Francke Verlag München
Paul Haupt Verlag Bern und Stuttgart
Dr. Alfred Hüthig Verlag Heidelberg
Leske Verlag + Budrich GmbH Opladen
J. C. B. Mohr (Paul Siebeck) Tübingen
C. F. Müller Juristischer Verlag – R. v. Decker's Verlag Heidelberg
Quelle & Meyer Heidelberg
Ernst Reinhardt Verlag München und Basel
F. K. Schattauer Verlag Stuttgart-New York
Ferdinand Schöningh Verlag Paderborn
Dr. Dietrich Steinkopff Verlag Darmstadt
Eugen Ulmer Verlag Stuttgart
Vandenhoeck & Ruprecht in Göttingen und Zürich
Verlag Dokumentation München

Anton Semenovič Makarenko

Pädagogische Texte

Auswahl und Einleitung von Horst E. Wittig

Übersetzung von Reinhard Lauer (Göttingen)
und Horst E. Wittig (Oldenburg)
nach der russischen Akademieausgabe

Ferdinand Schöningh, Paderborn

Anton Semenovič Makarenko (1888—1939) erlangte durch die literarische Verarbeitung des Experiments einer Kollektiverziehung in seinen Arbeitskolonien und Kommunen für verwahrloste Jugendliche „weltweite Bedeutung" (Maxim Gorki) und wurde zum Klassiker der Sowjetpädagogik. (Die Lebensdaten s. Zeittafel S. 15.)

Die Handelsmission der UdSSR in Köln erteilte die Genehmigung zur Neuübersetzung nach der siebenbändigen sowjetischen Akademieausgabe (Moskau 1950—52) und zur Verbreitung in der Bundesrepublik Deutschland, in Österreich und der Schweiz.

Das Textmaterial aus dem Gesamtwerk wurde folgender Ausgabe entnommen: A. S. Makarenko, Ausgewählte pädagogische Schriften. Besorgt von Horst E. Wittig. Zweite, überarbeitete und verbesserte Auflage (Übersetzt von Reinhard Lauer und Horst E. Wittig), Paderborn 1969.

Dr. Horst E. Wittig (1922) ist o. Professor für Allgemeine und Vergleichende Erziehungswissenschaft und Leiter der Forschungsstelle für Auslandsschulwesen (FO) an der Universität Oldenburg.

Dr. Reinhard Lauer (1935), ist o. Professor für Slavische Philologie und Direktor des Seminars für Slavische Philologie der Georg-August-Universität Göttingen.

© 1976 by Ferdinand Schöningh at Paderborn. Printed in Germany.

Herstellung: Ferdinand Schöningh, Paderborn.

Einbandgestaltung: A. Krugmann, Stuttgart.

ISBN 3-506-99199-X

Abb. 1   Anton Semenovič Makarenko (1888—1939) in den dreißiger Jahren

Abb. 2   Gor'kij-Kolonisten marschieren zur landwirtschaftlichen Arbeit

Abb. 3   Dzeržinskij-Kommune: A. S. Makarenko (Bildmitte mit Brille),
Leiter der Kommune und Kommunarden (dreißiger Jahre)

Inhalt

Einleitung

I. Dieser Auswahlband Pädagogischer Werke des Sowjet-pädagogen Anton Semenovič Makarenko (1888—1939) soll den unmittelbaren Zugang zum Originaltext und einen Überblick über die Gesamtentwicklung seiner Gedankenwelt ermöglichen. Bereits nach wenigen Seiten wird der Leser erkennen, daß hier ein pädagogischer Schriftsteller zu ihm spricht, der mitten im Leben steht und der einen neuen Weg der Erziehung sucht, um seinen verwahrlosten Zöglingen den Weg in eine glückliche Zukunft zu weisen. Aus diesen Bemühungen erwuchs eine neue Pädagogik, in deren Mittelpunkt die Theorie und Praxis der Kollektiverziehung steht. Ihr Endziel ist der Sowjetmensch.

Makarenko führt von praktischen Arbeitserfahrungen in der von ihm begründeten Gorki-Kolonie (1920—1928) und Dzeržinskij-Kommune (1927—1935) zur Theorie der sozialistischen Kollektiverziehung. Pädagogische Praxis und theoretische Reflexion, politisches Bewußtsein und gesellschaftliches Handeln, Arbeits-ethos und polytechnische Ausbildung, Logik und Dialektik der Pädagogik, Ordnung, Disziplin und freies Jugendleben, Hingabe an das Kollektiv und Liebe zur Jugend, pädagogische Meister-schaft und Konsequenz der politischen Erziehung, Individuum (Sowjetmensch) und Gemeinschaft (Kollektivordnung), Literatur und Theater — die von Makarenko in sein Gesamtwerk einge-brachte Fülle praktischer Anregungen und theoretischer Impulse ist fast nicht auszuschöpfen. Noch immer harrt das Gesamtwerk der systematischen Nutzung. Makarenko hat der Sozial- und Frei-zeitpädagogik, der Familien- und Schulpädagogik wie anderen Teilbereichen der Erziehungswissenschaft und -praxis immens viel zu bieten!

Makarenko wurde mit Platon und Pestalozzi verglichen. Diese wie andere Vergleiche mit den Großen der Bildungsgeschichte hätte er in seiner Bescheidenheit abgelehnt. Er erhob für sich jedoch den Anspruch, als genuiner sowjetischer Pädagoge zu gelten. Sein Mentor und Freund, der russische Dichter Maxim Gorki (wir verwenden hier nicht die in der Slavistik übliche Transkriptionsform Maksim Gor'kij), nannte ihn — nicht un-berechtigt — einen „Pädagogen neuen Typs".

Wenige Jahrzehnte nach dem Tod Makarenkos (1. April 1939) war sein Werk schon in Millionenauflagen verbreitet und in etwa sechzig Sprachen übersetzt. Sein schriftstellerisches Hauptwerk, der pädagogische Roman „Ein Pädagogisches Poem. Der Weg ins Leben", wurde verfilmt und in einer Theaterfassung auf die Bühne gebracht, als Buchfassung von sowjetischen Lesern zum Lieblingsbuch erklärt. Neben dieser tiefgreifenden und nachhaltigen literarischen Wirkung hat sich die wissenschaftliche Makarenko-Diskussion und -Forschung immer breiter entfaltet, so daß Makarenko auch das akademische Leben beeinflußt hat. In der Bundesrepublik Deutschland fand die Makarenko-Forschung ein wissenschaftliches Zentrum, das „Makarenko-Referat" an der Universität Marburg (Forschungsstelle für Vergleichende Erziehungswissenschaft). Es begann 1967 mit der Vorbereitung einer auf zwanzig Bände bemessenen z weisprachigen russisch-deutschen Ausgabe.

II. Bei unserem Textband zur Einführung in das Pädagogische Werk Makarenkos wurde auf einen notwendigerweise umfangreichen wissenschaftlichen Apparat verzichtet und auch nicht in die breite internationale akademische Makarenko-Diskussion eingeführt. Hier soll lediglich ein Überblick über den Gesamtzusammenhang der pädagogischen Konzeption vermittelt werden, der Ausgangspunkt für die weiterführende Beschäftigung und den Einstieg in das Detail sein könnte. Die bewährte erste westdeutsche Edition (1961; 2. A. 1969)[1] bietet einen Zugang zur wissenschaftlichen Diskussion durch eine ausführliche Würdigung von Leben und Werk des Sowjetpädagogen, Kommentare und Quellenberichte zu den in neuer Übersetzung von Reinhard Lauer (Universität Göttingen) und Horst E. Wittig vorgelegten Texten (u. a. auch eine Auswahl aus dem Briefwechsel zwischen M. Gorki und Makarenko, sowie Dokumente und Materialien zur Erziehungspraxis und pädagogischen Konzeption), sowie etwa 1 000 bibliographische Titel aus der Original- und Sekundärliteratur, unter anderem die erste ,Regionalbibliographie' (Japan)[2],

---

[1] A. S. Makarenko, Ausgewählte pädagogische Schriften. Besorgt von Horst E. Wittig. (Übers. v. Reinhard Lauer und H. E. Wittig), zweite, überarb. und verb. Auflage, Paderborn 1969, 358 S. — Schöninghs Sammlung pädagogischer Schriften. Quellen zur Historischen, Empirischen und Vergleichenden Erziehungswissenschaft. Herausgeber: Theodor Rutt.

[2] Vgl. A. S. Makarenko in der japanischen Literatur. Auswahlbibliographie. Material für eine ,Regionalbibliographie Japan'. In: Ebd. (APS), S. 315—320. (Enth. 65 Titel aus der japan. Literatur, Übers. von Sekundärlit. aus der UdSSR und DDR ins Japanische).

Zeittafel, Register und vordem in Westeuropa erstmals veröffent-
lichte Fotos aus der Erziehungspraxis Makarenkos, die von der sow-
jetischen Akademie der Pädagogischen Wissenschaften (APN,
Moskau) zur Verfügung gestellt wurden.
Die Texte des vorliegenden Bandes ausgewählter Pädagogischer
Texte wurden dieser Neuübersetzung von R. Lauer und H. E.
Wittig entnommen und in fünf Kapitel gegliedert (deren Titel
nicht von Makarenko stammen). Diese fünf Kapitel lassen die
Schwerpunkte seines Werkes erkennen:

I. Pädagogische Romanwerke
II. Elternerziehung und Familienpädagogik
III. Methodik des Erziehungsprozesses
IV. Sowjetische Schulerziehung
V. Pädagogische Erfahrungen

Den fünf Kapiteln wurden zehn ausgewählte Texte eingeglie-
dert, die als repräsentativer Querschnitt durch das pädagogische
Gesamtwerk gelten können. Die Texte zeigen die pädagogische
Entwicklung Makarenkos von den Anfängen in der Gorki-
Kolonie (die er in dichterischer Gestaltung im ‚Pädagogischen
Poem' beschrieb) bis zum letzten öffentlichen Vortrag ‚Aus der
Arbeitserfahrung', zwei Tage vor seinem Tod in Moskau. Den
Texten sind kurze Einleitungen vorangestellt, Hinweise auf
Quellen (deutsche Übersetzungen) nachgeordnet. Im Rahmen
dieses Auswahlbandes bleiben die Quellennachweise auf folgende
Ausgaben begrenzt (die mit Abkürzungen angeführt werden):

Werke = A. S. Makarenko, Werke (sieben Bände, ein Er-
     gänzungsband; deutsch, nach der russ. Akademieausgabe)
     Berlin 1956—1962.
Ges. Werke = Anton Makarenko, Gesammelte Werke. Mar-
     burger Ausgabe (I. Abteilung: 13 Bände; zweisprachig)
     Ravensburg 1976 ff. (Ges. Werke II + Bandzahl = Hinweis
     auf die geplanten Bände der II. Abteilung).
APS = A. S. Makarenko, Ausgewählte pädagogische Schrif-
     ten. Zweite, überarb. und verb. Aufl., Paderborn 1969.

Die umfangreiche Sekundärliteratur kann aus den Bibliographien erschlossen werden (vgl. Auswahlbibliographie, S. 190).
Für die wissenschaftliche Arbeit wird neben den beiden sowjetischen Akademieausgaben (vgl. Auswahlbibliographie Nrn. 11 und
12) die zweisprachige „Marburger Ausgabe" (Ges. Werke 1976 ff.)

unerläßlich sein. Die sowjetische Akademie der Pädagogischen Wissenschaften kündigte 1975 eine neue „Gesamtausgabe der Werke A. S. Makarenkos" (neun bis zehn Bände) an, doch werden einige Jahre vergehen, bis diese russische Edition abgeschlossen zur Verfügung steht (vgl. Sovetskaja pedagogika, 39/1975/H. 5, S. 158).

III. Makarenko hat in Deutschland eine erstaunlich breite und nachhaltige Wirkung erzielt[3], das Interesse an seinem Werk hat bis zur Gegenwart stetig zugenommen. Zur vertieften Auseinandersetzung mit seiner pädagogischen Konzeption müßte jedoch eine Beschäftigung mit dem Werk der Begründer des wissenschaftlichen Sozialismus, Karl Marx und Friedrich Engels, vorausgehen und jene Texte einbezogen werden, die wir als „Marxsche Bildungskonzeption" bezeichnet und zusammengefaßt haben[4]. Sie zeigen im Zentrum die Marxschen Vorstellungen der polytechnischen Bildung als „Keim einer industriellen Erziehung der Zukunft", bieten aber auch den anthropologischen und philosophischen Ansatz des jungen Marx und seinen Begriff des „Gattungswesens"[5]. Neben diesem Ausgangspunkt muß zum vollen Verständnis der sowjetischen Bildungsentwicklung auch das Werk von V. I. Lenin herangezogen werden[6], das zu ergänzen wäre durch die in deutscher Übersetzung vorliegenden Dokumente und Texte zur sowjetischen Bildungspolitik[7].

Von diesem Literaturfundament kann die Einordnung einzelner Werke der russischen und sowjetischen Pädagogik erfolgen, die der des Russischen nicht kundige Leser in deutschen Übersetzungen vorfindet. Es empfiehlt sich mit dem pädagogischen Werk des russischen Dichterphilosophen Leo N. Tolstoj (1828 bis 1910)[8] zu beginnen, das repräsentativ für die russische Bil-

---

[3] Vgl. Götz Hillig (Hrsg.), Makarenko in Deutschland 1927—1967. Texte und Berichte. Mit einer Einführung von Leonhard Froese, Braunschweig 1967, — Beiträge zur Vergleichenden Erziehungswissenschaft, Bd. 1.
[4] Vgl. Horst E. Wittig, Die Marxsche Bildungskonzeption und die Sowjetpädagogik, Bad Harzburg 1964. — Wirtschaft und Schule, Bd. 6.
[5] Vgl. Karl Marx, Bildung und Erziehung. Studientexte zur Marxschen Bildungskonzeption. Besorgt von Horst E. Wittig, Paderborn 1968.
[6] Vgl. V. I. Lenin, Über Volksbildung. Artikel und Reden. Berlin 1966. — Bibliothek des Lehrers, Abteilung I.
[7] Vgl. Die sowjetische Bildungspolitik seit 1917. Dokumente und Texte. Herausgegeben und erläutert von Oskar Anweiler und Klaus Meyer, Heidelberg 1961.
[8] Vgl. Leo N. Tolstoj, Ausgewählte pädagogische Schriften. Besorgt von Theodor Rutt, Paderborn 1960.

dungsgeschichte ist. Zur frühsowjetischen Reformpädagogik wäre das Werk „Die Arbeitsschule" (Trudovaja škola) von Pavel Petrovič Blonskij heranzuziehen[9] und mit dem Verständnis der Arbeit bei Makarenko zu vergleichen.

Zur weiteren Vertiefung in die russische und sowjetische Pädagogik stehen deutsche Übersetzungen (Auswahlbände) von V. G. Belinskij (1811—1848), K. D. Ušinskij (1824—1870) und N. A. Dobroljubov (1836—1861) zur Verfügung, aus dem Bereich der Sowjetpädagogik und sowjetischen Bildungspolitik die Schriften (Auswahlbände) von N. K. Krupskaja (1869 bis 1939), S. T. Šackij (1878—1934) und M. I. Kalinin (1875—1946).

Neben dieser Primärliteratur stehen dem deutschen Leser zwei Arbeiten deutscher Fachleute zur Verfügung, die das hohe wissenschaftliche Niveau der deutschen Vergleichenden Erziehungswissenschaft in ihrer auf Osteuropa gerichteten Forschungsrichtung repräsentieren, die Druckfassungen der Habilitationsschriften von Leonhard Froese (Marburg)[10] und Oskar Anweiler (Bochum)[11]. Die umfangreiche Sekundärliteratur wird in Bibliographien zu diesem Spezialgebiet der Vergleichenden Erziehungswissenschaft nachgewiesen[12].

V. Damit ist der geistesgeschichtliche Umkreis skizziert, in den die sachgerechte Bewertung Makarenko einzubeziehen hätte. Makarenko ist Sowjetpädagoge. Seine Persönlichkeit und sein pädagogisches (wie literarisches und publizistisches) Werk werden erst im Gesamtzusammenhang der russischen und sowjetischen Bildungsgeschichte transparent. Sein Experiment der

---

[9] Vgl.Pavel Petrovič Blonskij, Die Arbeitsschule (Trudovaja škola). Vollständige Ausgabe, Neuübersetzung des ersten und zweiten Teiles. Besorgt von Horst E. Wittig. (Übers. Reinhard Lauer und H. E. Wittig), Paderborn 1973.

[10] Vgl. Leonhard Froese, Ideengeschichtliche Triebkräfte der russischen und sowjetischen Pädagogik. Zweite, stark erweiterte Aufl., Heidelberg 1963.

[11] Vgl. Oskar Anweiler, Geschichte der Schule und Pädagogik in Rußland vom Ende des Zarenreiches bis zum Beginn der Stalin-Ära, Berlin 1964 (In Komm. bei Quelle & Meyer, Heidelberg). — Erziehungswissenschaftliche Veröffentlichungen des Osteuropa-Institutes an der Freien Universität Berlin, Band 1.

[12] Vgl. Das Bildungswesen der UdSSR. Literatur zur Einführung in die ideologischen, historischen, politischen Grundlagen und pädagogischen Probleme des russischen und sowjetischen Bildungswesens. Eine Auswahlbibliographie von Horst E. Wittig. Hrsg. von der Hochschule für Internationale Pädagogische Forschung, Frankfurt am Main 1960. — Für die Folgezeit wird verwiesen auf die Bibliogr. des Osteuropa-Instituts an der Freien Universität Berlin.

Kollektiverziehung ist zwar rein sowjetisch, doch steht die Erforschung der Vorformen des Kollektivbegriffs noch aus, wie der Nachweis, ob sich die Vorformen und Ansätze wie die Versuche anderer Pädagogen zu seiner Zeit gegenseitig befruchtet haben.

Die Sowjetpädagogik besitzt Modellcharakter für Schule und Erziehungswissenschaft in Ost und West. Sie hat bis zur Gegenwart die schulpädagogische und erziehungswissenschaftliche Diskussion international angeregt. Neben der frühsowjetischen Arbeitsschulbewegung und polytechnischen Erziehung — um nur zwei herausragende Ergebnisse der Sowjetpädagogik anzuführen — hat Makarenko das Interesse in den sozialistischen und westlichen Ländern durch sein erzieherisches und schriftstellerisches Werk stimuliert. Makarenko erlangte in der Tat als Pädagoge und Schriftsteller Weltbedeutung. Das kann objektiv festgehalten werden, ohne damit die Leistungen anderer sowjetischer Pädagogen zu schmälern.

Die Bedeutung Makarenkos für das sowjetische Kulturleben erkannte der russische Dichter Maxim Gorki schon in den zwanziger Jahren. Er erklärte, der Sowjetpädagoge habe durch sein „wunderbar gelungenes, ungeheuer wertvolles Experiment . . . weltweite Bedeutung" erlangt. Gorki wies trotz der damals schon einsetzenden Kritik auf die beispielhafte pädagogische Leistung seines Schützlings, den er zu den „Bahnbrechern eines neuen Lebens" zählte, hin. Gorki schrieb: „Sie sind ein wundervoller Mensch, gerade einer von denen, wie sie Rußland braucht! Wenn Sie auch keine Lobsprüche lieben, so nehmen Sie doch dies von ganzem Herzen. Möge es unter uns bleiben!" (APS 73).

Die Auseinandersetzung mit dem Werk Makarenkos im Zusammenhang mit der Sowjetpädagogik ist eine noch zu erfüllende kulturpolitische und wissenschaftliche Forderung unserer Zeit.

Leben und Werk des Sowjetpädagogen A. S. Makarenko

Zeittafel 1888 bis 1939[1]

1888   **Anton Semenovič Makarenko** wird in Belopole, Gouvernement Charkov, Ukraine, geboren (01./13./ 03. 1888).

1895—1904 *Elementarschulbesuch* in Belopole und Kremenčug. Makarenko wird als Bester seiner Klasse entlassen.

1904—1905 *Lehrerausbildung* in Kremenčug. Nach bestandenem Einjahreskurs wird Makarenko Elementarschullehrer.

1905—1911 *Lehrer in Krjukov.* Übernahme der ersten Lehrerstelle an der Eisenbahnschule zu Krjukov am Dnjepr bei Kremenčug (01.09.05).

1911—1914 *Lehrer und Erzieher in Dolinskaja* an der zweiklassigen Eisenbahnschule, Gouvernement Cherson (25.09.11).

1914—1917 *Lehrerstudium in Poltava* am neueröffneten Lehrerinstitut. Abschluß des Studiums mit der Goldenen Medaille als Bester seines Kursus, Lehrbefähigung für Höhere Elementarschulen (15.06.17).

Zwischenzeitlich zum Militärdienst nach Kiew eingezogen, aus Gesundheitsgründen vorzeitig entlassen (Dez. 16 bis März 17).

1917—1919 *Schulleiter in Krjukov.* Die dortige Eisenbahnschule soll von Makarenko zur Höheren Elementarschule erweitert und umorganisiert werden. Er beginnt mit ersten Experimenten zur Erprobung einzelner Elemente seiner späteren pädagogischen Konzeption (Schulgartenarbeit, Arbeitsbrigaden, Orchester, Kindermärsche).

---

[1] Vgl. die Zeittafel in APS, S. 321—337. — Die von Götz Hillig und Siegfried Weitz vom Marburger Makarenko-Referat vorgelegte Übersicht „Daten zu Leben und Werk A. Makarenkos" wurde mit herangezogen, wofür auch an dieser Stelle gedankt werden darf. Die von Hillig-Weitz ermittelten neuen Daten werden sicher dazu beitragen, das bisherige Makarenko-Bild zu differenzieren. Vgl. Ges. Werke 1, S. 61—79.

1919—1920 *Schulleiter in Poltava.* Makarenko übernimmt die Leitung der 1. Städtischen Elementarschule (09.09.19), beteiligt sich an der Umorganisation der dortigen Schulen und leitet die 10. Arbeitsschule. Er wird Mitglied des Gouvernementsvorstandes der Gewerkschaft und beteiligt sich am Aufbau der Lehrergewerkschaft.

1920—1928 *Leiter der Gorki-Arbeitskolonie Poltava und Kurjaž.* Makarenko übernimmt Aufbau und Leitung der Arbeitskolonie für minderjährige Rechtsbrecher in Triby bei Poltava (20.09.20).

Makarenko verwendet erstmals die Bezeichnung „Gorki-Kolonie" (20.09.21). Er entwickelt sein Abteilungs- und Kommandeursystem.

Aufnahme des Briefwechsels zwischen Makarenko und Gorki (Juli 23).

Makarenko wird aus Anlaß des fünfjährigen Bestehens der Gorki-Kolonie vom Volksbildungskommissariat der Ukrainischen SSR mit dem Titel „Roter Held der Arbeit" ausgezeichnet (20.08.25).

Umzug der Gorki-Kolonie nach Kurjaž bei Charkov (30.05.26). Übernahme der dort bestehenden Erziehungskolonie in das System der Gorki-Kolonie. — Einsetzende Kritik an Einzelelementen seiner pädagogischen Konzeption.

1927—1935 *Leiter (und stellvertr. Leiter) der Dzeržinskij-Kommune/Charkov.* Übernahme der Organisation einer Jugendarbeitskommune in Charkov (20.10.27), die als Dzeržinskij-Kommune eröffnet wird (29.12.27).

Makarenkos Kommandeur-System der Gorki-Kolonie wird öffentlich kritisiert, amtliche Maßnahmen zur Reorganisation der Gorki-Kolonie werden angekündigt (April 28). Maxim Gorki besucht zwei Tage die nach ihm benannte Kolonie (08.07.28). Der Leiter der Hauptverwaltung Sozialerziehung beim Volkskommissariat der Ukrainischen SSR fordert die Aufgabe der „Kommandeur-Pädagogik". — Entbindung von der Leitung der Gorki-Kolonie (03.09.28). Arbeit am ‚Pädagogischen Poem'.

In der Kommune wird ein Politleiter eingesetzt, wodurch sich Makarenko in seiner Leiterfunktion begrenzt glaubt (Sept. 29). Reise nach Moskau und dortige Versuche, die Leitung eines anderen Kinderheimes zu übernehmen (was mißlingt). — Pläne zur Gründung einer „Waldschule" für Familienkinder (Okt. 29). — In der Kommune wird durch Einrichtung von Werkstätten die Produktionsarbeit vorangetrieben.

Makarenko schreibt die Skizze ‚An der gigantischen Front' (Frühjahr 30), die im Sommer 1930 erscheint. Konflikt mit dem Vorstand der Kommune wegen der Einstellung des Physiklehrers A. V. Vesič (Okt./ Nov. 30).

Makarenko verfaßt den Abriß ‚Die Kinderverwahrlosung und ihre Bekämpfung' (Jan./Febr. 31). Aufenthalt in Moskau wegen des ‚Poems', doch findet sich keine Möglichkeit zur Drucklegung des Manuskriptes. — Auf Beschluß des Vorstandes der Kommune wird eine Fabrik für Elektrowerkzeuge gebaut (Juni 31).

1932—1935   Makarenko ist nur noch als Stellvertreter des Leiters der Dzeržinskij-Kommune tätig. — Betriebseröffnung der Fabrik für Elektrowerkzeuge in der Kommune (07.01.32). — Makarenko arbeitet in Moskau an der Skizze ‚FD-1' (März/April 32), die das Leben der Dzeržinskij-Kommune beschreibt. — Makarenko wird Leiter des pädagogischen Bereichs, damit Stellvertreter des Leiters der Kommune (15.04.32). Im Industriebetrieb der Kommune werden Kleinbildkameras vom Typ der Leica produziert.

Makarenko trifft in Moskau mit Gorki zusammen und übergibt ihm das Manuskript des ‚Poems' (21.09.33). Die erste Folge des ‚Poems' wird in Gorkis ‚Almanach' (Nr. 3) veröffentlicht. — Makarenko reicht unter dem Pseudonym ‚Andrej Galčenko' dem ‚Allunionswettbewerb um das beste Theaterstück' sein Bühnenmanuskript ‚Dur' ein (Sept./ Okt. 33), das in der Dzeržinskij-Kommune handelt.

Das Manuskript des Theaterstückes ‚Dur' wird mit einer Aufführungsempfehlung ausgezeichnet (März/April 34). — Mitglied des sowjetischen Schriftstellerverbandes (04.06.34). — Makarenko schreibt das (unveröffentlichte) Manuskript eines Theaterstückes unter dem Titel ,Newtonsche Ringe' (Nov./ Dez. 34).

In Gorkis ,Almanach' (Nr. 5) wird der zweite Teil des ,Poems' veröffentlicht (Anfang 35). — Makarenko wird in den Sowjet des Dzeržinskij-Stadtteils von Charkov gewählt (01.05.35).

1935—1936 *Stellvertretender Abteilungsleiter im Kommissariat für Innere Angelegenheiten der Ukrainischen SSR, Kiew.* Makarenko wird in die neugeschaffene „Abteilung für Arbeitskolonien" des Kommissariats für Innere Angelegenheiten der Ukrainischen SSR als Stellvertreter des Abteilungsleiters berufen (einem Innenministerium vergleichbar), der auch die Gorki-Kolonie und Dzeržinskij-Kommune unterstehen Übersiedlung nach Kiew zur Übernahme der neuen Aufgabe (Juni/Juli 35). — Arbeit an der ,Methodik der Organisation des Erziehungsprozesses' (Herbst 35).

In Gorkis ,Almanach' (Nr. 8) wird der dritte Teil des ,Poems' abgedruckt (Frühjahr 36). — Makarenko veröffentlicht einige Beiträge zum Tode Gorkis in Kiewer Zeitungen (18.06.36). — Offizielle Verurteilung der Pädologie, die Makarenko heftig bekämpft hatte, so daß er nun verstärkt öffentliche Anerkennung findet (04.07.36). — Niederschrift des Werkes ,Ein Buch für Eltern' wird durch Änderung der sowjetischen Familienpolitik gefördert. — Aufenthalt in Moskau zur Diskussion des ,Poems' mit Mitarbeitern des Höheren Instituts für Kommunistische Bildung (Juli/Aug. 36). — Veröffentlichung einer Zuschrift an den Rat der Schriftstellerfrauen, in welcher der bereits 1929 entworfene Plan zur Gründung einer „Waldschule" erneut vorgestellt wird (05.08.36). — Der erste Teil des ,Poems' erscheint in englischer Übersetzung ,Road to Life', London 1936 (Sept. 36).

1936—1937 *Leiter der Arbeitskolonie Nr. 5 in Brovary bei Kiew* (10.10.36 bis Ende Jan. 37). Makarenko vermag in dieser Kolonie kurzfristig ein diszipliniertes Arbeitskollektiv zu organisieren.

1937—1939 *Letzte Lebensjahre als Schriftsteller in Moskau*[2]. Übersiedlung von Kiew und Brovary nach Moskau, wo
sich Makarenko nur noch der schriftstellerischen
Tätigkeit widmet (Febr. 37). — Vortrag vor Lehrern
und Studenten des Pädagogischen Instituts Smolensk
(17.—19.05.37). — Abdruck des ersten Bandes
,Ein Buch für Eltern' in der Zeitschrift „Krasnaja
nov'‴ (Ende Juli 38). — Beginn der Rundfunkvorträge über Kindererziehung in der Familie
(01.09.37). — In der Zeitschrift ,Literaturnij kritik'
werden die besten Bücher der Sowjetliteratur ge-
würdigt, u. a. auch das ,Pädagogische Poem' (Ende
Dez. 37).

Vorlesungszyklus über ,Probleme der sowjetischen
Schulerziehung' vor Mitarbeitern des Volksbildungs-
kommissariats der RSFSR (10.—20.01.38). — Arbeit
am Roman ,Flaggen auf den Türmen' (Frühjahr 38).
— Beginn der Veröffentlichung von ,Flaggen auf
den Türmen' in der Zeitschrift „Krasnaja nov'‴
(Ende Juni 38). — Sanatoriumsaufenthalt bei Moskau wegen seines angegriffenen Gesundheitszustan-
des (Aug./Sept. 38). — Vorträge und Diskussion
mit Lehrern und Lesern von ,Flaggen auf den
Türmen' in Leningrad (Mitte Okt. 38). — Kur-
aufenthalt in Kislovodsk (Nov. 38). — In den Nieder-
landen erscheint eine Übersetzung des ersten Teiles
des ,Poems' unter dem Titel ,De weg naar het leven',
Amsterdam 1938.

Arbeit am Drehbuch ,Ein wahrer Charakter' für
die Moskauer „Kinderfilm"-Produktion (Dez. 38
bis Jan. 39). — Makarenko schreibt eine Broschüre
für den Sowjetpavillon der Weltausstellung in New
York unter dem Titel ,Children in the Land of
Socialism'. — Makarenko wird zusammen mit 173
anderen Schriftstellern ausgezeichnet und erhält für
„hervorragende Verdienste um die Entfaltung der
Sowjetliteratur" vom Präsidium des Obersten Sowjets den Rotbannerorden (31.01.39). — Auf dem

---

[2] Vgl. Götz Hillig und Siegfried Weitz, Makarenkos Moskauer Jahre
(1937—1939). Ein Überblick. In: Pädagogik und Schule in Ost und West,
24/2. Quartal 1976/H. 2, S. 56—63. — Beiträge zur Makarenko-Forschung.

„Makarenko-Abend" im Moskauer Schriftsteller-klub werden die ‚Flaggen' gegen kritische Angriffe verteidigt (13.02.39). — Makarenko reicht einen Antrag auf Mitgliedschaft in der Kommunistischen Partei ein (Mitte bis Ende Febr. 39), der auf der Mitgliederversammlung des Schriftstellerverbandes vom 4. April 39 behandelt werden soll. — Vortrag in der Universität Moskau über ‚Kommunistische Erziehung und kommunistisches Verhalten' am Tage der Beisetzung von N. K. Krupskaja (01.03.39). — Aufenthalt in Charkow, Vortrag im Staatlichen Päd-agogischen Institut und Treffen mit ehemaligen Zöglingen und Mitarbeitern der Dzeržinskij-Kom-mune (02.—11.03.39). — Makarenko wohnt bis zu seinem Tod im Heim des Schriftstellerverbandes Golicyno bei Moskau (13.03.—01.04.39). — Eine französische Übersetzung des ‚Poems' (I. Teil) er-scheint unter dem Titel 'Le chemin de la vie', Paris 1939 (Mitte bis Ende März 39). — Vortrag in Moskau auf einer Konferenz von Lehrern an Schulen der Jaroslaver Eisenbahn über seine pädagogischen Er-fahrungen — letzter öffentlicher Vortrag Makaren-kos (29.03.39). — Abschluß der Arbeit am Buch-manuskript von ‚Flaggen auf den Türmen' (30.03. 39). — Auf der Rückreise von Moskau in das Heim des Schriftstellerverbandes stirbt Makarenko an akutem Herzversagen in einem Eisenbahnabteil auf der Station Golicyno bei Moskau (01.04.39).

PÄDAGOGISCHE ROMANWERKE

Vorbemerkung zu

1. Ein Pädagogisches Poem. Der Weg ins Leben.

Das Hauptwerk A. S. Makarenkos, ‚Ein pädagogisches Poem. Der Weg ins Leben' wurde in der Sowjetunion von den Lesern als eines ihrer Lieblingsbücher erklärt. Es hat auch in der westlichen Welt, vor allem in beiden Teilen Deutschlands, als Buchausgabe, durch seine Verfilmung und Bühnenfassung eine beispielhafte Aufnahme gefunden.

Makarenko schildert in diesem pädagogischen Roman, der als sein Hauptwerk bezeichnet werden darf, die Geschichte der von ihm 1920 bis 1928 geleiteten Gorki-Kolonie, ihren schweren Anfang und den Aufbau eines glücklichen Jugend-Arbeitskollektivs. Die literarische Zeichnung der jugendlichen Verwahrlosten, ihre Entwicklung zu begeisterten und der Arbeit hingegebenen Kolonisten, ihre Lebensentfaltung im Kollektiv sind im ‚Poem' meisterhaft gelungen. Der Schriftsteller Makarenko schuf diesen pädagogischen Roman auf der Grundlage seiner reichen Erfahrung als praktischer Erzieher. Anschaulich, humorvoll, packend, mit unvergeßlichen Einzelheiten und liebevoller Profilierung der einzelnen Charaktere seiner Zöglinge, so zieht der Schriftsteller Makarenko seine Leser in den Bann.

Wer diesen pädagogischen Roman aus der Hand legt, der ist gleichermaßen belehrt und ergriffen. Eingeführt in die Realität eines großartigen pädagogischen Werkes, begeistert von der dichterischen Kraft und meisterhaften Gestaltung dieses Ausschnittes aus der bewegten Zeit der frühsowjetischen Erziehungswirklichkeit — der Leser wird verstehen, warum vom ‚Vorbildcharakter' dieses pädagogischen Experiments gesprochen wird, das die Zukunft der sozialistischen Erziehung vorwegzunehmen scheint.

Makarenko stellte dem Buch eine Widmung voraus: „In Ergebenheit und Liebe unserem Paten, Freund und Lehrer Maksim Gorki". Diese Widmung zeigt das besondere Verhältnis, das ihn an den russischen Dichter band, der das ‚Poem' im Verlauf eines Briefwechsels angeregt und persönlich betreut hatte. Gorki rühmte nach seinem Besuch in der nach ihm benannten Kolonie das Erziehungswerk Makarenkos, den er einen „Pädagogen neuen Typs" nannte — nicht zu Unrecht! Gorki wurde für Makarenko wie für die Zöglinge der ‚Gorki-Kolonie' mehr als ein Pate und Lehrer. Er wurde für sie zura Vorbild bei ihrem Weg ins Leben.

Das ‚Poem' erschien zunächst in drei Teilen zwischen 1933 und 1935/36 in Gorkis ‚Almanach', danach folgten zahlreiche Einzelausgaben und Übersetzungen. Es ist auch heute noch beliebt wie zur Zeit der Erstveröffentlichung.

(*Dt. Übers.* in: Werke 1; Ges. Werke 3—5; APS 7—31).

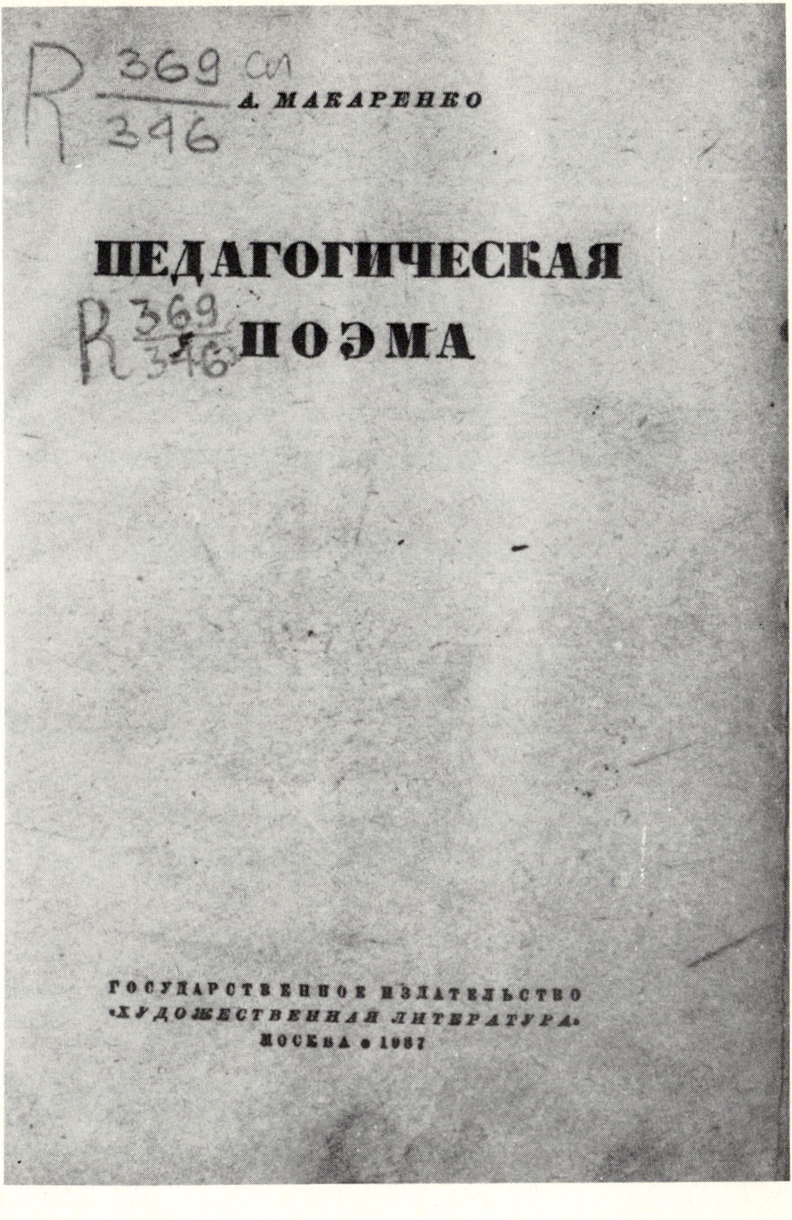

А. МАКАРЕНКО

ПЕДАГОГИЧЕСКАЯ
ПОЭМА

ГОСУДАРСТВЕННОЕ ИЗДАТЕЛЬСТВО
«ХУДОЖЕСТВЕННАЯ ЛИТЕРАТУРА»
МОСКВА • 1937

Abb. 4   Titelseite: „Ein pädagogisches Poem". Moskau: Goslitizdat 1937.

А. Макаренко

ПЕДАГОГИЧЕСКАЯ ПОЭМА

С преданностью и любовью на-
шему шефу, другу и учителю
МАКСИМУ ГОРЬКОМУ

I. Разговор с завгубнаробразом

В сентябре 1920 года заведующий губнаробразом вызвал меня к себе и сказал:

— Вот что, брат, я слышал, ты там ругаешься сильно... вот что, твоей трудовой школе дали это самое: губсовнархоз...

— Да как же не ругаться? Тут не только заругаешься, — взвоешь: какая там трудовая школа?

— Да... Для тебя бы это самое: построить новое здание, новые парты поставить, ты бы тогда занимался. Не в зданиях, брат, дело, важно нового человека воспитать, а вы, педагоги, саботируете все: здание не такое, и столы не такие. Нету у вас этого самого: вот, огня, знаешь, такого — революционного. Штаны у вас навыпуск!

— У меня как раз не навыпуск...

— Ну, у тебя не навыпуск... Интеллигенты паршивые!.. Вот ищу, ищу, тут такое дело большое... босяков этих самых развелось, мальчишек. По улице пройти нельзя, и по квартирам лазят. Мне говорят: это ваше дело, наробразовское... Ну?

— А что — ну?

— Да вот это самое: никто не хочет, кому ни говорю, руками и ногами, зарежут, говорят. Вам бы это кабинетик, книжечки, очки вон надел...

Я рассмеялся:

— Смотрите, уже и очки помешали!

— Я ж и говорю, вам бы все читать, а если вам живого человека дают, так вы это самое: зарежет меня живой человек. Интеллигенты!

Завгубнаробразом сердито покалывал меня маленькими черными глазами из-под нищевских рабочих усов, изрыгал

1. Ein Pädagogisches Poem. Der Weg ins Leben.

1.1 Gespräch mit dem Leiter

Im September des Jahres 1920 beorderte mich der Leiter des Gouvernements-Volksbildungsamtes (Zavgubnarobraz) zu sich und sagte:

„Also, mein Freund, ich habe gehört, daß du dich dort mächtig aufregst ..., also man habe deiner Arbeitsschule (Trudovaja škola) ausgerechnet das Gebäude des Gubsovnarchoz gegeben ...“

„Wie soll man sich da nicht aufregen? Es ist nicht nur zum Aufregen, zum Aufheulen ist es. Was ist das dort für eine Arbeitsschule? Verräuchert, schmutzig! Hat das noch etwas mit einer Schule gemein?“

„Ja ... das wäre so etwas für dich; ein neues Gebäude bauen, neue Schulbänke aufstellen, dann würdest du unterrichten. Lieber Freund, es geht nicht um die Gebäude, sondern es kommt darauf an, einen neuen Menschen zu erziehen. Aber ihr Pädagogen sabotiert alles: das Gebäude paßt euch nicht, die Tische passen euch nicht. Ihr habt einfach nicht dieses ... dieses Feuer, weißt du, dieses Revolutionäre. Ihr liebt Hosen mit Umschlag!“

„Ich aber gerade nicht.“

„Nun gut, du eben nicht ... Hundsgemeine Intelligenzler! Da suche ich und suche ... Das ist doch eine große Sache: diese Landstreicher, diese Jungen, haben sich vermehrt wie die Fliegen. Man kann nicht mehr unbehelligt auf der Straße gehen, in die Wohnungen brechen sie ein. Mir sagt man: ,Das ist eure Sache, ist Sache des Narobraz ...‘ Nun?“

„Was heißt — ,nun‘?“

„Das heißt eben: keiner will sich der Sache annehmen. Wem ich es auch sage, alle sträuben sich mit Händen und Füßen: ,Die schneiden uns die Kehle durch‘, sagen sie. Ja, Studierzimmerchen, Bücherchen, und so ... Brille auf der Nase ...“

Ich mußte lachend antworten:

„Da schauen Sie: schon die Brille stört Sie!“

„Ich will damit nur sagen: ihr wollt am liebsten nur lesen, aber wenn man euch einen lebendigen Burschen gibt, dann geht es los: ‚Er wird mir die Kehle durchschneiden, der lebendige Mensch‘. Intelligenzler!"

Der Zavgubnarobraz durchbohrte mich zornig mit seinen kleinen schwarzen Augen, und unter seinem Nietzschebart spieh er Schmähungen gegen unsere ganze pädagogische Bruderschaft hervor. Und doch war er im Unrecht, dieser Zavgubnarobraz.

„Hören Sie mich an!"

„Hören Sie mich an! Was heißt das: Hören Sie mich an! Was kannst du denn schon sagen? Du wirst sagen: Gut, wenn es bei uns so wäre, wie in Amerika! Unlängst habe ich da so ein Büchlein gelesen, das Sie mir aufgebunden hatten. Reformatoren . . . oder wie es dort heißt. Halt! . . . aha: Reformatorien. Das gibt es bei uns allerdings nicht".

„Nein — aber hören Sie mich an!"

„Gut, ich höre."

„Man ist doch vor der Revolution auch mit diesen Landstreichern fertiggeworden. Es gab Kolonien für minderjährige Verbrecher . . ."

„Das ist nicht das Richtige, weißt du . . . Vor der Revolution — das ist nicht das Richtige."

„Richtig. Das bedeutet: man muß den neuen Menschen auf eine neue Weise schaffen".

„Auf neue Weise, das sagst du richtig."

„Aber niemand weiß wie."

„Und du — weißt du es nicht?"

„Nein, ich weiß es auch nicht."

„Aber sieh, bei mir hier im Gubnarobraz, da gibt es eben solche, die es wissen . . ."

„Aber die Sache anpacken, das wollen sie nicht."

„Nein, das wollen sie nicht, das Gesindel, da hast du recht."

„Und wenn ich mich dranmache, dann werde sie mich ins Jenseits befördern. Was ich auch tun würde, sie würden sagen: „,Nicht so‘."

„Das würden sie sagen, die Schufte, da hast du recht."

„Und sie werden ihnen trauen, aber mir nicht."

„Ich werde ihnen nicht trauen, sondern werde ihnen sagen: ‚Ihr hättet euch selbst daranmachen müssen!‘"

„Nun, und wenn ich tatsächlich Fehler mache?"

Der Leiter des Gubnarobraz schlug mit der Faust auf den Tisch.

„Was willst du damit sagen: ‚Fehler machen, Fehler machen!‘ . . . Gut, dann mache eben Fehler. Was willst du eigentlich von mir? Verstehe ich das denn nicht, was? Mache immerhin Fehler, aber es muß etwas getan werden. Dann wird man schon sehen. Hauptsache ist eben . . . nicht irgendeine Kolonie für minderjährige Verbrecher — verstehst du — sondern die Sozialerziehung ... Wir brauchen so einen Menschen, eben ... unseren Menschen! Schaffe ihn! Einerlei wie, wir müssen alle erst lernen. Auch du wirst lernen. Es ist gut, daß du mir unter vier Augen gesagt hast: ‚Ich weiß es nicht'. Das ist gut so."

„Ist ein Platz vorhanden? Immerhin braucht man Gebäude."

„Gibt es alles, mein Freund. Ausgezeichneter Platz. Dort war gerade eine Kolonie für minderjährige Verbrecher. Nicht weit von hier, sechs Werst. Schön ist es dort: Wald, Felder — wirst Kühe züchten ...."

„Und Leute?"

„Leute, gleich werde ich sie dir aus der Tasche ziehen. Soll ich dir vielleicht auch noch ein Auto geben?"

„Geld? ..."

„Geld ist da. Hier nimm!"

Er nahm aus dem Tischkasten einen Packen Geld.

„Hundertfünfzig Millionen. Das ist für die gesamte Organisation. Es muß renoviert werden; manche Möbel müssen angeschafft werden ..."

„Und für die Kühe?"

„Mit den Kühen mußt du dich noch gedulden. Dort gibt es nicht einmal Fensterscheiben. Dann wirst du einen Kostenvoranschlag für ein Jahr aufstellen."

„Das ist unangenehm; es hätte nicht gestört, zuvor alles einmal anzusehen."

„Ich hab's mir angesehen ... oder glaubst du, du würdest besser sehen als ich? Fahr hin — und fertig."

„Nun schön", sagte ich erleichtert, denn im Augenblick gab es für mich nichts Furchtbareres als die Räume der Arbeits-Schule im Gubsovnarchoz.

„So, jetzt bist du ein Kerl!" sagte der Zavgubnarobraz. „Ans Werk! Es ist eine heilige Sache!"

1.2 Die unrühmlichen Anfänge der Gor'kij-Kolonie

(...) Am 4. Dezember trafen die ersten sechs Zöglinge in der Kolonie ein und übergaben mir ein märchenhaftes Paket mit fünf riesigen Siegeln. In dem Paket waren „Akten". Vier Zöglinge waren achtzehn Jahre alt und wurden wegen bewaffneten Wohnungseinbruchs hergeschickt, während die beiden anderen jüngeren des Diebstahls angeklagt waren. Unsere Zöglinge waren ausgezeichnet gekleidet: Reithosen und stutzerhafte Stiefel. Ihre Frisuren entsprachen der letzten Mode. Es waren keineswegs verwahrloste Kinder (Besprizornyj). Die Namen dieser ersten waren: Zadorov, Burun, Volochov, Bendjuk, Gud und Taranec.

Wir empfingen sie freundlich. Bei uns war seit dem Morgen ein besonders schmackhaftes Essen bereitet worden; die Köchin strahlte unter dem schneeweißen Kopftuch. Im Schlafsaal waren auf dem von Betten freien Platz die Paradetische gedeckt; zwar hatten wir keine Tischtücher, aber neue Bettlaken ersetzten sie mit großem Erfolg. Hier versammelten sich alle Angehörigen der entstehenden Kolonie. Und auch Kalina Ivanovič erschien und hatte zur Feier des Tages sein graues, schmutziges Jakett mit einer Jacke aus grünem Samt vertauscht.

Ich hielt eine Rede über ein neues, arbeitsreiches Leben und darüber, daß man die Vergangenheit vergessen müsse, daß man immer nur vorwärts und vorwärts schreiten müsse. Die Zöglinge hörten sich meine Rede aufmerksam an, sie flüsterten miteinander und betrachteten mit boshaftem Lächeln und voller Verachtung die in der Kaserne aufgestellten Klappbetten („Dački"), die mit längst nicht mehr neuen Wattedecken zugedeckt waren, die ungestrichenen Fenster und Türen. Mitten in meiner Rede sagte plötzlich Zadorov laut zu einem seiner Kameraden:

„Durch dich sind wir in diesen Laden hineingeraten!"

Den Rest des Tages widmeten wir der Planung unseres weiteren Lebens. Doch die Zöglinge hörten sich meine Vorschläge mit höflicher Geringschätzung nur an, um mich möglichst rasch wieder loszuwerden.

Am nächsten Morgen kam Lidija Petrovna aufgeregt zu mir gelaufen und sagte:

„Ich weiß nicht, wie ich mit ihnen sprechen soll ... Ich sage ihnen: ‚Ihr müßt am See Wasser holen', aber der eine da, der mit der Frisur, zieht seine Stiefel an und hält mir den einen Stiefel gerade ins Gesicht: ‚Wie Sie sehen, hat mit der Schuster sehr enge Stiefel gemacht!'"

In den ersten Tagen wurden sie nicht einmal ausfällig gegen uns, sie taten einfach so, als bemerkten sie uns nicht. Abends verließen sie ohne Umstände die Kolonie und kamen erst am Morgen zurück und nahmen meine eindringlichen sozialpädagogischen Vorhaltungen mit verhaltenem Lächeln auf. Nach einer Woche wurde Bendjuk von einem Kommissar des Gubrozysk (Gouvernement-Kriminalamt) wegen vollendetem nächtlichen Raubmordes verhaftet. Lidočka war durch dieses Ereignis zu Tode erschrocken. Weinend saß sie in ihrem Zimmer und verließ es nur, um alle zu fragen:

„Was ist denn das? Wie ist denn das möglich? Geht los und mordet! ..."

Jekaterina Grigor'evna lächelt ernst und runzelt die Augenbrauen:

„Ich weiß nicht, Anton Semenovič, ernstlich, ich weiß nicht ... Vielleicht sollte man sich einfach davonmachen ... Ich weiß nicht, welchen Ton man hier anschlagen kann ..."

Der öde Wald, der unsere Kolonie umgab, die öden Steingehäuse unserer Unterkünfte, zehn „Dački" anstatt Betten, Axt und Spaten als Handwerkszeug und ein halbes Dutzend Zöglinge, die nicht nur unsere Pädagogik, sondern auch die gesamte menschliche Kultur entschieden ablehnten, all das entsprach in Wahrheit in keiner Weise unserer bisherigen Schulerfahrung.

An den langen Winterabenden war es in der Kolonie unheimlich. Zwei Petroleumlämpchen beleuchteten die ganze Kolonie: eines war im Schlafraum, das andere in meinem Zimmer. Die Erzieherinnen und Kalina Ivanovič besaßen Tranfunzeln, wie sie zur Zeit Kijs, Ščeks und Chorivs erfunden wurden. An meiner Lampe war der obere Teil des Zylinders abgebrochen, der restliche Teil aber war dauernd verrußt, da Kalina Ivanovič, wenn er seine Pfeife anzündete, häufig die Flamme meiner Lampe benutzte, indem er zu diesem Zweck eine halbe Zeitung in das Zylinderglas steckte.

In diesem Jahr setzten die Schneestürme früh ein, und der ganze Hof der Kolonie war durch Schneewehen versperrt. Aber niemand war da, den Weg freizuschaufeln. Ich bat die Zöglinge darum, aber Zadorov gab mir die Antwort:

„Man kann die Wege schon freischaufeln, aber erst, wenn der Winter vorbei ist. Denn schaufeln wir sie jetzt frei, dann schneit wieder alles zu. Verstehen Sie?"

Er lächelte freundlich und ging zu einem Kameraden, ohne weiter an mich zu denken. Zadorov stammte aus einer gebildeten Familie, das sah man sofort. Er sprach richtig, und sein Gesicht zeigte jugendliche Weichheit, wie sie nur bei gutgenährten Kindern vorkommt. Volochov war ein Mensch von ganz anderer Art: breiter Mund, breite Nase, weit auseinander stehende Augen, alles das von einer besonderen fleischigen Beweglichkeit — das Gesicht eines Banditen. Volochov hatte immer die Hände in den Taschen seiner Reithose, und in dieser Pose kam er jetzt auf mich zu:

„Also, man hat Ihnen doch gesagt . . ."

Ich verließ den Schlafraum, mein Zorn lastete wie ein schwerer Stein in meiner Brust. Aber die Wege mußten unbedingt freigeschaufelt werden, und mein versteinerter Zorn forderte Bewegung. Ich begab mich zu Kalina Ivanovič:

„Komm, schippen wir den Schnee!"

„Nun hör aber auf! Habe ich mich hier etwa als Drecksklave verdingt? Und diese da?" — er wies mit dem Kopf auf den Schlafraum — „Diese Räuber?"

„Die wollen nicht."

„Ach, diese Parasiten! Also — gehen wir!"

Kalina Ivanovič und ich hatten den ersten Weg schon fast fertig, als ihn Volochov und Taranec betraten, die sich wie gewöhnlich zur Stadt begaben.

„Gar nicht schlecht!" sagte Taranec heiter.

„Hätte schon längst so sein können!" bekräftigte Volochov.

Kalina Ivanovič stellte sich ihnen in den Weg:

„Was soll das heißen — ‚nicht schlecht‘? Du Schuft hast dich vor der Arbeit gedrückt, und glaubst, daß ich es für dich tun werde? Du wirst auf diesem Weg nicht gehen, du Parasit. Kriech durch den Schnee, sonst kriegst du eine mit der Schaufel . . ."

Kalina Ivanovič holte mit der Schaufel aus, doch im gleichen Augenblick flog seine Schaufel durch die Luft in einen Schneehaufen, die Pfeife nach der anderen Seite, und der verdadderte Kalina Ivanovič konnte den Burschen nur noch mit seinen Blicken folgen und hörte, wie sie ihm von fern zuriefen:

„Deiner Schaufel mußt du selbst nachsteigen!"

Lachend gingen sie zur Stadt.

„Eher gehe ich zum Teufel, als daß ich hier arbeite!" sagte Kalina Ivanovič, ging in seine Wohnung und ließ die Schaufel im Schneehaufen liegen.

Unser Leben wurde traurig und unheimlich. Jeden Abend drangen Schreie von der Charkover Landstraße zu uns:

„Hilfe! . . ."

Bauern, die beraubt worden waren, kamen zu uns und baten mit angsterfüllten Stimmen um Hilfe.

Ich erbat mir vom Leiter des Gubnarobraz einen Revolver zum Schutz gegen die Straßenräuber; über die Lage in der Kolonie ließ ich mich vor ihm jedoch nicht aus. Ich hatte die Hoffnung noch nicht aufgegeben, einen Weg zur Verständigung mit den Zöglingen zu finden.

Die ersten Monate in der Kolonie waren für mich und meine Mitarbeiter nicht nur voll von Verzweiflung und ohnmächtiger Anstrengung — es waren vielmehr auch Monate ständigen Suchens nach der Wahrheit. In meinem ganzen Leben habe ich nicht soviel pädagogische Literatur durchgearbeitet wie im Winter des Jahres 1920.

Das war die Zeit Vrangel's und des Polenkrieges. Vrangel' stand irgendwo in der Nähe, bei Novomirgorod; unweit von uns, in Čerkasy operierten die Polen. Durch die ganze Ukraine zogen Banden, und in unserem Umkreis befanden sich viele in blaugelber Begeisterung . Wir, aber in unserem Wald bemühten uns, den Kopf auf die Hände gestützt, das Grollen der großen Ereignisse zu vergessen und lasen pädagogische Bücher.

Das Hauptresultat dieser Lektüre war bei mir die feste und plötzlich grundsätzlich auftretende Überzeugung, daß ich keinerlei Wissenschaft und keinerlei Theorie in Händen hatte, daß die Theorie erst aus der Summe der gesamten realen Erscheinungen abgeleitet werden müsse, die sich vor meinen Augen abspielten. Anfangs begriff ich nicht einmal, sondern erkannte einfach, daß ich nicht papierene Formeln brauchte, die ich ohnehin nicht mit meiner praktischen Tätigkeit in Verbindung bringen konnte, sondern eine unverzügliche Analyse und unverzügliches Handeln.

Mit meinem ganzen Willen fühlte ich, daß ich mich beeilen müsse, daß ich keinen Tag zu versäumen hatte. Die Kolonie nahm mehr und mehr den Charakter eines „Himbeerstrauches", eines richtigen Diebesnestes, an. In den Beziehungen der Zöglingen zu den Erziehern herrschte in steigendem Maße ein höhnischer und rowdyhafter Ton. Schon begannen die Zöglinge in Anwesenheit der Erzieherinnen zotige Witze zu erzählen, verlangten grob die Ausgabe des Essens, bewarfen sich im Speiseraum mit Tellern, spielten demonstrativ mit ihren Finnendolchen und erkundigten sich spöttisch nach unseren Habseligkeiten:

„Wissen Sie, es kann immer mal von Nutzen sein . . . im Notfall."

Sie weigerten sich entschieden, Brennholz für die Öfen zu schlagen und rissen dafür in Gegenwart von Kalina Ivanovič das hölzerne Scheunendach ab. Sie taten das unter freundlichem Lachen und Scherzen:

„Solange wir hier sind, reicht's allemal!"

Kalina Ivanovič sprühte Millionen Funken aus seiner Pfeife und hob die Hände:

„Was soll man diesen Parasiten sagen? Da siehst du, was das für verhätschelte Bübchen sind! Und woher haben sie das, einfach ein Gebäude abzureißen? Die Eltern gehören dafür ins Kittchen, diese Parasiten . . ."

Und da geschah es: Ich glitt auf dem pädagogischen Seil aus und stürzte.

An einem Wintermorgen machte ich Zadorov den Vorschlag, loszugehen und Holz für die Küche zu schlagen. Ich vernahm die übliche frech-heitere Antwort:

„Geh doch selber hacken; ihr seid doch hier genug."

Es war das erste Mal, daß man mich mit „du" anredete.

In einer Anwandlung von Zorn und Beleidigung, am Rande der Verzweiflung und Raserei nach all den vorangegangenen Monaten, holte ich aus und schlug Zadorov ins Gesicht. Ich schlug fest zu, er wankte auf den Füßen und fiel gegen den Ofen. Ich schlug zum zweiten Mal, packte ihn am Kragen, riß ihn hoch und versetzte ihm den dritten Schlag.

Da sah ich plötzlich, daß er furchtbar erschrocken war. Bleich und mit zitternden Händen setzte er hastig seine Mütze auf, dann nahm er sie ab und setzte sie wieder auf. Wahrscheinlich hätte ich ihn noch mehr geschlagen, aber da flüsterte er leise und stöhnend:

„Verzeihen Sie, Anton Semenovič . . ."

Mein Zorn war so wild und maßlos, daß ich fühlte: sagt noch jemand ein Wort gegen mich, so stürze ich mich auf alle, bringe sie um, vernichte sie, das ganze Banditenpack. Plötzlich hatte ich den Feuerhaken in den Händen. Alle fünf Zöglinge standen schweigend an ihren Betten; Burun brachte schnell etwas an seinem Anzug in Ordnung.

Ich wandte mich zu ihnen um und schlug mit dem Feuerhaken gegen eine Bettstelle:

„Entweder ihr geht unverzüglich in den Wald und arbeitet, oder ihr schert euch aus der Kolonie, meinetwegen zu des Teufels Großmutter!"

Damit verließ ich den Schlafraum.

Ich ging zur Scheune, in der unser Werkzeug aufbewahrt wurde, nahm eine Axt und schaute finster zu, wie die Zöglinge Äxte und Sägen aussuchten. Einen Augenblick hatte ich den Gedanken, daß es besser wäre, an diesem Tage kein Holz zu schlagen und den Zöglingen keine Äxte in die Hand zu geben, aber es war schon zu spät: sie hatten schon alles, was sie brauchten. Einerlei. Ich war zu allem bereit, und beschloß, mein Leben nicht umsonst herzugeben. Ich hatte ja noch immer den Revolver in der Tasche.

Wir gingen in den Wald. Kalina Ivanovič holte mich ein und flüsterte mir ganz aufgeregt zu:

„Was ist da los? Sag, um Himmels Willen, warum sind sie auf einmal so zahm?"

Ich schaute zerstreut in seine blauen Pansaugen und sagte:

„Es steht schlimm, mein Lieber ... Zum ersten Mal in meinem Leben habe ich einen Menschen geschlagen."

„Ach, du lieber Gott," ächzte Kalina Ivanovič, „und wenn sie sich beschweren?"

„Das wäre noch kein Unglück ..."

Zu meiner Verwunderung ging alles gut ab. Ich arbeitete mit den Jungen bis zum Mittagessen. Wir fällten Knieholz im Wald. Die Jungen schauten mürrisch drein, aber die frische Winterluft, der schöne, mit riesigen Schneemützen geschmückte Wald, das freundschaftliche Zusammenwirken von Axt und Säge taten das ihre.

In der Pause rauchten wir betreten von meinem Machorka-Vorrat. Zadorov stieß den Rauch zu den Kieferwipfeln empor und entlud sich plötzlich in einem Lachen:

„Das war prima! Ha-ha-ha-ha ...!"

Seine lachende, gerötete Grimasse schaute sich angenehm an, so daß ich nicht anders konnte, als mit einem Lächeln zu antworten:

„Was war prima? Die Arbeit?"

„Die Arbeit sowieso. Nein, ich meine, wie Sie mir eins versetzt haben!"

Zadarov war ein großer und starker Bursche, dem das Lachen gut stand. Jetzt wunderte ich mich auch, wie ich es wagen konnte, einen solchen Recken anzurühren.

Zadorov verging fast vor Lachen, dann aber ergriff er, immer noch lachend, die Axt und nahm sich einen Baum vor:

„So eine Geschichte, ha-ha-ha . . .!"

Wir aßen zusammen Mittag, mit Appetit und unter Scherzen. Das Ereignis vom Morgen erwähnten wir freilich nicht. Ich fühlte mich noch immer etwas unwohl, doch ich hatte beschlossen, keinen Ton von mir zu geben. Nach dem Mittagessen traf ich im bestimmten Ton meine Anordnungen. Volochov grinste, aber Zadorov trat zu mir mit dem allerernstesten Gesicht:

„Wir sind gar nicht so schlecht, Anton Semenovič! Es wird alles gut werden. Wir verstehen . . ."

1.3 Kommandeur-Pädagogik

Der Winter des Jahres 1923 brachte uns viele organisatorische Entdeckungen, die für lange Zeit die Formen unseres Kollektivs bestimmten. Die wichtigsten davon waren die Abteilungen (otrjady) und die Kommandeure (komandiry).

Bis auf den heutigen Tag gibt es in der Gor'kij-Kolonie und in der Dzeržinskij-Kommune Abteilungen und Kommandeure, wie übrigens auch in den anderen in der Ukraine verstreuten Kolonien.

Natürlich wird man nur wenig Gemeinsamkeiten zwischen den Abteilungen der Gor'kij-Kolonisten der Zeit um 1927/28 oder der Dzeržinskij-Kommunarden und den ersten Abteilungen von Zadorov und Burun finden können. Doch war bereits im Winter des Jahres 1923 ein grundlegender Zug vorhanden. Prinzipielle Bedeutung erhielt unser Abteilungssystem erst wesentlich später, als nämlich unsere Abteilungen die pädagogische Fachwelt durch ihren breiten Vormarsch erschütterten und zur Zielscheibe für den Scharfsinn einiger pädagogischer Schreiberlinge wurden. Damals nannte man unsere gesamte Arbeit nicht anders als „Kommandeur"-Pädagogik, in der Annahme, daß diese Wortzusammenstellung ein vernichtendes Urteil enthielt.

Im Jahre 1923 konnte niemand ahnen, daß in unserem Wald eine wichtige Einrichtung im Entstehen begriffen war, um die einmal soviele Leidenschaften entbrennen würden.

Die Sache begann mit einer Kleinigkeit.

Man hatte sich wie immer auf unsere Findigkeit verlassen und uns in diesem Jahr kein Holz angewiesen. Wie früher griffen wir auf Dürrholz und auf Abfälle der Waldrodung zurück. Die im Sommer angehäuften Vorräte an diesem minderwertigen Brennmaterial waren zum November verfeuert, und wieder befanden wir uns in einer Brennstoffkrise. Um die Wahrheit zu sagen, dieser Spektakel mit dem Dürrholz hing uns allen zum Halse raus. Zwar war es nicht schwer, das Holz zu schlagen, aber um nur hundert Pud von diesem — mit Verlaub gesagt — Holz zu lesen, mußte man einige Desjatinen Wald absuchen, mußte sich durch dichtes Gestrüpp hindurcharbeiten und endlich unter großer und unnötiger Kraftvergeudung diesen ganzen Krimskrams in die Kolonie verfrachten. Bei dieser Arbeit wurde unsere Kleidung, an der es uns ohnehin fehlte, stark mitgenommen, und im Winter gab es bei diesen Brennholz-Aktionen erfrorene Füße und wütendes Gezänk im Pferdestall; Anton wollte von der Brennholzbeschaffung nichts hören:

„Sammelt nur selbst, aber die Pferde dazu mitnehmen, das gibt es nicht! Wollen Holz sammeln! Was ist das schon für Holz?"

„Bratčenko, aber man muß doch heizen!" sagte Kalina Ivanovič mit vernichtendem Ton.

Anton winkte ab:

„Meinetwegen braucht ihr nicht zu heizen. Im Pferdestall heizt ihr sowieso nicht. Wir kommen auch so aus."

In dieser schwierigen Lage gelang es uns wenigstens, Šere auf der Vollversammlung davon zu überzeugen, daß die Arbeiten des Mistfahrens vorübergehend einzuschränken und die stärksten und am besten beschuhten Kolonisten für die Waldeinsätze zu mobilisieren seien. Es wurde eine Gruppe von zwanzig Mann zusammengestellt, der unser gesamtes Aktiv angehörte: Burun, Beluchin, Veršnev, Volochov, Osadčij, Čobot und andere. Am Morgen stopften sie sich die Taschen mit Brot voll und schafften den ganzen Tag über im Wald. Gegen Abend war dann unsere gepflasterte Straße mit Reisighaufen bedeckt, und Anton holte das Reisig mit dem zweispännigen Schlitten ab, wobei er ein verachtungsvolles Gesicht zeigte. (. . .)

Die Kinder begannen, ihre Eindrücke von der Arbeit auszutauschen. Burun erzählt:

„Unsere Abteilung hat heute nicht weniger als zwölf Fuhren geschafft. Wir haben ihnen gesagt, bis Weihnachten werden es tausend Pud sein. Und sie können sich darauf verlassen!"

Das Wort „Abteilung" (otrjad) war ein Ausdruck aus der Revolutionszeit. Er stammte aus der Zeit, als die Wogen der Revolution noch nicht zu geschlossenen Kolonnen, Regimentern und Divisionen ausgeformt waren. Der Partisanenkrieg, der sich bei uns in der Ukraine besonders lange hinzog, wurde ausschließlich in Abteilungen geführt. Eine Abteilung konnte sowohl aus mehreren tausend, als auch aus weniger als hundert Mann bestehen; und den einen, wie den anderen Abteilungen waren in gleicher Weise militärische Heldentaten und rettende Rückzüge ins Walddickicht beschieden.

Unsere Kommunarden fanden mehr als jeder andere Geschmack an der kriegerischen Partisanenromantik der Revolutionskämpfe. Selbst diejenigen, die durch das Spiel des Zufalls ins Lager des Klassenfeindes geraten waren, suchten dabei vor allem diese Romantik. Das Wesen des Kampfes, die Klassengegensätze, waren vielen von ihnen unbegreiflich und unbekannt. Dadurch erklärte es sich auch, daß die Sowjetmacht kaum Rechenschaft von ihnen verlangte und sie kurzerhand in die Kolonie schickte.

Die Abteilung in unserem Wald, mochte sie auch nur mit Axt und Säge ausgerüstet sein, erweckt die gewohnte und vertraute Vorstellung einer anderen Abteilung, die den Jungen, wenn nicht aus eigener Erinnerung, so doch aus zahlreichen Erzählungen und Legenden, bekannt war.

Ich wollte diesem halbunbewußten Spiel revolutionärer Instinkte bei den Kolonisten keinen Riegel vorschieben. Die pädagogischen Federfuchser, die unsere Abteilungen ebenso verurteilten wie unsere Kriegsspiele, waren einfach nicht in der Lage zu begreifen, worum es ging. Die Abteilungen waren ihnen noch in schlechter Erinnerung: Sie hatte nicht viel Umstände gemacht, weder mit deren Wohnungen noch mit deren Psychologie; auf das eine wie das andere hatten sie mit Drei-Zoll-Kanonen gefeuert, ohne sich um die „Wissenschaft" und die gerunzelten Stirnen dieser Leute zu scheren.

Da kann man nichts machen. Entgegen ihrem Geschmack machte die Kolonie mit der Abteilung den Anfang.

Burun spielte in der Brennholz-Abteilung ständig die erste Geige; keiner machte ihm diese Ehre streitig. Im Zuge des gleichen Spiels legte man ihm auch den Namen „Ataman" zu.

Ich sagte:

„Ataman — das paßt nicht. Nur die Banditen haben einen Ataman."

Die Kinder entgegneten:

„Wieso nur die Banditen? Auch die Partisanen hatten Atamane. Bei den roten Partisanen gab es viele."

„In der Roten Armee heißen sie nicht Ataman."

„In der Roten Armee heißen sie Kommandeur (komandir). Und mit der Roten Armee kommen wir lange nicht mit."

„So lange nun auch wieder nicht. Aber Kommandeur klingt besser."

Der Holzschlag war zu Ende. Bis zum ersten Januar hatten wir über tausend Pud zusammen. Doch lösten wir Buruns Abteilung nicht auf, sondern schickten sie zum Bau des Treibhauses hinüber in die zweite Kolonie. Die Abteilung ging morgens zur Arbeit, aß nicht zu Hause und kehrte erst am Abend zurück.

Einmal wandte sich Zadorov an mich:

„Was ist nun dabei herausgekommen: es gibt die Abteilung von Burun . . . und die anderen Kerle, was ist mit denen?"

Wir dachten nicht lange nach. Zu dieser Zeit hatten wir bereits mit den Tagesbefehlen begonnen. Wir gaben also im Tagesbefehl bekannt, daß in der Kolonie eine zweite Abteilung von Zadorov organisiert würde. Die zweite Abteilung arbeitete geschlossen in den Werkstätten. Qualifizierte Handwerker wie Beluchin und Veršnev wurden aus Buruns Abteilung übernommen.

Die weitere Entfaltung der Abteilung ging sehr rasch vor sich. In der zweiten Kolonie wurden eine dritte und vierte Abteilung mit je einem Kommandeur gebildet. Die Mädchen bildeten eine fünfte Abteilung unter dem Kommando von Nastja Nočevnaja.

Im Frühjahr war das Abteilungssystem endgültig ausgearbeitet. Die Abteilungen waren nur kleiner, und es lag ihnen der Gedanke zu Grunde, die Kolonisten auf die Werkstätten zu verteilen. Ich erinnere mich, daß die Schuster die Nummer Eins, die Schmiede die Nummer Sechs, die Pferdewärter die Nummer Zwei und die Schweinezüchter die Nummer Zehn trugen. Zunächst hatten wir keinerlei Verfassung. Die Kommandeure wurden von mir ernannt, doch hielt ich zum Frühling in steigendem Maße Besprechungen mit den Kommandeuren ab, denen die Kinder schon bald den neuen und schönen Namen „Rat der Kommandeure" (Sovet Komandirov) gaben. Ich gewöhnte mich sehr bald daran, keine wichtigen Schritte ohne den Rat der Kommandeure zu unternehmen. Allmählich ging auch die Ernennung der Kommandeure an den Rat der Kommandeure über, der sich so durch Zuwahl weiter ergänzte. Die echte Wahl der Kommandeure und ihre Rechenschaftspflicht wurde erst später erreicht. Ich hielt jedoch diese Wahl niemals — auch heute nicht — für eine Errungenschaft. Im Rat der Kommandeure wurde die Wahl eines neuen Kommandeurs immer von einer eingehenden Erörterung begleitet. Dank unseres Kooptationsverfahrens hatten wir stets geradezu prächtige Kommandeure und besaßen zugleich einen Rat, der seine Tätigkeit nie ganz unterbrach und niemals in Ruhestand trat.

Eine sehr wichtige Regel, an die man sich bis auf den heutigen Tag hält, war das strenge Verbot jeglicher Privilegien für die Kommandeure: Ein Kommandeur bekam nie etwas zusätzlich und wurde niemals von der Arbeit befreit.

Im Frühjahr des Jahres 1923 schritten wir zu einer sehr wichtigen Erweiterung unseres Abteilungssystems. Diese Ergänzung war, genau genommen, die wichtigste Erfindung unseres Kollektivs in den ganzen dreizehn Jahren seiner Geschichte. Sie allein ermöglichte es unseren Abteilungen, zu einem echten, festen und einheitlichen Kollektiv zusammengeschweißt zu werden, in dem es Differenzierungen in Arbeit und Organisation, eine demokratische Vollversammlung, den Tagesbefehl und die Unterordnung des Kameraden unter den Kameraden gab, in dem es jedoch nicht zur Bildung einer Aristokratie, einer Kommandeurskaste kam.

Diese Neuerung war die „Einsatzabteilung" (svodnij otrjad).

Die Gegner unseres Systems, die die „Kommandeurpädagogik" angriffen, haben nie wirklich einen unserer Kommandeure bei der Arbeit gesehen. Doch das ist nicht einmal so wichtig. Bei weitem wichtiger ist, daß sie sogar niemals etwas von der Einsatzabteilung gehört hatten, das heißt, daß sie keine Ahnung von dem wichtigsten und entscheidendsten Korrektiv unseres Systems hatten.

Die Einsatzabteilung wurde dadurch ins Leben gerufen, daß der Schwerpunkt unserer Arbeit damals auf der Landwirtschaft lag. Wir besaßen fast siebzig Desjatinen Land, und im Sommer forderte Šere alle zur Arbeit an. Zugleich war jeder Kolonist der einen oder anderen Werkstatt zugeteilt und keiner wollte die Verbindung mit ihr verlieren. Die Arbeit in der Landwirtschaft betrachteten alle als ein Mittel für die Unterhaltung und Verbesserung unseres Lebens; aber Werkstatt — das bedeutete Berufsqualifikation. Im Winter, wenn die Arbeit in der Landwirtschaft auf ein Minimum zurückging, waren alle Werkstätten vollbesetzt, jedoch schon ab Januar begann Šere Kolonisten für die Treibhäuser und die Mistabfuhr anzufordern, und mit jedem Tag forderte er dann mehr und mehr.

Die landwirtschaftliche Arbeit brachte einen ständigen Wechsel des Arbeitsplatzes und des Charakters der Arbeit mit sich und führte infolgedessen zu verschiedenartiger Aufteilung des Kollektivs je nach den Arbeitsaufgaben. Die Einzelleitung des Kommandeurs bei der Arbeit und seine volle Verantwortung erwiesen sich von Anfang an als eine sehr wichtige Einrichtung, und selbst Šere bestand darauf, daß einer der Kolonisten für die Disziplin, das Werkzeug, für Arbeit und Qualität verantwortlich war. Heute wird kein vernünftig denkender Mensch etwas gegen diese Forderungen einzuwenden haben, und auch damals machten, wie es scheint, lediglich die Pädagogen Einwände.

Einer völlig verständlichen organisatorischen Notwendigkeit folgend, waren wir zur Einsatzabteilung gelangt.

Die Einsatzabteilung ist eine zeitweilige Abteilung, die nicht länger als eine Woche besteht und eine bestimmte, kurzbemessene Aufgabe erhält: ein Kartoffelfeld ausjäten, eine Parzelle Land pflügen, Saatgut auslesen, Mist abfahren, säen und so weiter.

Für verschiedenartige Arbeiten wurde natürlich auch eine verschiedene Anzahl Kolonisten angefordert; in manche Einsatzabteilungen mußten zwei Mann beordert werden, in andere wieder fünf, acht oder zwanzig Mann. Ebenso war die Arbeit der Einsatzbrigaden in zeitlicher Hinsicht verschieden. Im Winter, während der Schulunterricht stattfand, arbeiteten die Kinder in zwei Schichten: vor dem Mittagessen oder nach dem Mittagessen. In den

Ferien, nach Schließung der Schule, wurde der Sechs-Stunden-Tag
mit gleichem Arbeitsbeginn für alle eingeführt, jedoch die Notwendigkeit, das lebende und tote Inventar vollständig auszunutzen,
führte schließlich zu der Lösung, daß einige Jungen von sechs Uhr
morgens bis zum Mittag, und andere von Mittag bis sechs Uhr
abends arbeiteten. Manchmal war freilich der Arbeitsanfall so groß,
daß wir den Arbeitstag verlängern mußten. (. . .)

Jeder Kolonist kannte seine ständige Abteilung mit ihrem ständigen Kommandeur, seinen bestimmten Arbeitsplatz im System der
Werkstätten, seinen Platz im Schlafraum und im Speiseraum. Die
ständige Abteilung bildete das Grundkollektiv der Kolonisten, und
ihr Kommandeur war obligatorisch Mitglied des Rates der Kommandeure. Mit ausgehendem Frühjahr und fortschreitendem
Sommer wurde der Kolonist immer häufiger für je eine Woche
einer Einsatzabteilung zugewiesen, die die eine oder andere Aufgabe zu erfüllen hatte. Es kam vor, daß die eine Einsatzabteilung nur
aus zwei Kolonisten bestand, und trotzdem wurde der eine von
beiden zum Kommandeur der Einsatzabteilung (komsvodotrjada)
ernannt. Der Komsvodotrjada hatte die Arbeitsanordnungen zu
treffen und war für die Arbeit verantwortlich. Sobald aber der
Arbeitstag beendet war, löste sich die Einsatzabteilung auf.

Jede Einsatzabteilung bestand für eine Woche. Infolgedessen
wurde der einzelne Kolonist für die kommende Woche zur Teilnahme
an einer neuen Einsatzabteilung, an einer neuen Arbeitsaufgabe,
beordert, die unter dem Kommando eines neuen Komsvodotrjada
stand. Der Kommandeur einer Einsatzabteilung wurde vom Rat der
Kommandeure ebenfalls für eine Woche ernannt, und wurde darauf
in eine neue Einsatzabteilung versetzt, und zwar gewöhnlich nicht
mehr als Kommandeur, sondern als einfaches Abteilungsmitglied.

Der Rat der Kommandeure war stets bemüht, alle Kolonisten
mit Ausnahme der Unfähigsten, einmal mit der Bürde des Komsvodotrjada zu belasten. Dies geschah mit Recht, weil die Kommandogewalt über eine Einsatzabteilung mit großer Verantwortung und
mancherlei Sorgen verbunden war. Dank diesem System konnte
die Mehrzahl der Kolonisten nicht nur eine Arbeiterfunktion,
sondern auch eine organisatorische Funktion ausüben. Das war
sehr wichtig und gerade das, worauf es bei unserer kommunistischen
Erziehung ankommt. Dank diesem Umstand zeichnete sich unsere
Kolonie im Jahre 1926 durch die augenfällige Fähigkeit aus, sich
für jede beliebige Aufgabe zu formieren und umzuformieren. Und
für die Durchführung einzelner Aufgabenbereiche fanden sich immer
auf Anhieb ganze Kader von fähigen und tatkräftigen Organisa-
toren, Leitern und Leuten, auf die man sich verlassen konnte.

Die Bedeutung des Kommandeurs einer ständigen Abteilung war
durchaus begrenzt. Die ständigen Kommandeure ernannten sich

kaum einmal zu Kommandeuren der Einsatzabteilungen, da sie der Meinung waren, ohnehin schon eine Bürde zu tragen. Der Kommandeur einer ständigen Abteilung begab sich als einfacher Angehöriger einer Einsatzabteilung zur Arbeit und unterstand während der Arbeitszeit dem zeitweiligen Komsvodotrjada, der häufig Mitglied seiner eigenen ständigen Abteilung war. Dies schuf eine sehr komplizierte Verkettung der Abhängigkeiten in der Kolonie. Bei dieser Verkettung konnte sich kein einzelner Kolonist besonders hervortun und über das Kollektiv stellen.

Das System der Einsatzabteilungen gestaltete das Leben in der Kolonie spannend und interessant, da die Arbeits- und Organisationsfunktionen, Kommandogewalt und Unterordnung, kollektive und persönliche Bewegungen dem ständigen Wechsel unterlagen.

1.4 Am Fuße des Olymp

(...) Am Tage der Ankunft der Gor'kij-Kolonisten in Kurjaž wurde das Problem des Bewußtseins sehr glücklich gelöst. Der Kurjažer Haufen wurde im Laufe eines Tages zu der Überzeugung gebracht, daß die angekommenen Abteilungen der Kolonie ein besseres Leben bringen würden, daß zu den Kurjažern Leute mit Erfahrung und Hilfsbereitschaft gestoßen wären und daß man mit diesen Leuten künftig zusammenzugehen hätte. Hierbei gaben nicht einmal Nützlichkeitserwägungen den Ausschlag, hier fand vielmehr eine Kollektivsuggestion statt; hier entschieden nicht Berechnungen sondern Augen, Ohren, Stimmen und Lachen. Dennoch war das Ergebnis des ersten Tages, daß die Kurjažer ohne Umstände Mitglieder des Gor'kij-Kollektivs werden wollten, vielleicht auch nur darum, weil es ein Kollektiv war, ein in ihrem bisherigen Leben noch nicht erprobtes Glück.

Allerdings hatte ich zunächst nur ihr Bewußtsein auf meine Seite gebracht, und das war schrecklich wenig. Am anderen Tag schon trat das mit seiner ganzen Kompliziertheit zu Tage. Noch am Abend waren die Einsatzabteilungen für die in einer Deklaration des Komsomol bestimmten verschiedenen Arbeiten zusammengestellt worden. Fast allen Einsatzabteilungen waren Erzieher oder ältere Gor'kij-Kolonisten zugeteilt worden. Die Stimmung bei den Kurjažern war vom Morgen an prächtig, und doch zeigte sich schon zum Mittag, daß sie sehr schlecht arbeiteten. Nach dem Mittagessen gingen bereits viele nicht wieder zur Arbeit, sondern versteckten sich irgendwo. Ein Teil verzog sich nach alter Gewohnheit in die Stadt und nach Ryžov.

Ich inspizierte alle Einsatzabteilungen: überall das gleiche Bild. Die Aufsplitterung der Gor'kij-Kolonisten erwies sich überall als sehr unbedeutend. Das Überwiegen der Kurjažer sprang in die

Augen, und es stand zu befürchten, daß auch ihr Arbeitsstil allmählich das Übergewicht bekommen würde, um so mehr, als sich unter den Gor'kij-Kolonisten sehr viele Neue befanden, und selbst die wenigen Alten drohten, sich in dem faden Brei der Kurjažer aufzulösen und als Aktivkraft einfach auszufallen.

Disziplinarische Maßnahmen zu ergreifen, die in einem gefestigten Kollektiv so nachhaltig und gut wirken, barg Gefahren in sich. Denn es waren eine Menge Störenfriede; mit ihnen fertig zu werden, war eine komplizierte Sache, die viel Zeit erforderte und wenig Nutzen versprach, weil jede Strafmaßnahme nur dann eine nützliche Wirkung hervorbringt, wenn sie einen Menschen aus den Reihen der Gemeinschaft ausstößt und unterstützt wird durch ein unzweifelhaftes Urteil der gesellschaftlichen Meinung. Außerdem sind äußerliche Maßnahmen im Bereiche der Organisierung physischer Arbeit von besonders geringer Wirkung.

Ein wenig erfahrener Mensch hätte sich wohl mit mancherlei Erwägungen getröstet. Die Kinder seien noch nicht an anstrengende Arbeit gewöhnt, sie kennen keine „Kunstgriffe", sie verständen nicht zu arbeiten, sie seien nicht gewohnt, sich in der Arbeitsleistung mit den Kameraden zu messen und besäßen noch nicht den Arbeitsstolz, durch den sich ein Kollektivist immer auszeichne. Alles das kann nicht an einem Tage erreicht werden, dazu braucht man Zeit. Leider konnte ich mich mit diesem Trost nicht abspeisen. In diesem Punkte machte sich das mir bereits vertraute Gesetz geltend: bei pädagogischen Erscheinungen gibt es keine einfachen Abhängigkeiten, hier sind syllogistische Formeln, kurze Deduktivsprünge am allerwenigsten angebracht.

Unter den Bedingungen, die im Mai in Kurjaž herrschten, drohte die allmähliche und langsame Entwicklung der Arbeitsleistung einen allgemeinen Arbeitsstil hervorzubringen, der in äußerst mittelmäßigen Formen zum Ausdruck kam, und die schwungvolle, rasche und genaue Arbeitsweise der Gor'kij-Kolonisten zu liquidieren.

Stil und Ton wurden von der pädagogischen „Theorie" stets ignoriert, obwohl sie der wichtigste und wesentlichste Teil der Kollektiverziehung sind. Stil ist ein überaus empfindliches und leicht verderbliches Kunststück. Ihn muß man pflegen, Tag für Tag beobachten; er bedarf so pedantischer Fürsorge wie ein Blumenbeet. Stil kann nur ganz allmählich geschaffen werden, weil er undenkbar ist ohne Anhäufung von Tradition, das heißt, von Grundsätzen und Gewohnheiten, die nicht mehr allein im klaren Bewußtsein verankert sind, sondern aus bewußter Achtung vor der Erfahrung der älteren Generationen, vor der hohen Autorität des gesamten schon lange Zeit bestehenden Kollektivs übernommen werden. Der Mißerfolg vieler Kinderanstalten hatten seinen Grund darin, daß sich bei ihnen kein Stil und keine festen Gewohnheiten und Traditionen herausbildeten; und wenn sie im Begriffe waren, sich herauszubilden, dann kamen ständig wechselnde Inspektoren der Volksbildungsämter, zerstörten sie wieder und ließen sich dabei im übrigen auch noch von löblichen Erwägungen leiten. Dank diesem Umstand lebten die „Kinderchen" dieser sowjetischen Erziehungsanstalten stets ohne den geringsten Ansatz einer Kontinuität, sei es nun eine Kontinuität von „unendlicher" Dauer oder nur von der Dauer eines Jahres.

Ein Sieg über das Bewußtsein würde mir erlauben, zu den Kindern in nähere und vertraulichere Beziehungen zu treten. Aber das war noch wenig. Für einen echten Sieg bedurfte ich nunmehr einer pädagogischen Technik. Mit dieser Technik stand ich wieder ebenso allein wie im Jahre 1920, wenn ich auch nicht mehr in so lächerlichem Maße ahnungslos war. Diese Einsamkeit war eine Einsamkeit im besonderen Sinne. Sowohl im Erzieher- wie im Kinderkollektiv besaß ich nunmehr solide Kader von Helfern. Da ich über sie verfügte, konnte ich mich getrost an die verwickeltsten Operationen machen. Aber alles das geschah unten auf der Erde.

Im Himmel und in der Nähe des Himmels, auf den Gipfeln des pädagogischen „Olymps", wurde jede pädagogische Technik im Bereich der eigentlichen Erziehung als Ketzerei angesehen.

Im „Himmel" betrachtete man das Kind als ein mit einem besonderen Gasgemisch angefülltes Wesen, für das man bisher nicht einmal einen Namen gefunden hatte. Im übrigen lief das immer wieder auf die gleiche altmodische Seele hinaus, über die sich schon die Apostel die Köpfe zerbrochen hatten. Man nahm an (Arbeitshypothese), daß dieses Gas über die Fähigkeit der Eigenentwicklung verfügte, man durfte es nur nicht daran hindern. Darüber wurden viele Bücher geschrieben, aber alle wiederholten im Grunde nur die Aussprüche Rousseaus: „Habt Ehrfurcht vor dem Kinde..." „Hütet euch, der Natur im Wege zu sein . . ."

Das Hauptdogma dieser Glaubenslehre bestand darin, daß unter der Voraussetzung dieser Ehrfurcht und Zuvorkommenheit vor der Natur aus dem obengenannten Gas unbedingt eine kommunistische Persönlichkeit hervorgehen müsse. In Wirklichkeit ging jedoch aus diesen reinen Naturbedingungen nur das hervor, was natürlicherweise daraus erwachsen konnte, das heißt, ganz gewöhnliches Wald- und Wiesenunkraut. Doch daran störte sich keiner — so teuer waren den Himmelsbewohnern ihre Prinzipien und Ideen. Meine Hinweise auf das Mißverhältnis zwischen dem entstandenen Unkraut und dem aufgestellten Projekt einer kommunistischen Persönlichkeit wurde als borniertet Praktizismus bezeichnet, und um mein wahres Wesen zu kennzeichnen erklärte man:

„Makarenko mag ein guter Praktiker sein, aber von Theorie hat er so gut wie keine Ahnung."

Es fanden auch Gespräche über die Disziplin statt. Als theoretische Basis dienten bei diesem Problem zwei Worte, die man häufig bei Lenin findet: „bewußte Disziplin" (soznatel'naja disciplina). Für jeden vernünftig denkenden Menschen liegt in diesen Worten ein einfacher, verständlicher und praktisch notwendiger Sinn: die Disziplin muß begleitet sein von dem Verständnis ihrer Notwendigkeit, Nützlichkeit, Verbindlichkeit und ihrer klassenkämpferischen Bedeutung. In der pädagogischen Theorie sah das anders aus: die Disziplin darf nicht aus der sozialen Erfahrung und nicht aus der praktischen kameradschaftlichen Tätigkeit des Kollektivs erwachsen, sondern aus dem reinen Bewußtsein, aus der nackten intellektuellen Überzeugung, aus dem Dunst der Seele, aus den Ideen. Dann gingen die Theoretiker noch weiter und entschieden, daß die „bewußte Disziplin" nichts tauge, wenn sie infolge der Beeinflussung durch Ältere entstehe. Das sei dann schon keine echte bewußte Disziplin mehr, sondern Drill und, im Grunde, Gewaltanwendung gegen den Dunst der Seele. Es komme nicht auf die bewußte Disziplin an, sondern auf die „Selbstdisziplin". Und ebenso unnötig und gefährlich sei auch jegliche Kinderorganisation, unerläßlich sei dagegen die „Selbstorganisation" (samoorganizacija).

In meinen Krähwinkel zurückgekehrt, begann ich nachzudenken. Ich stellte folgende Überlegungen an: Wir wissen alle sehr gut, was für einen Menschen wir erziehen sollen, das weiß jeder gebildete, bewußte Arbeiter, und jedes Parteimitglied weiß es. Folglich besteht die Schwierigkeit nicht in der Frage, was geschehen muß, sondern wie es geschehen muß. Und das ist eine Frage der pädagogischen Technik.

Eine Technik kann nur aus der Erfahrung abgeleitet werden. Die Gesetze des Schneidens von Metallen hätten nicht gefunden werden können, wenn in der Erfahrung der Menschheit niemals Metalle geschnitten worden wären. Nur wenn es technische Erfahrung gibt, sind Erfindungen, Vervollkommnungen, Auslese und Ausschuß möglich.

Unsere pädagogische Produktion wurde niemals auf technologischer Logik aufgebaut, sondern immer auf der Logik einer Moralpredigt. Dies läßt sich besonders im Bereich der eigentlichen Pädagogik feststellen, in der Unterrichtsarbeit ist es in gewisser Weise weniger der Fall.

Eben deshalb fehlen uns einfach alle wichtigen Bestandteile einer Produktion: der technologische Prozeß, die Operationsberechnungen, die Konstruktionsarbeit, die Anwendung von Konduktoren und Vorrichtungen, Normierung, Kontrolle, Toleranzen und Gütekontrolle.

Wenn ich dergleichen Worte am Fuße des „Olymp" zaghaft vorbrachte, dann schleuderten die Götter Ziegelsteine auf mich und schrien, das sei eine mechanistische Theorie.

Je mehr ich indessen nachdachte, um so mehr Ähnlichkeiten fand ich zwischen den Erziehungsprozessen und den gewöhnlichen Prozessen in der materiellen Produktion, und bei dieser Ähnlichkeit gab es nichts, das so furchtbar mechanistisch gewesen wäre. Die menschliche Persönlichkeit blieb in meiner Vorstellung auch weiterhin die menschliche Persönlichkeit mit all ihrer Kompliziertheit, all ihrem Reichtum und all ihrer Schönheit, doch schien es mir, daß man gerade deshalb mit genaueren Maßstäben, größerer Verantwortung und besserem Wissen an sie herangehen müsse und nicht im Zuge einer einfältigen, finsteren Hysterie. Die sehr tiefgehende Analogie zwischen der Produktion und der Erziehung beleidigte nicht nur meine Vorstellung vom Menschen in keiner Weise, sie erfüllte mich, im Gegenteil, mit besonderer Hochachtung vor ihm, da man ja auch einer guten, komplizierten Maschine unbedingt Achtung entgegenbringt.

Jedenfalls war mir klar, daß man sehr viele Details der menschlichen Persönlichkeit und des menschlichen Verhaltens mit einer Stanzmaschine herstellen, also einfach nach einem Standardverfahren ausstanzen könne, doch erforderte dies auch besondere Präzisionsarbeit der Stanzmaschine selbst, sowie allergrößte Vorsicht und Genauigkeit. Andere Details wieder erforderten individuelle Bearbeitung durch die Hand eines hochqualifizierten Meisters, eines Menschen mit goldenen Händen und scharfen Auge. Für viele Details waren komplizierte Spezialverfahren erforderlich, die großen Erfindergeist und Höhenflug des menschlichen Genius verlangten. Für alle Details aber und für die gesamte Arbeit des Erziehers war eine bessere Wissenschaft unerläßlich. Weshalb lernen wir auf den Technischen Hochschulen den Materialwiderstand, auf den Pädagogischen Hochschulen hingegen nicht den Widerstand der Persönlichkeit kennen, wenn wir mit ihrer Erziehung beginnen? Es ist doch für niemanden ein Geheimnis, daß ein solcher Widerstand besteht. Warum endlich gibt es bei uns keine Kontrollabteilung, die den verschiedensten pädagogischen Stümpern zu verstehen geben würde:

„Sie, mein Täubchen, haben neunzig Prozent Ausschuß. Bei Ihnen kommt im Leben keine kommunistische Persönlichkeit heraus, sondern nichts als Schufte, Trunkenbolde, Faulenzer und Egoisten. Bitte seien sie so gut und ersetzen sie den entstandenen Schaden aus Ihrem Gehalt."

Warum gibt es bei uns keine Wissenschaft vom Rohstoff? Weiß niemand genau, was aus diesem Rohstoff hergestellt werden soll, eine Streichholzschachtel oder ein Flugzeug?

Von der Höhe der olympischen Studierzimmer unterscheidet man weder Details noch Bestandteile der Arbeit. Von dort aus sieht man nur ein uferloses Meer von unpersönlichen Kindern, während im Studierzimmer selbst das Modell eines abstrakten Kindes steht, das aus dem luftigsten Material hergestellt ist: aus Ideen, Druckpapier und Träumereien á la Manilov.

Wenn die Wesen des „Olymp" zu mir in die Kolonie kommen, dann öffnen sich ihnen nicht die Augen, und das lebendige Kinderkollektiv erscheint ihnen nicht als ein neuer Umstand, der vor allen Dingen technische Fürsorge erfordert. Aber während ich sie durch die Kolonie begleite, stelle ich mich schon bei der theoretischen Fühlungnahme mit ihnen auf die Hinterbeine und kann nicht umhin, mich in irgendeine technische Kleinigkeit zu verbohren.

Im Schlafraum der vierten Abteilung wurde heute der Fußboden nicht geschrubbt, weil der Eimer verschwunden war. Mich interessiert sowohl der materielle Wert des Eimers als auch die Technik seines Verschwindens. Die Eimer wurden den Abteilungen gewöhnlich auf Verantwortung des stellvertretenden Kommandeurs ausgehändigt. Der Kommandeur setzte die Reihenfolge des Saubermachens fest und somit auch die Reihenfolge der Verantwortlichkeit. Und eben diese Sache, die Verantwortlichkeit für das Saubermachen, den Eimer und das Scheuertuch, war für mich ein technologisches Moment.

Diese Sache ist zu vergleichen mit der erbärmlichsten, ältesten Drehbank in einem Betrieb, ohne Angabe von Herstellungsfirma und -jahr. Solche Drehbänke werden fast immer in einen hintersten Winkel der Werksabteilung abgestellt, wo der Boden am meisten mit Öl getränkt ist. Sie werden „Böcke" genannt. An ihnen wird verschiedenes Einzelzeug gedreht: Scheiben, Abspreizteile, Zwischenlagen, irgendwelche Bolzen. Und dennoch, wenn solch ein „Bock" einmal stehenbleibt, dann geht ein kaum wahrnehmbares Wehen von Unruhe durch das Werk. In der Montageabteilung werden „bedingte Lieferzeiten" eingeführt und auf den Lagerregalen häufen sich ärgererregende Berge unfertiger Erzeugnisse: „Nicht komplett".

Die Verantwortung für Eimer und Scheuertuch war für mich solch eine Drehbank; mochte sie auch die schlechteste sein, so wurden an ihr doch die Stützteile für das wichtigste aller menschlichen Atrribute gedreht: für das Verantwortungsgefühl. Ohne dieses Attribut kann es keinen kommunistischen Menschen geben, wird er „nicht komplett".

Die Olympier verachten die Technik. Dank ihrer Herrschaft siecht an unseren pädagogischen Hochschulen auch der Sinn für pädagogische Technik seit langem dahin, besonders in Dingen der eigentlichen Erziehung. In unserem gesamten sowjetischen Leben gibt es keinen kläglicheren technischen Zustand als auf dem Gebiete der Erziehung. Und deshalb ist das Erziehungswesen eine

Heimindustrie, und von den Heimindustrien die am meisten zurückgebliebene. Deshalb bleibt auch die Klage des Luka Lukič Chlopov aus dem „Revisor" (von Nikolaj Gogol) bis auf den heutigen Tag gültig:

„Nichts ist schlimmer, als im Lehramt zu dienen; jeder glaubt sich einmischen zu dürfen, jeder will unter Beweis stellen, daß er auch ein kluger Mensch ist."

Und das ist kein Scherz, kein hyperbolischer Kunstgriff, sondern die reine prosaische Wahrheit. „Wer ist denn so auf den Kopf gefallen", daß er nicht jedes beliebige Erziehungsproblem lösen könnte? Man braucht sich nur an den Schreibtisch zu setzen, und schon kann man wägen, binden und lösen. Was soll man sich mit Büchern abgeben? Weshalb denn Bücher, wenn man selbst ein Kind hat. Und dann schreibt ein Professor der Pädagogik, ein Spezialist für Erziehungsprobleme, ein Memorandum an die GPU oder den NKVD:

„Mein Junge hat mich einige Male bestohlen, er schläft nicht zu Hause; ich wende mich an Sie mit der heißen Bitte . . ."

Man fragt sich nur, warum die Tschekisten bessere pädagogische Techniker sein sollen als ein Professor der Pädagogik?

Auf diese interessante Frage fand ich nicht sogleich eine Antwort, sondern befand mich damals, im Jahre 1926, in keiner besseren Lage als Galilei mit seinem Fernrohr. (. . .)

Technologisches Hauptmoment blieb natürlich die Abteilung. Was eine Abteilung ist, haben sie auf dem „Olymp" bis zum Ende unserer Geschichte noch nicht begriffen. In der Zwischenzeit versuchte ich mit allen Kräften, den Olympiern die Bedeutung der Abteilung und ihren entscheidenden Nutzen im pädagogischen Prozeß zu erklären. Aber sprachen wir dann verschiedene Sprachen? Man konnte es ihnen unmöglich erklären. Ich führe hier fast wortgetreu ein Gespräch an, das zwischen mir und einem Professor der Pädagogik, der die Kolonie besuchte, stattfand. Er war ein pedantischer Mensch mit Brille, trug Jacke und Hose, ein denkender und tugendhafter Mensch. Er rückte mir mit der Frage zu Leibe, warum im Speiseraum der diensthabende Kommandeur den Abteilungen die Tische zuweise und nicht ein Pädagoge.

„Ernstlich, Genosse, Sie wollen wahrscheinlich nur scherzen. Ich bitte Sie, ernsthaft mit mir zu sprechen. Wie ist das: ein diensthabender Junge weist im Speisesaal die Plätze an, und Sie stehen hier in aller Seelenruhe. Sind Sie überzeugt, daß er alles richtig macht und keinen zurücksetzt? Und schließlich . . . kann er sich einfach irren."

„Die Plätze im Speiseraum anzuweisen ist nicht so schwer", antwortete ich dem Professor, „und außerdem haben wir ein altes, und sehr gutes Gesetz."

„Interessant. Ein Gesetz?"

„Ja, ein Gesetz. Es lautet: Alles Angenehme und alles Unangenehme oder Schwierige wird der Reihe nach auf die Abteilungen verteilt, in der Reihenfolge ihrer Nummern."

„Wieso? Was heißt das? Ich verstehe nicht . . ."

„Das ist ganz einfach. Heute erhält die erste Abteilung den besten
Platz im Speiseraum, einen Monat darauf die zweite und so fort."

„Gut. Aber ‚das Unangenehme', was ist das?"

„Das sogenannte Unangenehme kommt sehr oft vor. Sehen sie,
wenn zum Beispiel heute eine dringende außerplanmäßige Arbeit
geleistet werden muß, so wird die erste Abteilung herangezogen,
und beim nächsten Mal die zweite. Wenn mann die Reinigungs-
arbeiten verteilt, dann bekommt die erste Abteilung als erste das
Klosett zu reinigen. Das betrifft natürlich nur Arbeiten bestimmter
Art."

„Haben Sie etwa dieses schreckliche Gesetz ausgedacht?"

„Nein, wieso ich? Die Jungen haben es ausgedacht. Für sie ist
es so bequemer: es ist nämlich nicht einfach, diese Arbeitsverteilung
vorzunehmen; immer sind einige unzufrieden. Und jetzt geht das
ganz mechanisch vor sich. Nach jedem Monat wird abgelöst."

„So, das heißt, Ihre zwanzigste Abteilung wird das Klosett in
zwanzig Monaten reinigen."

„Natürlich, aber sie wird in zwanzig Monaten auch den besten
Platz im Speiseraum einnehmen."

„Grauenhaft! Aber in zwanzig Monaten werden in der zwan-
zigsten Abteilung doch sicher andere Leute sein. So ist es doch?"

„Nein, die Zusammensetzung der Abteilungen ändert sich fast
nicht. Wir sind Anhänger dauerhafter Kollektive. Natürlich geht
der eine oder andere fort; zwei, drei Neue kommen hinzu. Doch
selbst wenn eine Abteilung zu einem großen Teil ergänzt würde,
besteht darin keine Gefahr. Eine Abteilung ist ein Kollektiv, das
seine eigenen Traditionen, seine Geschichte, seine Verdienste und
seinen Ruhm hat. Zwar haben wir gegenwärtig die Abteilungen in
bedeutendem Maße verändert, aber der Kern ist doch jeweils
geblieben."

„Das verstehe ich nicht. Das sind doch alles nur Hirngespinste.
Das ist alles wenig seriös. Welche Bedeutung kann die Abteilung,
ihr Ruhm für Leute haben, die dort neu hinzukommen? Wo gibt's
denn das?"

„Das gibt es zum Beispiel in der Čapaev-Division", sagte ich
lächelnd.

„Ach, Sie mit ihrer Militarisierung . . . das heißt . . . was hat
dies hier, sozusagen, mit Čapaev zu tun?"

„In der Division sind heute nicht mehr die Leute, die früher
in ihr waren. Auch Čapaev lebt nicht mehr. Es sind jetzt neue

Leute da, aber sie tragen in sich den Ruhm und die Ehre Čapaevs und seiner Regimenter. Verstehen sie das nicht? Sie sind für den Ruhm Čapaevs verantwortlich. Und wenn sie ihn beflecken, so werden in fünfzig Jahren neue Leute für ihre Schande verantwortlich sein."

„Ich verstehe nicht, wozu Sie das brauchen."

So verstand er es eben nicht, dieser Professor. Was konnte ich da machen?

In Kurjaž wurde in den ersten Tagen viel Arbeit in den Abteilungen geleistet. Von jeher war je zwei oder drei Abteilungen ein Erzieher zugeteilt. Es lag in der Verantwortlichkeit der Erzieher in den Abteilungen die Vorstellungen der Kollektivehre und von der Erringung eines besseren, würdigeren Platzes in der Kolonie zu wecken. Die neuen edlen Antriebe des Kollektivinteresses kamen natürlich nicht über Nacht, aber sie kamen doch verhältnismäßig rasch; wesentlich schneller jedenfalls, als wenn wir uns auf die individuelle Beeinflussung verlassen hätten.

Unsere zweitwichtigste Institution war das System der Perspektivlinien (sistema perspektivnych linij). Bekanntlich gibt es zwei Wege bei der Organisierung der Perspektiven und damit der Arbeitsanstrengung. Der erste besteht in der Errichtung einer persönlichen Perspektive, unter anderem durch Einwirkung auf die materiellen Interessen der Persönlichkeit. Dieses letztere wurde übrigens von den damaligen pädagogischen Denkern entschieden verworfen. Wenn es dazu kam, daß den Kindern ein ganz unbedeutender Rubelbetrag als Lohn oder Prämie ausgezahlt wurde, so erhob sich auf dem „Olymp" ein wahrer Skandal. Die pädagogischen Denker waren der Überzeugung, daß Geld Teufelswerk sei. (...)

Dennoch ist der Arbeitslohn eine sehr wichtige Sache. Am erhaltenen Arbeitslohn schult der Zögling sein Vermögen, persönliche und gesellschaftliche Interessen zu koordinieren, gewinnt er Einblick in das komplizierte Gebiet des sowjetischen Industrie- und Finanzplanes, der Wirtschaftsberechnung und des Rentabilitätssystems, lernt er das gesamte System der sowjetischen Betriebswirtschaft kennen und nimmt prinzipiell die gleiche Stellung ein wie alle anderen Arbeiter. Schließlich lernt er aber auch den Arbeitslohn einfach zu schätzen und verläßt das Kinderheim nicht wie ein verwahrlostes Institutsfräulein, die das Leben nicht zu meistern versteht und nur von „Idealen" erfüllt ist.

Aber es war nichts dagegen zu machen, es war mit einem „Tabu" belegt.

Ich hatte nur die Möglichkeit, den ersten Weg, die Methode der Hebung des Kollektivtones und der Organisierung eines sehr komplizierten Systems der kollektiven Perspektiven zu beschreiten. Diese Methode roch nicht so sehr nach der Kraft des Unreinen,

und die Olympier ließen hier manches durchgehen, wenngleich sie
zuweilen mißtrauisch knurrten.

Der Mensch kann auf der Welt nicht leben, wenn nichts Erfreu-
liches vor ihm liegt. Die Freude auf das Morgen ist das wahrhafte
Stimulanz im menschlichen Leben. In der pädagogischen Technik
ist diese Freude auf das Morgen eines der wichtigsten Arbeits-
objekte. Zunächst muß man die Freude selbst organisieren, muß
sie ins Leben rufen und als eine Realität hinstellen. Zweitens muß
man beharrlich versuchen, einfachere Aspekte der Freude in kompliziertere und menschlich bedeutsamere umzuwandeln. Hier verläuft eine interessante Linie: von der primitiven Befriedigung etwa
durch einen Lebkuchen bis zum tiefsten Pflichtgefühl.

Das Wichtigste, was wir gewöhnlich an einem Menschen schätzen,
sind Kraft und Schönheit. Das eine sowohl wie das andere wird
beim Menschen ausschließlich durch die Art seiner Einstellung
zur Perspektive bestimmt. Ein Mensch, dessen Verhalten durch
die naheliegendste Perspektive bestimmt wird, etwa durch das
heutige Mittagessen, also gerade nur durch das Heutige, ist der
schwächste Mensch. Wenn er nur durch seine eigene Perspektive
seine Befriedigung erfährt, mag sie auch noch so weit gespannt
sein, so kann er zwar stark erscheinen, niemals aber ein Gefühl der
Schönheit der Persönlichkeit und wahren Werte in uns erwecken.
Je umfassender das Kollektiv, dessen Perspektiven zu den persönlichen Perspektiven des Menschen werden, umso schöner und höher-
stehend der Mensch.

Einen Menschen erziehen bedeutet, in ihm Perspektivwege zu
entwickeln, an denen die Freude auf das Morgen liegt. Man könnte
eine ganze Methodik dieser wichtigen Arbeit schreiben. Sie besteht
in der Organisierung neuer Perspektiven, in der Ausnutzung bereits
vorhandener und in ihrer allmählichen Ersetzung durch wertvollere Perspektiven. Man kann mit einem guten Mittagessen,
einem Zirkusbesuch oder mit der Säuberung eines Teiches den
Anfang machen, doch kommt es immer darauf an, Perspektiven
für das gesamte Kollektiv ins Leben zu rufen allmählich zu erweitern
und sie zu Perspektiven der gesamten Union werden zu lassen.

Die nächste Kollektivperspektive nach der Eroberung von Kurjaž wurde die Feier der Ersten Garbe.

Doch muß ich noch einen ungewöhnlichen Abend erwähnen,
der aus irgendwelchen Gründen zu einem Wendepunkt in der
Arbeitsanstrengung der Kurjažer wurde. Ich hatte übrigens nicht
mit solch einem Ergebnis gerechnet. Ich hatte nur das tun wollen,
was unbedingt zu tun war, ganz und gar nicht aus praktischen Ab-
sichten heraus.

Die neuen Kolonisten wußten nicht, wer Gor'kij war. In den
ersten Tagen nach unserer Ankunft veranstalteten wir einen Gor'kij-

Abend. Er verlief in einem ganz bescheidenen Rahmen. Ich wollte ihm absichtlich nicht den Charakter eines Konzertes oder eines literarischen Abend verleihen. Wir luden auch keine Gäste dazu ein. Auf die bescheiden ausgestattete Bühne stellten wir das Bild von Aleksej Maksimovič (Gor'kij).

Ich erzählte den Kindern vom Leben und Schaffen Gor'kijs, erzählte alles ausführlich. Einige ältere Kinder lasen Auszüge aus „Kindheit" vor.

Die neuen Kolonisten hörten mich mit weit aufgerissenen Augen an: Sie konnten sich nicht vorstellen, daß es auf der Welt ein solches Leben gäbe. Sie stellten keine Fragen und waren kaum bewegt bis zu dem Augenblick, in dem Lapot' die Mappe mit Gor'kijs Briefen hereinbrachte.

„Das hat er geschrieben? Selbst geschrieben? An die Kolonisten? Nun zeig doch mal . . .‟

Lapot' trug sorgsam die Briefe von Gor'kij entfaltet durch die Reihen. Manch einer hielt Lapot' am Arm fest und versuchte, tiefer in den Inhalt einzudringen:

„Sieh mal, sieh mal: ‚Meine lieben Genossen'. So steht es geschrieben . . .‟

Alle Briefe wurden auf der Versammlung verlesen. Danach fragte ich:

„Wünscht vielleicht noch jemand, etwas zu sagen?‟

Zwei Minuten meldete sich keiner. Aber dann trat Korotkov errötend auf die Bühne und sagte:

„Ich möchte den neuen Gor'kij-Kolonisten sagen . . . wie ich, zum Beispiel. Nur . . . ich bin kein Redner. Aber egal. Jungens! Wir haben hier gelebt . . . wie die Blinden. Ehrenwort! Schade — so viele Jahre im Eimer! Aber jetzt da hat man uns einen Gor'kij gezeigt . . . Ehrenwort, in meiner Seele ist alles umgekrempelt . . . Ich weiß nicht, wie es bei euch ist . . .‟

Korotkov rückte an die Rampe heran und kniff kaum merklich seine ernsten schönen Augen zusammen:

„Jungens, wir müssen arbeiten . . . ganz anders arbeiten . . . Versteht ihr?‟

„Wir verstehen!" schrien die Jungen begeistert los und begleiteten Korotkovs Abgang von der Bühne mit lautem Klatschen.

Am anderen Tag waren sie nicht wiederzuerkennen. Keuchend, stöhnend und die Köpfe verdrehend, überwanden sie rechtschaffen, wenn auch mit großer Mühe, die uralte menschliche Trägheit. Sie erblickten vor sich die erfreulichste Perspektive: den Wert der menschlichen Persönlichkeit.

Quellennachweis: A. S. Makarenko, Pedagogičeskaja Poema. In: A. S. Makarenko, Sočinenija, Tom 1, Moskva: Izd-vo APN-RSFSR 1950, 767 S.; hier S. 13—15, 19—25; 195—203; 554—568 (Soč. T. 1).

Vorbemerkung zu

2. Flaggen auf den Türmen

Der zweite große pädagogische Roman Makarenkos, ‚Flaggen auf den Türmen‘, schildert das Leben und die Entwicklung des Erziehungs- und Arbeits-Kollektivs der ‚Dzeržinskij-Kommune‘, die 1927 begründet, nach dem GPU-Chef Feliks E. Dzeržinskij benannt wurde. Die dichterische Gestaltung Makarenkos geht auf authentisches Tatsachenmaterial zurück, d. h. auf die während der Leitung dieser Arbeitskommune von 1927 bis 1935 (ab 1932 als Stelltreter des Leiters) gesammelten pädagogischen Erfahrungen. Makarenko stellt in den ‚Flaggen‘ die Entwicklung dieser Jugendkommune dar, die durch industrielle Produktionsarbeit, Erfüllung der Normen und nach „Siegen an der Produktionsfront" der sozialistischen Zukunft zustrebt. In der Figur des Leiters der Kommune, Aleksej Stepanovič Zacharov, erkennt der Leser den Autor A. S. Makarenko, der sich in diesem Selbstportrait als Repräsentant eines „neuen Typs" von Sowjetpädagogen darstellt. Das schon im ‚Poem‘ erkennbare Grundthema wird auch in den ‚Flaggen‘ durchgehalten und aus der Forderung des Leiters der Kommune an seine Zöglinge ersichtlich: „Werdet richtige Menschen!" (d. h. Sowjetmenschen).

Die pädagogischen Erfahrungen Makarenkos in der Dzeržinskij-Kommune (bis Anfang 1932, als die Fabrik für Elektrowerkzeuge den Betrieb eröffnete) wurden auch in die beiden Erzählungen ‚Der Marsch des Jahres dreißig‘, ‚FD-1‘, in das Schauspiel ‚Dur‘ und in das Drehbuch für einen Dokumentarfilm über die Kommune eingebracht.

Die Zeitschrift „Krasnaja nov'" begann Ende Juni 1938 mit der Veröffentlichung in Einzelfolgen. Makarenko beendete die Arbeit an der Schlußfassung einer Buchausgabe am 30. März 1939, zwei Tage vor seinem Tod. Er erlebte die Veröffentlichung des Buches nicht mehr. Auf der Rückreise von Moskau in das Heim des Schriftstellerverbandes verstarb er am 1. April 1939 an einem akuten Herzversagen.

Der ersten Buchausgabe (Moskau 1939) folgten weitere Ausgaben und Auflagen, auch deutsche Übersetzungen.
(*Dt. Übers.* in: Werke 3; Ges. Werke 11; APS 32—46).

2. Flaggen auf den Türmen

2.1 Flaggen auf den Türmen

Der Bau der Werksgebäude war beendet. Und wie das so zu sein pflegt, häufte sich gerade jetzt eine solche Unmenge Arbeit an, daß es fast unmöglich erschien, sie jemals zu bewältigen. Hier und da standen Werkbänke auf ihren Fundamenten. In steigendem Maße trafen andere Werkbänke ein, und es gab keinen Platz, wo man sie hätte aufstellen können: hier war das Fundament noch nicht fertig, da war noch nicht aufgeschüttet worden. Wie man sich auch vorsah, der Hof der Kolonie verwandelte sich dennoch in ein Chaos. An den neuen Gebäuden standen die Baugerüste, überall waren Baracken und Schuppen angelegt, lagen zerbrochene Bretter, Schotter und einfacher Ziegelstaub herum, gähnten Kalkgruben, flogen zerbrochene Tragen, Furnierhölzer und Bastmatten herum. Und das alles war überstreut von einem allgegenwärtigen Baustaub, vor dem man sich nicht einmal im Hauptgebäude retten konnte.

Neben der sich „aus dem Chaos erhebenden" neuen Fabrik lag der alte Betrieb des Salomon Davidovič im Sterben. Und um ihn herum entstand ein ebensolches Chaos, nur daß es das Chaos des Sterbens war.

Die Ende August zum Angriff übergehenden Kolonistenketten erreichten ihr Ziel, durchschnittlich gerechnet, am 1. November. Der von den Mädchen gebildete rechte Flügel „bedrängte den in heilloser Panik zurückflutenden Feind" auf allen Linien in der zweiten Dezemberhälfte, aber der alte Betrieb des Salomon Davidovič lag immerhin im Sterben. Die „Drehböcke" wurden einer nach dem anderen kampfunfähig, in der Maschinenabteilung des Holzwerkes stand es nicht besser. Das Stadion, bedeckt von Abfallgerümpel, Ausschußteilen und einer Menge von überflüssigem, verirrtem Schund, bot einen so abstoßenden Anblick, daß Zacharov bei Eintritt der Kälte die Fortsetzung der Arbeiten dort kategorisch untersagte. Zweimal brachen im Stadion aus irgendwelchen Gründen Brände aus. Man löschte sie leicht. Schwarze Flecken verkohlter Erde blieben zurück; davon sah das Stadion noch trister aus. Salomon Davidovič sagte zu den Kolonisten:

„Man kann alles ertragen: Betriebsstörungen und das neue Werk, aber Brände — die kann man nicht auch noch ertragen. Kann denn mein Herz eine solche Bürde tragen? Wie soll ich das denn können?"

Die Kolonisten trösteten Salomon Davidovič:

„Es wird sowieso abbrennen, das Stadion. Sie wissen doch, Salomon Davidovič, es wird sowieso abbrennen."

„Woher wißt ihr das so genau, daß es abbrennen wird?"

„Das sagen alle Kolonisten."

„Ach nein: das sagen alle Kolonisten! Können sie denn nicht etwas anderes sagen?"

„Über das Stadion? Was soll man darüber schon sagen? Das ist ein Stück als Welt, Salomon Davidovič! Es muß sowieso in Brand gesetzt werden."

Salomon Davidovič war beleidigt und beunruhigt. Es wurde jetzt für ihn zur Gewohnheit, Zacharov an den Abenden zu besuchen und auf dem Divan vor sich hinzudämmern. Zacharov fragte ihn:

„Weshalb schlafen Sie nicht, Salomon Davidovič?"

„Wieder eine neue Sache. Der Teufel soll sie holen!"

„Was für eine Sache?"

„Eine ganz lächerliche Sache, natürlich: Ich erwarte einen Brand."

„Im Stadion?"

„Na, wo denn sonst?"

„Aber warum glauben Sie denn, daß der Brand gerade ausbrechen wird, wenn Sie nicht schlafen? Kann er nicht genau so gut auch gegen Morgen ausbrechen?"

„Gegen Morgen — das ist etwas anderes. Niemand soll sagen können: ‚Das Stadion ist in Brand geraten, aber Salomon Davidovič hat sich zu früh schlafen gelegt.' Und wenn ich mich um zwölf Uhr hinlege, wird das dann angemessen sein? Was meinen Sie?"

„Das wird angemessen sein."

„Gut, dann bleibe ich noch bis zwölf Uhr bei Ihnen sitzen."

Ende August kam Kreijcer (Kreuzer) angereist. Er besichtigte rasch die Abteilungen Salomon Davidovičs, kam dann zu Zacharov und sagte:

„Sagen Sie doch ihrem Volod'ka, er soll die Versammlung der Brigadiere zusammenblasen."

„Aber es ist doch Arbeitszeit."

„Einerlei. Ich schlage vor, die Arbeit unverzüglich einzustellen. Oder glauben Sie vielleicht, daß man in der Mechanischen Abteilung und im Stadion noch arbeiten könne?"

„Es ist völlig unmöglich."

„Also, den Rat der Brigadiere zusammenrufen."

„Sofort!"

Verwundert hörten die Brigadiere und alle Kolonisten mitten in der Arbeitszeit das Signal „Versammlung der Brigadiere". Keiner kam auf den Gedanken, daß dieses kurze, aus drei Tönen bestehende Signal dem alten Betrieb des Salomon Davidovič den letzten Stoß beibringen würde.

Die Sitzung zog sich nicht lange hin. Krejcer schlug vor, alle Kräfte der Kolonistenbrigaden auf den Bau zu konzentrieren, um das neue Werk rascher in Ordnung zu bringen und die Arbeit in ihm aufzunehmen. Die Kolonisten begrüßten diesen Vorschlag mit Beifall. Vorgunov hörte sich den Vorschlag wie den Beifall mit mißtrauischer Besorgnis an, schaute die Kinder an und stellte dann nur die Frage:

„Werden sie auch die Gerüste abtragen?"

Die Brigadiere antworteten mit befremdeten Blicken: Sie begriffen nicht den Sinn der Frage, aber Vorgunov wiederum betrachtete sie und begriff nicht das Befremden in ihren Blicken. Salomon Davidovič prustete verächtlich:

„Pah! Die Gerüste abtragen! Wenn Sie denen vorschlagen, den Teufel selbst abzutragen, dann tragen sie ihn ab, damit Sie's wissen, und legen alles fein ordentlich zusammen: die Klauen, die Hufe, die Hörner und das Schwänzchen, alles schön für sich. Sie können sich in aller Ruhe an die Inventur machen."

Vorgunov wandte den Kopf zu ihm und sagte sarkastisch:

„Mit dem Teufel habe ich nichts zu schaffen, aber ich glaube, daß man mit ihm eher fertig würde als mit Gerüsten."

„Sie irren sich. Glauben Sie etwa, der Teufel würde dasitzen und zuschauen, wie man ihn abträgt? Beißen würde er!"

Dieses originelle Streitgespräch wurde von Zacharov beigelegt: „Salomon Davidovič wie auch Pjotr Petrovič haben sich mit ihren Problemen verspätet: sowohl Gott als auch der Teufel sind längst abgetragen und im Museum ausgestellt. Und die Gerüste werden wir abtragen, Pjotr Petrovič!"

Vorgunov machte mit dem ganzen Körper eine Bewegung, die besagen sollte, er werde schon zusehen, wie die Kolonisten die Gerüste abtragen würden.

Am nächsten Tag drängte sich vor dem Diagramm des Wettbewerbsstabes besonders viel Volk. Der Kampfbericht lautete:

„Frontlage am 29. August

Gestern hat unser mit dem Roten Banner ausgezeichneter rechter Flügel dem Gegner den letzten Stoß versetzt: der Jahresplan der Schneiderwerkstätte ist restlos erfüllt, die Mädchen haben nach kurzem Sturmangriff die rechten Türme der Stadt genommen; auf den Türmen weht die rote Fahne der UdSSR.

Der Feind, der jegliche Hoffnung auf Sieg aufgegeben hat, hat die Evakuierung der Stadt in Angriff genommen. Wir hoffen, daß die Truppenteile unseres linken Flügels und des Zentrums morgen trotz des Ausgangstages ebenfalls in die Stadt eindringen!"

Auf dem Diagramm war wirklich zu sehen, wie auf dem rechten Turm die rote Fahne wehte. Dieses bemerkenswerte Ereignis war so lange erwartet worden, daß man einfach seinen Augen nicht trauen wollte, als es nun eingetreten war. Die vierte Brigade ging den ganzen Tag auf das Diagramm schauen. Wirklich, auf den Türmen war eine kleine, schmale rote Fahne, und darauf war geschrieben: UdSSR. Auf dem Diagramm war auch noch zu sehen, wie die Feinde aus der Stadt flohen. Es waren keine blauen, vielmehr glichen sie kleinen schwarzen, ziemlich widerwärtigen Wesen. Pjotr Vasil'evič Kalen'kij hatte sie mit Tusche gezeichnet, hatte viel Zeit auf diese Arbeit verwandt, denn es waren sehr viele Feinde.

Nach dem Abendessen verlas man einen Befehl. Kurz und bündig hieß es:

„Die fünfte und elfte Brigade treten zur Vollversammlung in Linienordnung an. Die Kapelle und die Fahnenbrigade halten sich dem diensthabenden Brigadier zur Verfügung."

Und abends auf der Vollversammlung wurde dann eine Feier abgehalten. Die Mädchen erschienen in ihren Paradekleidern, sie wurden mit einem Fahnensalut empfangen, darauf wurden sie begrüßt und allgemein gefeiert. Natürlich hatten es die Mädchen nicht mit solchen „Böcken" und Baugerüsten zu tun gehabt wie die Jungen, dennoch konnte niemand bestreiten, daß sie ganze Arbeit geleistet hatten. Und im Gegenteil: alle freuten sich mit den Mädchen und schauten sie mit leuchtenden Augen an.

Auf die Begrüßung antwortete Oksana Litovčenko. Igor' lauschte ihrer Rede voll Stolz. Er war stolz darauf, daß nur er allein Oksana liebte, daß nur er allein begriff, was für ein reizendes Wesen Oksana war! Keine andere konnte so gut wie Oksana sagen:

„Ich habe euch einiges zu sagen, meine lieben Genossen! Wer hätte jemals gedacht, daß die Mädchen in einen so schönen Raum kommen, und daß vierzig Jungen diesen Mädchen zu Ehren auf silbernen Trompeten blasen würden? Und dieselben Jungen, die hier Trompete geblasen haben und die unter unserer Fahne stehen, zusammen mit uns und Salomon Davidovič, mit unserem neuen Hauptingenieur Pjotr Petrovič und mit den anderen, besonders aber mit Aleksej Stepanovič und den anderen, die jetzt nicht hier, sondern bei der Arbeit sind, mit unseren Lehrern, Meistern und Arbeitern. Sie haben alle wie ein Mann vernommen, was uns die bolschewistische Partei aufgetragen hat, was uns Lenin gesagt hat und was Stalin jeden Tag sagt. Sie haben es vernommen und haben geschafft wie Helden, und nicht wie Mietlinge; sie haben Tausende und Abertausende Tische und Stühle, Ölkannen, Zeichentische, Sporthosen und Sporthemden hergestellt, sie haben sie hergestellt und den Menschen zum Gebrauch versandt. Und so haben wir für uns und für unser Land einen neuen Betrieb erkämpft, einen Betrieb, der im wahrsten Sinne des Wortes ein Stalinbetrieb ist: wir werden Maschinen herstellen, und zwar für die Rote Armee, denn die Rote Armee soll jetzt ihre Feinde nicht nur mit Gewehrkugeln, sondern auch mit Maschinen schlagen. Und nicht nur für die Rote Armee werden wir arbeiten, sondern auch für diejenigen, die Häuser bauen und Straßen, und für die Werktätigen. Und keiner von den Kolonisten, nicht ein einziger, hat sich im Troß gedrückt, wie der Genosse Kirow, der erste Freund und Helfer Stalins zu sagen pflegt." (. . .)

Das war die Rede, die Oksana hielt, und alle hörten ihr zu und vergaßen, wer an welchen Werkbänken gearbeitet hatte, wer auf dem rechten Flügel, wer auf dem linken Flügel und wer im Zentrum gestanden hatte. (. . .) Und als sie geendet hatte, dachten alle, daß einer solchen Rede nichts mehr hinzuzufügen sei. Alles war klar, und alle dachten dasselbe. Und nur einer ergriff das Wort, um zu antworten: Vorgunov. Seit wann bat Vorgunov auf der Vollversammlung um das Wort? Was war denn mit Vorgunov los?

Vorgunov stieg stöhnend die Stufen zur Stalinbüste empor. Er wollte nicht einfach von seinem Platz aus sprechen, er wollte ganz richtig sprechen. Und die Kolonisten schauten mit großem Interesse, was Vorgunov weiter tun würde. Er aber stellt sich direkt vor die Fahnenbrigade und hob plötzlich den Zeigefinger:

„Oksana Litovčenko, so heißt dies Mädchen, das eben zu uns gesprochen hat — Brigadier der fünften Brigade! Seht ihr, ich bin alt, ein alter Ingenieur — und ich verneige mich vor ihr und sage: Oksana Litovčenko, das ist ein Prachtkerl! (. . .) Ich will euch die Wahrheit sagen: als ich zu euch kam, da dachte ich: ‚Ach, was treiben die da für einen Unfug mit den Kindern! Was soll da eine Fabrik!' Ich schmeichle mich nicht gern ein; ich habe mich bei euch nicht eingeschmeichelt und werde es auch nicht tun. Aber jetzt habe ich mir eine Meinung gebildet, und sage offen heraus: ich werde mit euch den gleichen Weg gehen. Machen wir schnell, daß wir das Werk in Ordnung bringen und daß wir an die Arbeit kommen. Die Finstermänner werden wir zusammen schon gar kochen! In Ordnung?"

Die Kolonisten klatschten dem alten Ingenieur freudig Beifall. Sie hatten neue Unterstützung auf den Kampfabschnitten ihrer Front erhalten. Vorgunov fuhr fort:

„Nur bei der Arbeit bin ich streng. Ich will nicht sagen: furchtbar streng, aber immerhin . . . nicht viel weniger als Aleksej Stepanovič!"

„Ganz recht!" riefen die Kolonisten.

„Ganz recht? Also abgemacht. Und ihr werdet mir gehorchen."

„Aber Sie uns auch?"

„Ich euch gehorchen? Na, kann wohl mal vorkommen!"

Vorgunov stand neben der Stalinbüste und lachte, und die Kolonisten standen die Polsterbänke entlang und lachten. Auch in der Kapelle lachten sie, und in der Fahnenbrigade und auch in den Vierreihen der Mädchen.

2.2 Was ist Enthusiasmus?

Vorgunov hatte gerechnet, ein Monat wäre gerade genug, das Baugelände, die alten und neuen Gebäude in Ordnung zu bringen. Vorgunov meinte wahrscheinlich ganz richtig, daß die Energie von elf Brigaden schon einiges wert sei. Doch schon am 31. August wurde auf der Vollversammlung beschlossen:

„1. In der gegenwärtigen Situation ist Schulunterricht sowieso ausgeschlossen. Der Unterrichtsbeginn wird auf den 15. September verschoben, mit dem Vorbehalt, daß dafür die Winterferien ausfallen.

2. Es wird gearbeitet ohne das Signal ‚Ende der Arbeit', solange es geht.

3. Die Arbeit geschieht nach Parzellen, für die die Brigaden verantwortlich sind.

4. Bis zum 15. September ist die Arbeit zu beenden."

Am 1. September brachen alle Brigaden sofort nach dem Frühstück zur Arbeit in einer Schicht auf. Das hatte Vorgunov nicht erwartet. Er hatte auf höchstens 100 Tagesleistungen pro Tag gerechnet und davon noch 35 Prozent für „Kindererholung" abgezogen. Aber schon am Ende des ersten Tages sah er ein, daß er volle zweihundert Tagesleistungen von je acht Stunden zur Verfügung hatte. Und was die Kindererholung anbetraf, so wurde man daraus überhaupt nicht richtig klug. An vielen Stellen war die Arbeit für Kinder durchaus geeignet.

Der Bauplatz erhielt plötzlich ein anderes Aussehen. Auch früher hatten dort bald zweihundert Bauarbeiter gearbeitet: Zimmerleute, Tischler, Stukkateure, Arbeiter. Und sie waren auch jetzt noch bei der Arbeit; der Bauorganismus war der gleiche geblieben. Es war, als hätten auch die Kolonisten nichts Wesentliches geändert. Diese Jungen und Mädchen besaßen weniger Kenntnisse und weniger physische Kräfte, aber sie waren dafür gewissermaßen das Blut in dem Organismus. Wie Blut waren sie rasch und überall. Sie tränkten mit ihrer Arbeit, ihren Worten, ihrem Lachen, mit ihrem Eifer und ihrer Zuversicht jeden Arbeitsplatz. Überall kribbelten ihre beweglichen Figürchen herum, hier schleppten sie etwas fort, ächzten und schrien, stoben dann wieder plötzlich unruhig wie ein Sperlingsschwarm zusammen und schwirrten zu einer anderen Stelle, wo ihre Hilfe gebraucht wurde.

Im Gebäude selbst, dort, wo der Boden abfällt, arbeiteten die Mädchen. Ihren Brigaden war eine schwierige Aufgabe zugefallen: Aufschütten. Tausende Lasttragen voll Erde mußten herbeigebracht werden; solange das nicht getan war, konnten die Fußböden nicht gelegt, konnten die Fundamente für die Werkbänke nicht montiert werden.

Irgendwo, auf einer geheimen Beratung, hatten die Mädchen beschlossen, im Laufschritt zu arbeiten. Am ersten Tag versetzte diese Arbeitsweise alle in Erstaunen, aber die Kinder sagten:

„Die hetzen sich ja nur ab! Das führt zu nichts!"

Aber die Mädchen arbeiteten auch am zweiten und dritten Tag im Laufschritt. Da wurde denn allen klar, daß sie sich dabei nicht nur nicht ermüden, sondern geradezu daran gewöhnen würden, im Laufschritt zu arbeiten. Und so gab es bald ganz andere Gespräche unter den Kindern:

„Schau da: mit leeren und mit vollen Tragen, immer im Laufschritt!"

Vorgunov begann dieses Tempo der Kinder schon zu beunruhigen. Immer häufiger ging er in das Gebäude, um nachzuschauen. Zwei um zwei flogen die Mädchen an ihm vorüber und kicherten:

„'n Tag, Pjotr Petrovič! Was machen die Jungen? Bummeln sie auch nicht?"

Mit den Kolonisten zusammen arbeiteten auch die Lehrer und die Instrukteure. Die schon recht bejahrte Instrukteurin der Schneiderwerkstatt rannte ebenfalls im Laufschritt mit den Mädchen und protestierte schüchtern und doch glücklich:

„Mich alte Frau so abzuhetzen, die schlimmen Mädchen! Für sie ist das gerade das Richtige: sie sind flink. Aber ich komme nicht mit ihnen mit. Freilich, sie nehmen sich schon zusammen, wenn ich dabei bin."

Auf einem bereits fertigen Platz saß an einem fast fertig gebautem Fundament ein alter Maurer auf der Erde und lachte mit seinem zahnlosen Mund:

„In meinem Leben habe ich so etwas noch nicht gesehen. Da kann ich dir nur sagen: ein ausdauerndes Völkchen! Und alle lachen, alle schwatzen sie. Man schaut und schaut zu, bis einen der Zorn packt; ach, wenn man doch noch mal jung sein könnte! Schon würde ich losspringen! Und wenn ich alle einholen würde! Ach."

Er sprang plötzlich auf und jagte hinter Lena Ivanovna und Ljuba Rotštejn her.

Die vierte Brigade hatte eine Spezialaufgabe zu erfüllen: sie schlugen Schotter für den Beton. Der Ziegelbruch war über das ganze Baugelände verstreut. Er verschwand unter den Hämmern der Jungen wie das Feuer unter dem Strahl der Feuerspritze. Ehe man sich's versah, hockten die Jungen schon wieder an einer anderen Stelle, klopften mit ihren Hämmern und stritten wie gewöhnlich:

„Hobelmaschine heißt es, wenn ein Bett hin und herläuft, und wenn ein Schneidestahl läuft, dann heißt es Shaping! Ach, da steht ein kleiner Shaping, ein Keystone!"

„Was heißt hier Shaping — das ist doch auch eine Hobelmaschine."

„Nein, bei einer Hobelmaschine läuft ein Bett hin und her."

„Haha! Ein Bett! Was für ein Bett?"

„Aber man sagt doch so!"

„Jetzt wirst du noch sagen: eine Bettdecke geht hin und her! Und dann sagt du: ein Laken läuft hin und her!"

„Ihr müßt immer nur streiten", sagt Bracan und sah auf den geschlagenen Schotter. „Los, bringt den Schotter auf den Platz."

„Womit sollen wir ihn denn hinbringen? Etwa mit den Händen?"

„Wo sind die Tragen?"

„Die Mädchen haben sie genommen, sie haben zu wenig."

„So lauf und hol sie von den Mädchen."

„Haha, hol sie! Die werden sie dir gerade geben! Und wenn man mit denen zu streiten anfängt, kommt man sowieso in den Rapport, und die sind natürlich immer im Recht. Gestern haben sie auch Mist gemacht. Ich hatte gar nichts gesagt, und da schimpfen sie mich Grobian!"

Bracans Brigade arbeitete an einer der ehrenvollsten Stellen: an der Asphaltierung des Trottoirs. Dreimal am Tag kam ein Auto mit einem Kessel angefahren, in dem der Asphalt kochte. Über das ganze Areal der Kolonie zog sich über hunderte von Metern ein breiter Weg hin. Jetzt war er an vielen Stellen schon fertig. An anderen Stellen waren erst die Erdbänke ausgehoben, und die Brigade Bracan schüttete sie mit Schotter zu und betonierte sie.

Am Hauptgebäude des Betriebs trug die Brigade Pochožaj die Gerüste ab. Das Abtragen war eine so angenehme Arbeit, daß es darüber im Rat der Brigadiere fast zum Streit gekommen wäre. Man mußte dazu übergehen, sie zu verlosen. Als das Glückslos, die Gerüste abzutragen, auf die neunte Brigade fiel, da stürmte Pochožaj aus dem Rat geradewegs zum Hauptgebäude, und die ganze Brigade hinter ihm her. Wegen der neunten Brigade war Vorgunov am meisten beunruhigt. Er stand unten und stöhnte vor innerer Unruhe. Heute nahmen sie die Gerüste an der Stelle ab, wo das Gebäude einen Knick machte und die Gerüststangen und Laufbretter überaus wirr angeordnet waren. Ein zwanzig Meter langer Balken hatte sich verhakt und ragte beinahe senkrecht in das Gewirr der Gerüste hinein. Die Kolonisten umringten ihn mit ihren Körpern und bemühten sich, ihn herauszuziehen. Žan Grif stand auf dem obersten Brett und holte mit einem Vorschlaghammer aus. Auf diesen Schmiedehammer starrte Vorgunov. Er hatte noch nie gehört, daß man Gerüste mittels eines Schmiedehammers abschlagen kann. Žan Grif ließ seinen Hammer mit ohrenbetäubenden Lärm auf den angrenzenden Gerüstteil niedersausen. Einige Bretter brachen davon los, und Žan selbst geriet auf einem schmalen Standbrett ins Wanken. Die unten Sitzenden zogen ihre Köpfe ein, damit sie von den herabsausenden Gegenständen nicht getroffen würden. Vorgunov ging zum „Du" über:

„Was machst du da? Was machst du da, du Lümmel?"

„Was?" fragte Žan Grif verwundert zurück, schaute zu Vorgunov hinab und versuchte zu begreifen, was er wolle.

Doch Vorgunov hatte Žan Grifs zermalmenden Hammer schon vergessen. Der kleine Sinicyn zog seine Aufmerksamkeit auf sich: der kletterte an dem vertikal aufragenden Balken empor und hielt ein Seil zwischen den Zähnen. Vorgunov hob beide Hände und schrie, was seine tiefe, heisere Stimme hergab:

„Wo kletterst du hin? Wohin reitet dich der Teufel?"

Sinicyn schaute ebenfalls zu Vorgunov hinab und fragte:

„Was?"

„Steig sofort herunter! Aber schnell! Der Teufel soll dich holen, das sag ich dir!"

Der Brigadier der Neunten, Pochožaj, saß auch auf den obersten Gerüsten und randalierte.

„Soll er doch klettern! Sonst schlagen wir uns hier noch bis zum Abend herum. Er will doch nur das Seil festmachen, weiter nichts."

„Aber der Balken ist doch nicht befestigt! Der Balken ist nicht befestigt!"

„Wie soll er denn fallen?" fragte Pochožaj. „Wir haben zwölf Mann hoch an ihm gezogen und ihn nicht zu Fall gebracht."

Doch der Streit führte zu nichts. Schon war Sinicyn am oberen Ende des Balkens und band das Seil fest. Vorgunov folgt ihm mit starrem Blick.

„Los, los, schreiten wir ein! Mir stehen die Haare zu Berge! Was die wieder anstellen! Was die wieder anstellen."

Bautechniker Dem zitterten die Lippen und komisch bewegte sich sein buschiger Schnurrbart. Vorgunov sah in die Richtung, in die Dem mit seiner Hand wies, und erblickte ein wirklich aufregendes Bild: auf dem hözernen Dach einer Scheune standen fünfzehn Mann und sangen:

„Hau-ruck, hau-ruck, hau-ruck, hau-ruck!"

Sie schwangen rhythmisch hin und her, und mit ihnen schwang auch die ganze Scheunenkonstruktion auf ihren schwachen Beinen. Sie schwang mehr und mehr, ihr Gebälk krachte, und schon stießen durch die hölzernen Seitenwände einige Bretter- und Balkenenden. Vorgunov rannte los und rief den Kolonisten etwas zu. Aber zu spät: das Scheunengebäude stürzte ein, Wolken von Staub und Holzspänen wirbelten empor, es gab einen fürchterlichen Krach, und in diesem Staub und Krach verschwanden, so schien es, alle fünfzehn Kolonisten, als hätte sie die Erde verschluckt.

Für einen Augenblick waren ihre Stimmen verstummt, aber dann erschallte wieder ihr Lachen, ihr Gekreisch, das übliche Gepolter der Jungen. Die Scheune stand nicht mehr, sondern es lag nun ein flacher Haufen von allem möglichen Holzgerümpel auf der Erde. Und darunter krochen die Kolonisten einer nach dem anderen hervor. Dem faßte sich an den Kopf und rannte davon. Vorgunov stand wie angewurzelt da, zog ein Taschentuch hervor, wischte sich die Glatze. Die Jungen waren alle unter den Trümmern hervorgekrochen und richteten ihre Blicke schon auf die zweite Scheune. Der kleine langohrige Korotak schrie irgendetwas und rannte los. Schon war er auf dem Dach der zweiten Scheune und brach in Triumphgeheul aus. Vorgunov schrie jetzt auch nicht mehr, sondern befahl mit ruhiger Baßstimme:

„He, ihr auf der Scheune! Welche Brigade?"

„Zehnte", antworteten einige Stimmen.

„Wo ist der Brigadier?"

„Hier, Genosse Vorgunov!"

Il'ja Rudnev trat vor Vorgunov hin, blickte mit unschuldigen Augen den Hauptingenieur an und erwartete Anweisungen. Mit der gleichen tiefen Baßstimme sagte Vorgunov:

„Der Teufel soll euch holen! Was soll das denn heißen?"

„Was denn?"

„Sie sind Brigadier der Zehnten? Wie heißen Sie?"

„Rudnev."

„In meiner Eigenschaft als stellvertretender Leiter habe ich wohl das Recht, sie in Arrest zu setzen."

Rudnevs Augen öffneten sich verwundert:

„Warum?"

„Wer hat ihnen diese Abbruchmethode gezeigt?"

„Aber wieso ist sie denn schlecht? Das ist schon die dritte Scheune, die wir abgerissen haben, zwei sind noch übrig."

„Ich untersage das ganz entschieden, verstehen Sie, ich untersage es."

Rudnev sah Vorgunov bittend in die Augen:

„Genosse Vorgunov, lassen Sie uns doch noch diese zwei niederreißen! Wie, ist doch egal."

„Nein, ich erlaube es nicht."

„Was ist das schon . . . zwei Scheunen!"

„Sie widersprechen noch? Begeben Sie sich sofort eine Stunde in Arrest! Sofort!"

„Zu Befehl, eine Stunde Arrest", salutierte Rudnev, wandte sich um zu seiner Brigade und schrie:

„Perlov, übernimm die Brigade, ich trete aus der Reihe."

Der untersetzte, breitschultrige Perlov salutierte ebenfalls:

„Zu Befehl, Brigade übernehmen!"

Unverzüglich gab er der zehnten Brigade Anweisung:

„Keine Maulaffen feilhalten! Nehmt die Scheune im Sturm!"

Die zehnte Brigade kletterte auf das Dach. Und Vorgunov ergab sich: er legte Rudnev die Hand auf die Schulter und sagte kläglich:

„Rudnev, Täubchen, machen Sie dem ein Ende! So geht das doch nicht!"

„Wie denn sonst?"

„Rudnev, machen Sie dem sofort ein Ende! Sie schaukeln ja schon wieder!"

„Achten Sie doch nicht darauf!"

Doch da geriet Vurgonov schließlich in Wut. Er schrie, schimpfte, gab Befehle und erreichte auch, was er wollte: die zehnte Brigade stieg von der Scheune herunter. Später erklärte Rudnev im Rat der Brigadiere im Zuge der Selbstkritik:

„Natürlich war bei uns eine unproduktive Energieverschwendung festzustellen: zwei Scheunen haben wir in zwei Tagen abgerissen, dabei hätten wir sie bei Anwendung von Rationalisierungsmaßnahmen in fünfzehn Minuten niederlegen können."

Am Ende des Platzes fällte die achte Brigade überflüssige Bäume, um die Blumenbeete vor den neuen Gebäuden zu erweitern. Auch hier gab es Rationalisierung: Igor' und Sančo zersägten den dicken Stamm einer gefällten Eiche, während Danilo Gorovoj auf dem Stamm saß und sich seines Lebens freute. Zacharov trat zu den Arbeitenden, und Danilo wurde rot und wandte sich an ihn mit einer Klage:

„Das liegt an dem neuen Brigadier, Aleksej Stepanovič! Er teilt uns keine Arbeit zu."

Igor' ließ die Säge los und meinte erklärend zu dem Leiter:

„Eine absolut nötige Maßnahme, Aleksej Stepanovič! Unter den gegebenen Umständen ist Danilo keineswegs als ein Motor anzusehen! Ganz und gar nicht. Man muß Danilo vielmehr, in Anbetracht seines Gewichtes und seines ruhigen Charakters, als eine Art Presse betrachten. Ein anderer Kolonist könnte nicht dasitzen, während wir sägen, aber Danilo kann es."

„Ja", nickte Zacharov mit dem Kopf, „ganz recht. Aber wie nutzt ihr Danilos andere Eigenschaften aus?"

„Da wäre zunächst: sein Gewicht. Sehen sie, Danilo sitzt an diesem Ende, und wir sagen ihm: ‚Danilo, lächle‘! Und so fällt uns das Sägen leichter, denn dies ist eine ganz verdammte Eiche. Wenn sie die Säge gepackt hat, dann kriegen wir sie nicht mehr los.“

„Aber vielleicht wäre es vorteilhafter, den Genossen Danilo als Ersatzmann einzusetzen; dann könnten immer zwei von euch sägen, und der dritte könnte sich ausruhen.“

„Absolut sinnlos. Haben’s ja probiert: der Ausnutzungskoeffizient sinkt katastrophal.“

Danilo Gorovoj hörte sich das alles an und wollte dann von seinem Stamm herunterklettern.

„Ach, Aleksej Stepanovič! Sehen sie, jetzt haben sie Zersetzung in unsere Arbeitsfamilie getragen!“

Zacharov lachte und schritt davon. Von fern sah er sich noch einmal um und sah: Igor’ und Sančo sägten, während Danilo wieder auf dem Stamm saß.

Von den elf Brigaden der Kolonie hatte jede einen Auftrag, für den sie verantwortlich war. Vorgunov mußte auf alle seine Aufmerksamkeit richten, und überall machte ihm ihr zu rasches „Kindertempo“ Sorgen. Den ganzen Arbeitstag über schrie sich der Hauptingenieur heiser und kam aus der Aufregung nicht mehr heraus. Dann schleppte er sich zu Zacharov und sagte:

„Zum Teufel ... wissen Sie ... ich bewundere Sie, wie Sie mit diesem Völkchen arbeiten können!“

Doch am Abend wurde es ihm langweilig. Angeödet und gelangweilt spazierte er zwischen seinen Objekten hin und her, aber dann hielt er es nicht mehr aus und begab sich in die Schlafräume. Er ging zur neunten Brigade, setzte sich auf einen Stuhl und sagte:

„Genosse Pochožaj, haben sie den Balken herausgekriegt?“

„Welchen Balken?“

„Der so aufragte ... der hohe.“

„Der an der Ecke, bei der Gießerei oder der von da hinten?“

Vorgunov rieb sich schweigend die Glatze und beruhigte sich:

„Aha, ... also drei Balken. Na ... in Gottes Namen. Ihr lebt ja hier ganz schön. Es ist sauber und lustig, nicht?“

Aber dann gerieten sie in Streit über den Enthusiasmus. Pochožaj sagte:

„So werden wir das neue Werk in Angriff nehmen. Pjotr Petrovič, mit Enthusiasmus!“

„Wie denn das ... mit Enthusiasmus.“

„Nach Komsomolzen-Art.“

„Aha!“

„Sie glauben wohl nicht an den Enthusiasmus?“

„Was heißt glauben? Entweder weiß ich etwas oder ich weiß es nicht.“

„Aber was Enthusiasmus ist, das wissen Sie doch?"

„Gewiß weiß ich das. Aber wißt ihr zum Beispiel, was Geometrie ist?"

„Ja."

„Wie lautet die Formel für die Kreisfläche?"

„Pi r quadrat."

„Wie kann man diese Formel durch Enthusiasmus verändern?"

„Nun, selbstverständlich nicht. Der Enthusiasmus ist ja nicht dazu da, Formeln zu verpfuschen."

„Ihr habt aber heute nicht nur eine Formel verpfuscht."

„Wann denn?"

„Als ihr die Gerüste abgetragen habt."

„Was gibt's denn da für Formeln?"

„Da gibt es auf Schritt und Tritt Formeln. Wenn ein Balken aufrecht steht, dann stützt er sich auf irgendetwas. Es gibt bestimmte Gesetze von der Materialfestigkeit und so weiter. Auf diesen Gesetzen beruht auch das sowjetische Gesetz, daß man so keine Gerüste abtragen darf. Ihr aber seid wie die Papuas geklettert und geklettert, das Seil in den Zähnen. Und wie hat denn Rudnev mit seiner Brigade die Scheune niedergerissen? Wieviele Formeln hat er verpfuscht? Und Sie sagen doch selbst, daß man Formeln nicht verpfuschen darf."

Da schrie die ganze neunte Brigade empört los. Sofort fanden sich Einwände:

„Und wie ist es im Krieg? Wenn nun Krieg ist? Gibt es dann auch Formeln?"

„Selbstverständlich!"

„Formeln? Im Krieg?"

„Liebe Kinder, Krieg ist eine ernste Sache: ist man nicht verpflichtet fürs Vaterland zu sterben? Ist das nicht schon die erste Formel? Was? Aha, da schweigt ihr. Und hat man etwa das Recht, aus Dummheit zu sterben?"

„Wieso aus Dummheit?"

„So zum Beispiel: du kletterst einfach aus dem Schützengraben und fängst an, mit den Händen herumzufuchteln, und sie bringen dich um die Ecke. Hast du das Recht dazu?"

„Wenn es aber nun einer so will . . ."

„Nichts dergleichen. Niemand hat das Recht, das zu wollen. Du bist Kämpfer, man braucht dich, ein Recht dazu hast du nicht! Nun? Ihr schweigt. Also, auf Wiedersehen, morgen werde ich euch nicht gestatten, Formeln zu verpfuschen."

Er stand auf und ging. Und die neunte Brigade schaute ihm nach. Pochožaj sagte:

„Sieh einer an, er ist gegen den Enthusiasmus!"

„Aber nein, er ist nicht dagegen."

„Wieso nicht?"

„Er ist dagegen."

„Nein, nicht dagegen."

Von der neunten Brigade begann diese Frage durch die ganze Kolonie zu wandern. Alle waren sowohl während der Arbeit als auch in der Freizeit bemüht, sie so genau wie möglich zu beantworten.

Während diese theoretischen Untersuchungen über das Problem des Enthusiasmus vorgenommen wurden, ging die Arbeit auf dem Bau im früheren Tempo fort, und es gelang Vorgunov nicht immer, seine Formeln zu behaupten. Am 15. September war der Bauplatz nicht wiederzuerkennen: die prächtigen Horizontalen der Gebäude waren bloßgelegt, Blumenbeete und kleine Wege umgaben sie wie ein schmuckes Band. In den Werkhallen standen mitten auf den neu glänzenden Fußböden die Werkbänke in schnurgeraden Reihen. An manchen Stellen setzten die Stukkateure ihre Arbeit noch fort, und für sie begann jetzt ein schweres Leben. Am Betriebseingang stellten sich Posten mit Gewehren auf, und trockene und feuchte Lappen wurden auf den Boden gelegt.

„Genosse, treten Sie sich die Füße ab."

„Wie?"

„Treten Sie sich die Füße ab."

„Wer? Ich?"

„Ja, Sie. Bitte, hier ist ein Lappen."

„Aber ich bin doch Stuckarbeiter, mein Bester."

„Einerlei."

„Hat man so etwas schon gesehen, daß sich die Stuckarbeiter die Füße abtreten müssen?"

„Hat man."

Der Stuckarbeiter rieb seine Schuhsohlen ab, denen das Reinigen bisher völlig fremd gewesen war, und schaute den Posten verduzt an. Dann aber machten sich die Stuckarbeiter auf zu Vorgunov und Zacharov, um sich zu beschweren. Vorgunov antwortete ihnen:

„Und du hast dir die Füße abgetreten?"

„Ja."

„Bist auch nicht davon gestorben?"

„Wie soll man denn davon sterben . . ."

„Nun, dann ist's ja gut."

Und Zacharov sagte:

„Ich kann da nichts machen. Mich zwingen sie ja auch dazu."

„Sag bloß! Dich auch!"

So kam denn nichts dabei heraus.

Am 15. September berichtete Vorgunov in der Vollversammlung über den Abschluß der Arbeiten. Sehr lobend sprach er sich über die Brigaden der Kolonisten aus. Doch von den Formeln sprach er nicht. Nach der Versammlung kam Pochožaj mit einer Frage zu ihm:

„Sagen Sie doch endlich: gibt es nun Enthusiasmus oder nicht?"

Vorgunov wandte sich listig ab:

„Man kann es auch noch anders, mein Freund: Rechtschaffenheit, Liebe, Seele! Habt ihr Seele?"

„Seele? Sicherlich doch . . ."

„Siehst du, das ist eben der Enthusiasmus."

Quellennachweis: A. S. Makarenko, Flagi na bašnjach. Povest'. In: A. S. Makarenko, Sočinenija. Tom 3, Moskva: Izd-vo-APN-RSFSR 1950, 485 S.; hier S. 406—412; 412—422 (Soč. T. 3).

ELTERNERZIEHUNG
UND FAMILIENPÄDAGOGIK

Vorbemerkung zu

3. Ein Buch für Eltern

Dieses Werk ist auf dem Hintergrund der Stalinschen Familienpolitik zu sehen. Sie leitete die klare Absage an die Tendenzen der
frühsowjetischen Zeit ein, in der eine liberale Gesetzgebung die
Auflösung der Ehe und Familie, gefördert hatte. Seit 1936 sollte
die Festigung der Familie, ihre „Stabilisierung" und Kon-
solidierung zur „Sowjetfamilie", durch die von Stalin eingeleitete
neue Familienpolitik betrieben werden. Das Ziel dieser Familienpädagogik war die Erziehung „neuer Menschen" für die sowjet-
sozialistische Gesellschaftsordnung. Das ‚Buch für Eltern' lag
auf der Linie der neuen sowjetischen Familienpolitik.

Makarenko setzte dem ersten Kapitel folgende Widmung voraus: „‚Ein Buch für Eltern' habe ich in Zusammenarbeit mit
meiner Frau Galina Stachievna Makarenko geschrieben." Die
Gattin des Sowjetpädagogen, Galina Stachievna, geb. Sal'ko,
hatte den größten Teil des Materials für dieses Buch gesammelt,
Notizen, Beobachtungen, Betrachtungen und andere Materialien
gesichtet und aufbereitet, so daß ab Mitte 1936 die Bearbeitung
der Unterlagen und ihre schriftstellerische Umsetzung in das Buch-
manuskript vorgenommen werden konnte.

Später erklärte Makarenko auf Briefzuschriften, daß in diesem
Buch nichts über die Schule zu finden sei, was die Leser an sich
vermutet hatten. Makarenko wollte hingegen „über die Eltern,
für die Eltern, für die Familie" schreiben (Werke 4, 555). So entstand ein Buch über Fragen der Elternerziehung und Familienpädagogik. Es zeigt ein für den Autor typisches Einfühlungs-
vermögen in pädagogische Fragen, hier am Beispiel der Familien-
situation seiner Zeit. Unter den neuartigen Aspekten seiner
Familienpädagogik behandelt Makarenko Einzelfragen wie Autorität, Sexualerziehung, Disziplin und anderes in dem für ihn
charakteristischen literarischen Stil. Die plastische Schilderung der
Einzelfälle — wie z.B. das ‚Familienkollektiv Vetkin', eines Lehrers, der zugleich Schmied ist — machen auch dieses Buch zu einem
literarisch wie pädagogisch bedeutsamen Dokument.

‚Ein Buch für Eltern' wurde fertiggestellt nach der Übersiedlung Makarenkos in die Hauptstadt der Sowjetunion. Er ging vom 8. bis 29. Juni 1937 in das Dorf Dubečnja bei Kiew, wo er das Manuskript in aller Ruhe überarbeiten konnte. Das abgeschlossene erste Kapitel legte Makarenko der Zeitschrift „Krasnaja nov'" vor, die sofort mit dem Druck begann. So erschien das Werk zunächst in Einzelfolgen. Die erste Buchausgabe kam ebenfalls 1937 heraus. Makarenko konnte den Plan einer vierbändigen Familienpädagogik — deren erster Band das ‚Buch für Eltern' darstellen sollte — nicht mehr realisieren.

(*Dt. Übers.* in: Werke 4; Ges. Werke 8; APS 47—61).

3. Ein Buch für Eltern

3.1 Das Familienkollektiv Vetkin

Stepan Denisovič Vetkin machte sich Anfang Sommer des Jahres 1926 mit mir bekannt. Noch heute erinnere ich mich an sein Erscheinen mit einiger Verlegenheit. Es glich der Invasion einer feindlichen Armee, unerwartet, ohne Kriegserklärung.

Sonst haftete ihm freilich nichts Kriegerisches weiter an. Stepan Denisovič trat ruhig und schüchtern in mein Dienstzimmer, verneigte sich sehr höflich, während er seine Mütze in beiden Händen vor sich hielt. Er sagte:

„Falls Sie sehr beschäftigt sind, verzeihen Sie die Störung, ich habe nur eine winzige Bitte an Sie."

Nicht einmal bei dem Wort „winzig" lächelte Stepan Denisovič, er blieb reserviert-ernst und war eher besorgt als mürrisch.

Er nahm mir gegenüber auf dem Stuhl Platz, und ich konnte sein Gesicht nun besser betrachten. Er hatte einen schönen Schnurrbart, der den Mund verdeckte. Unter diesem Bart bewegte er oft recht possierlich seine Lippen, als ob er irgendetwas lutsche, aber er hatte gar nichts in seinem Mund. Diese Bewegung drückte ebenfalls Besorgtheit aus. Stepan Denisovičs rötlicher Bart war ein wenig nach rechts gedrückt, wahrscheinlich deshalb, weil er ihn häufig mit der rechten Hand zupfte.

Stepan Denisovič sagte:

„Also ... sehen Sie worum es geht. Ich bin, genau genommen, Lehrer, nicht weit von hier, in Motovilovka ..."

„Sehr angenehm. Das heißt, ein Kollege ..."

Aber Stepan Denisovič unterstützte meine Lebhaftigkeit nicht. Er ergriff mit der Hand einen großen Teil seines rötlichen Bartes und erklärte kühl, indem er fast zur Seite schaute:

„Angenehm, das kann man nicht gerade sagen. Ich liebe natürlich diesen Beruf, aber ich sage Ihnen offen: es kommt nichts dabei heraus. Das heißt, methodisch kommt etwas dabei heraus, aber organisatorisch nichts."

„Worum handelt es sich denn?"

„Also . . . eigentlich doch nicht um das Organisatorische, aber man könnte sagen, um die Lebensweise. Ich möchte Sie daher um Arbeit bitten . . . als Schmied."

Ich wunderte mich, schwieg aber. Er sah mich flüchtig an und fuhr dann noch trockener fort, mit einem besonderen sympathischen Ernst, der großes Vertrauen zu seinen Worten erweckte:

„Ich bin ein guter Schmied. Ein richtiger Schmied. Mein Vater war auch schon Schmied. In einer Lehrwerkstätte. Deshalb bin ich auch Lehrer geworden. Ja, so ist es. Und Sie haben doch immerhin eine kleine Fabrik und werden einen guten Schmied brauchen können. Und einen Lehrer dazu."

„Gut", willigte ich ein. „Brauchen Sie eine Wohnung?"

„Also, wie soll ich Ihnen sagen? Ein oder zwei Zimmer natürlich. Ich habe eine beträchtliche Familie . . . Sehr beträchtlich."

Stepan Denisovič spitzte die Lippen und begann, auf seinem Stuhle hin- und herzurücken.

„Der Lehrerberuf ist schön, aber eine solche Familie kann man damit nicht erhalten. Und dann noch auf dem Land. Wo sollen sie denn hin, die Kinderchen?"

„Wieviel Kinder haben Sie denn?"

Er sah mich an und lächelte zum ersten Male. An diesem Lächeln erkannte ich schließlich den echten Stepan Denisovič. Sein besorgtes Gesicht hatte nichts mit einem Lächeln gemein gehabt; jetzt aber sah man seine Zähne fröhlich, weiß und glänzend. Mit einem Lächeln erschien Stepan Denisovič noch aufrichtiger und gütiger.

„Das ist die schwierige Frage für mich: offen darauf zu antworten schäme ich mich, und doch muß ich nicht selten darauf antworten, verstehen Sie."

Sein Lächeln blitzte noch einmal flüchtig auf und zerschmolz dann hinter seinem Schnurrbart, statt dessen bewegte er wieder besorgt die Lippen und wandte sich erneut von mir ab:

„Dreizehn. Dreizehn Kinder!"

„Dreizehn!" rief ich höchst bestürzt. „Was Sie nicht sagen?!"

Stepan Denisovič antwortete nichts, sondern rutschte nur noch unruhiger auf seinem Stuhle hin und her. Mir tat dieser sympathische Mensch sehr leid; ich fühlte ein äußerstes Bedürfnis, ihm zu helfen, aber zugleich war ich auch gereizt. Diese Gereiztheit tritt immer auf, wenn jemand in unseren Augen offensichtlich unbedacht handelt. Alle diese Gefühle lösten sich in dem für mich selbst unerwartetem Ausruf:

„Weiß der Teufel! Aber wie . . . aber wie konnten Sie denn solches Pech haben?"

Er hörte meinen unschicklichen Ausruf mit dem gleichen Ausdruck von Müdigkeit und Besorgtheit an, nur mit den Bartenden lächelte er:

„In einer Familie kann es ein Kind bis achtzehn Kinder geben. Ich habe gelesen, daß es bis achtzehn geht. Nun ... mir hat das Schicksal dreizehn anheimgegeben."

„Wieso ‚anheimgegeben‘!"

„Nun ganz einfach! Wenn es manchmal bis achtzehn geht, dann müssen also irgendwo auch mal dreizehn herauskommen. Die sind mir eben anheimgefallen."

Ich traf rasch eine Abmachung mit Stepan Denisovič. Wir benötigten in der Tat einen guten Schmied. Stepan Denisovič rechnete, daß er als Schmied mehr verdienen würde, als wenn er Lehrer bliebe. Unsere Organisation konnte ihm in seinen Berechnungen entgegenkommen. (...)

Noch war die Familie Vetkin nicht bei uns eingetroffen, da interessierte mich bereits ein wichtiges pädagogisches Problem: besteht in dieser Familie irgendeine Organisationsstruktur oder stellt sie sozusagen eine amorphe Masse dar? Ich fragte Stepan Denisovič direkt danach, als er wegen einer Angelegenheit zu mir kam.

Vetkin war über meine Frage gar nicht verwundert und lächelte ermunternd:

„Sie haben recht, das ist eine sehr wichtige Frage, die Struktur wie Sie sagen. Es besteht natürlich eine Struktur, wenngleich es ein schwieriges Problem ist. Es können einem da verschiedene unrichtige Prinzipien in den Kopf kommen ..."

„Zum Beispiel?"

„Das will ich Ihnen erklären. Nehmen wir zum Beispiel das Altersprinzip an. Das wird für die Arbeit gut sein, aber für die Erziehung ist es schlecht; die Kinder können dabei auch verwahrlosen. Bei diesem Problem muß man auf verschiedene Weise verfahren. Für die Wirtschaft werde ich eine Hauptbrigade haben, bestehend aus vier Mann: Van'ka, Vit'ka, Semën und noch einmal einen kleinen Vanjuška. Der ältere Van'ka ist fünfzehn Jahre alt, Vanjuška zehn, aber er ist auch fix und kann dies und das machen." (...)

„So, das ist also Ihre Wirtschaftsbrigade?"

„Oho! Und was für eine! Ob sie in die Schule gehen oder zu Hause sind, wenn etwas zu tun ist, immer alle zusammen. Das werden mal gute Arbeiter. Und dann sind es eben auch richtige Jungens. Da haben sie die Struktur. Dann gibt es noch eine andere Brigade. Haha! Vas'ka ist acht Jahre. Im Herbst kommt er in die Schule und gehört dann zu den Älteren. Bis dahin bummelt er noch herum. Nach ihm kommen Ljuba mit sieben Jährchen und Kol'ka mit sechs. Für die Wirtschaft taugen sie noch nicht so recht, aber sie werden sich schon daran gewöhnen, dies und das zu holen oder wegzutragen, oder rasch mal in den Konsum zu laufen. Sie können lesen und mit den ersten zwei Zehnern rechnen, das ist immerhin schon was."

„Sind es die drei, die da gerade Material zusammentragen?"

„Ja, Vas'ka, Ljuba und Kol'ka. Das ist ihre Arbeit. Nun, und hinter ihnen, das sind natürlich die ganz kleinen: Marusja ist erst fünf Jahre, und die anderen, Vera und Griška, sind noch jünger. Aber Katja und Pet'ka, die Zwillinge, sind die allerjüngsten und erst im vorvergangenen Jahr zur Welt gekommen."

„Die Tochter ist die Älteste von allen?"

„Oksana, gewiß! Oksana ist außer Konkurrenz. Erstens ist sie heiratsfähig, zweitens kann sie alles und steht der Mutter im Haushalt kaum nach. Doch das ist ein besonderes Kapitel, und man müßte darüber nachdenken. Oksana wird einmal ein tüchtiger Mensch und sie will lernen, an der Arbeiterfakultät. Na, das wird sich im Herbst zeigen."

Die erste Brigade Van'ka des Älteren arbeitete unermüdlich am Bau der Veranda. Stepan Denisovič selbst konnte ihr nur wenig helfen, da er schon seine Arbeit in unserer Schmiede aufgenommen hatte. Erst nach vier Uhr tauchte sein zerzauster Kopf über dem fertigen Gerippe der Veranda auf, beschäftigt vor allem mit der Frage der Dachkonstruktion. Aber selbst in diesen Feierabendstunden hatte Van'ka die Befehlsgewalt inne. Einmal sagte er in meiner Gegenwart zu seinem Vater: „Misch dich hier nicht ein. Das machen wir morgen früh allein. Besorg uns lieber Nägel. Es sind zu wenig Nägel da."

Die Brigade hatte nur solche Nägel zur Verfügung, die Vanjuška der Jüngere aus alten Brettern herausgezogen hatte. Ganze Tage verbrachte er mit dieser Beschäftigung. Er benutzte dafür eine Zange und einen besonderen Hammer mit gespaltenem schmalen Ende. Vanjuškas Produktion „limitierte" die Bauarbeiten, und so befahl Van'ka der Ältere der Reservegruppe, die das Material zu beschaffen hatte:

„Nehmt, was ihr kriegen könnt. Ist es mit Nägeln, so tragt es zu Vanjuška; ist es ohne Nägel, so gebt es mir."

Der Chef der Reserve, der achtjährige Vas'ka, ein untersetzter ernsthafter Junge mit hoher Stirn, machte sich jedoch nicht an die verwickelte Arbeit der Materialbeschaffung, sondern mobilisierte eine Vertreterin der „ganz Kleinen", die fünfjährige Marusja, ein ungewöhnlich fröhliches, rotwangiges Geschöpf. Marusja betrachtete mit großer Neugier jedes Brettchen, untersuchte jedes verdächtige Fleckchen und legte dann das Brett entweder auf die eine oder auf die andere Seite, wobei sie ihre ohnehin vollen Wangen aufblies. Während der Arbeit murmelte sie leise vor sich hin:

„Mit Nägelchen ... Ohne Nägelchen ... Mit Nägelchen ... Drei Nägelchen ... Und dieses ... ohne Nägelchen ... Und dieses ... mit Nägelchen ..."

Manchmal blickte sie erschreckt auf ein verdächtiges Stückchen Draht, das am Brett hing, rannte besorgt zu Van'ka oder Vit'ka und fragte mit tragischem Ton:

„Ist das auch ein Nägelchen? Oder ist es was anderes? Ist das Draht? Was für welcher? Kommt das nicht zu den Nägelchen?"

(. . .)

Es war für Vetkin nicht leicht, seine Familie mit Nahrungsmitteln zu versorgen. Zweimal hatten wir ihm für seine Bedürfnisse ein beträchtliches Stück Gartenland angewiesen, das Anna Semënovna (Vetkin) und Oksana auch alsbald zu bearbeiten begannen. Auch sonst hatten wir ihm geholfen, indem wir ihm ein Pferd, Pflug, Saatgut und, was von besonderer Wichtigkeit war, Kartoffeln gegeben hatten. Aber vorläufig verlangte der Garten lediglich Mühe und Ausgaben.

Stepan Denisovič klagte nicht, aber er machte aus seiner Lage auch keinen Hehl:

„Ich verliere den Mut nicht. Die Hauptsache ist jetzt Brot. Für den Anfang ist's schon gut, wenn nur Brot da ist. Und doch: die Minimalzuteilung beträgt ein halbes Pud Brot, also fünfhundert Gramm pro Esser, das ist, genau genommen, sogar zu wenig. Jeden Tag ein halbes Pud!"

Wir begriffen alle, daß die Vetkins klug wie Schlangen sein mußten. Vetkin selbst bewies diese Klugheit bei der Arbeit. Er war wirklich ein guter Schmied. Bei dieser Tätigkeit kam ihm seine Kultur als Lehrer sehr zustatten. Sein Gehalt war deshalb bei weitem höher als der Durchschnittslohn unserer Arbeiter.

Und doch war ich sehr erstaunt, als mir Vetkin auf meinen Vorschlag, abends Überstunden zu machen, zur Antwort gab:

„Wenn es für den Betrieb erforderlich ist, will ich nicht nein sagen — das wäre etwas anderes. Wenn Sie es aber nur vorschlagen, um mir zu helfen, dann kommt es nicht in Frage, denn man kann mit diesem Prinzip starke Verwirrung stiften."

Er lächelte verlegen, und dann konnte er sein Lächeln nicht mehr verbergen, obwohl er sich mit allen Kräften bemühte, es hinter den Vorhang seines dichten Schnurrbartes zu pressen, was bedeutete, daß er sich irgendwie verlegen fühlte.

„Der Mensch soll seine sieben Stunden arbeiten, wenn er aber mehr arbeitet, dann ist das falsche Amortisation. Ich kann das nicht begreifen: hast Kinder in die Welt gesetzt, nun stirb. Es gibt da wohl — ich weiß es nicht mehr genau — so ein Insekt oder einen Schmetterling, der lebt nur einen Tag. Erst Eier legt und dann ‚auf Wiedersehen': mehr braucht er nicht zu tun. Das ist vielleicht für einen Schmetterling auch das Richtige, da er wirklich nichts zu tun hat, aber ein Mensch hat sehr viel zu tun. Ich will zum Beispiel sehen, wie die Sowjetmacht vorwärtsschreitet und wie wir diese

... Fords und Edisons einholen. Und dann die Japaner und das Dnjepr-Kraftwerk, und wer weiß, was noch alles. Sieben Stunden Schmiedearbeit, das ist für mich nicht leicht."

„Aber Sie haben doch eben gesagt", erwiderte ich, „wenn es für den Betrieb erforderlich ist ..."

„Das ist etwas anderes. Das ist für den Betrieb erforderlich — und fertig. Aber für meine Kinder ist es nicht erforderlich. Ein Vater muß auch Mensch sein und nicht, wie ich es häufig beobachten konnte, weniger ein Mensch als einfach ein Arbeitspferd mit stumpfem Blick, gekrümmtem Rücken; die Nerven zum Teufel und von Seele keine Spur. Man fragt sich, wozu so ein Vater noch taugt. Nur für den Broterwerb. Da wäre es schon am besten für so einen Vater, er legte sich sofort ins Grab, und der Staat ernährt seine Kinder, — dem braucht es ums Brot nicht leid zu sein. Ich habe solche Väter gesehen: sie schaffen über ihre Kräfte und überlegen tun sie nicht, bis sie umfallen und sterben. Und die Kinder sind Waisen; und wenn sie keine Waisen werden, so werden sie Idioten, denn in der Familie muß Freude herrschen und nicht nur immer Leid. Aber dann loben sie sich auch noch und sagen: ‚Ich habe mich für meine Kinder aufgeopfert!' Nun, deshalb bist du auch ein Dummkopf: hast dich geopfert, und die Kinder haben einen Dreck davon. Wenn bei mir auch der Tisch nicht reich gedeckt ist, so habe ich in der Familie dafür eine tüchtige Gemeinschaft, ich bin gesund, die Mutter ist fröhlich, und jeder hat frischen Mut."

Ich gestehe, daß mir derartige Überlegungen Stepan Denisovičs damals zwar nicht gerade mißfielen, aber aus irgendwelchen Gründen fielen sie auf wenig fruchtbaren Boden. Logisch konnte man nicht umhin, ihm zuzustimmen, aber man konnte sich schwer die Grenze vorstellen, die eine derartige Philosophie scharf von Egoismus oder einfacher Faulheit trennte. Ich hatte mich daran gewöhnt zu glauben, daß das Pflichtgefühl nur dann wirksam und ethisch hochstehend ist, wenn es sich nicht in unmittelbarer Verwandtschaft zur Arithmetik oder der Apotheke befindet. (...)

Aus irgendwelchen Gründen begab ich mich mit dem Werkzeugmacher Čub im August in die Stadt. Wir gingen über einen schmalen, gewundenen Pfad durch ein Dickicht von jungen Eichen. Čub sprach nach seiner Gewohnheit über andere Leute:

„Vetkin hat seinen Sohn, Van'ka den Älteren, zum Examen geschickt. Er wird bei einem Onkel in der Stadt wohnen. Und jetzt ist er schon dort. Gib mir so einen Onkel, und ich werde dir nicht nur dreizehn, sondern dreißig Kinder erzeugen. Den Menschen lacht das Glück eben verschieden: der eine hat Verstand, der andere einen schönen Bart, der dritte — einen Onkel!"

„Oho! Das ist kein Onkel, das ist eine Made im Speck. Vorsitzender der Städtischen Konsumgenossenschaft, im Ernst! Vier Zimmer, ein Flügel, Sofas, nun, und allerlei Textilwaren, ein Essen wie beim Zaren!"

„Er stiehlt wohl?"

„Warum soll er stehlen? Er kauft es! Haha! In seinen eigenen Läden kann man jederzeit kaufen. Nehmen wir an, ich hätte einen eigenen Laden, könnte ich dann etwa nicht bei mir selbst kaufen? NEP nennt man das! Es gibt NEP, es gibt aber auch CHEP und CHAP. Beim „CHAP" (oder „organisieren") reicht es sogar für die Neffen. Fragen sie doch Stepan Denisovič, warum er seinen Sohn beim Onkel untergebracht hat! Er hätte seinen Van'ka ja ebensogut in unsere Betriebsschule geben können. Aber nein, er muß ihn zum Onkel bringen, weil dort eben diese NEP ist."

In diesem Augenblick tauchten an einer Wegkrümmung aus dem Eichendickicht Stepan Denisovič und Van'ka auf. Van'ka schlich hinter dem Vater her, schlug im Vorübergehen mit einer Gerte gegen die Stämme der jungen Bäume und zeigte dabei jenen schwer zu erklärenden Gesichtsausdruck, den Kinder dann annehmen, wenn sie sich den Anordnungen Älterer entweder aus Achtung oder aus Liebe zu ihnen wohl fügen, während sie in der Tiefe ihres Herzens weiterhin fest auf ihrem eigenen grundsätzlichen Standpunkt beharren. Das ist leicht an einem kaum merklichen, aber eigensinnigen, ironischen Lächeln und einem leichten Anflug eines ebenfalls ironischen Schimmers in den traurigen Augen zu bemerken.

„Hat er bestanden?" schrie Čub schon von fern.

Stepan Denisovič lächelte nicht einmal, sondern warf nur einen wütenden Blick zurück auf seinen Sohn und brummte kalt, als er an uns vorbeikam:

„Er hat bestanden."

Aber dann blieb er plötzlich stehn, starrte auf den Boden und sagte:

„Haben Sie mal was von Adelsstolz gehört? Bitte sehr: Hier haben sie einen typischen Fall von Adelsstolz!"

Mit einer etwas theatralischen Geste wies Vetkin auf Van'ka. Dieser Vertreter des Adels hielt in der einen Hand seine Stiefel und in der anderen die Gerte, mit der er die Erde um seine bloßen Füße aufritzte. Dabei betrachtete er die aufgeritzte Erde mit dem gleichen schwer zu erklärenden Blick von vorhin, der sich aus zwei kleinen Strahlen zusammensetzte: aus einem traurig-verstimmten und einem listig-schadenfrohen. Dieser letztere spiegelte vielleicht gerade jene unzweifelhaft adlige Haltung wider.

Stepan Denisovič wollte Van'ka mit seinem zornigen Blick durchbohren, aber es gelang ihm nicht. Van'ka erwies sich hart wie ein Buchsbaum. Da wandte sich Stepan Denisovič mit seiner Klage über den Sohn an uns:

„Äpfel! Äpfel sagen ihm nur zu, wenn er sie aus dem Garten der Sovchoze stiehlt. Wenn er sie aber bei jemand auf dem Tisch sieht, dann sagen sie ihm nicht zu!"

Ein derart empörendes Verhältnis gegenüber Äpfeln konnte freilich mit Worten gar nicht ausgedrückt werden, so heftete Stepan Denisovič erneut seinen Blick auf Van'ka.

Van'ka machte eine undeutliche Kopfbewegung, die aus einem Schütteln des Kopfes in mehreren Richtungen bestand, und sagte:

„Sind es denn nur die Äpfel? Es geht doch gar nicht um die Äpfel, sondern überhaupt ... ich will dort überhaupt nicht wohnen."

Stepan Denisovič wandte sich erneut an uns, um den abscheulichen Charakter von Van'kas Worten zu unterstreichen, aber Van'ka fuhr fort:

„Was brauche ich deren Äpfel? Und ihre Bonbons? Und diesen ... Balyk."

Van'ka brach plötzlich in Lachen aus, wandte sein errötendes Gesicht ab und flüsterte ein wenig verlegen:

„Dieser Balyk ..."

Die Erinnerung an diese Delikatesse brachte Van'ka jedoch nicht zum Lachen; und es war noch dazu das bittere Lachen des Sarkasmus. Van'ka zeigte uns diesen Sarkasmus von der ernsten Seite und sagte mit dem Ausdruck echter Mißbilligung:

„Wir haben das zu Hause alles nicht, und ich will es auch nicht! Ich will es nicht — und damit basta!"

Es schien, als enthielten diese Worte Van'kas endgültige Meinung, denn als er sie ausgesprochen hatte, richtete er sich stolz auf, schlug mit der Gerte fest gegen seinen Fuß, so als sei es keine Gerte, sondern eine Reitpeitsche, und sah seinen Vater an. In diesem Moment drückte Van'kas Gestalt wirklich etwas Aristokratisches aus.

Unter Stepan Denisovičs rechter Schnurrbarthälfte vollzog sich etwas, das wie ein beginnendes Lächeln aussah, aber er überging diese Anwandlung und sagte herablassend:

„So ein Stolz! Was fällt dir ein!"

Er wandte sich schroff um und schritt in Richtung auf die Fabrik davon. Van'ka streifte mit einem raschen Blick unsere Gesichter, so als wolle er uns bei einem Verbrechen ertappen, und trottete dann in aller Ruhe hinter dem Vater her. (. . .)

Van'ka setzte seinen Willen durch und trat in unsere Betriebsschule ein. Der Onkel in der Stadt hatte seine Bedeutung verloren.

Der geschilderte Vorfall interessierte mich in mehr als einer Hinsicht. Ich hätte gern die gesamte Natur der Motivierungen Van'kas kennengelernt, und zweitens mußte auch geklärt werden,

wie solche Naturen entstehen. Für uns als Pädagogen besitzt das
zweite Problem so große Bedeutung, daß ich mich nicht scheute,
aus einer so zusammengebastelten pädagogischen Organisation wie
der Familie Vetkin etwas zu lernen. Dabei konnte ich nicht auf
den Gedanken kommen, daß Van'kas Wesen naturgegeben sei, daß
es nicht das Ergebnis einer guten Erziehungsarbeit darstelle.

In unserer sogenannten Öffentlichkeit ist die Meinung weit verbreitet, die Theorie Lombrosos sei falsch, daß eine gute Erziehung
aus beliebigem Rohmaterial einen interessanten und gesunden
Charakter bilden könne.

Das ist eine richtige und sympathische Überzeugung, aber leider
führt sie bei uns nicht immer zu praktischen Ergebnissen; und zwar
deshalb, weil ein beträchtlicher Teil unserer Pädagogen lediglich
in theoretischen Gesprächen, in Vorträgen und Reden, auf Diskussionen und Konferenzen seiner Geringschätzung Lombrosos Ausdruck verleiht. Bei diesen Gelegenheiten sprechen sie sich entschieden gegen Lombroso aus, in Wirklichkeit aber, in der Praxis
des pädagogischen Alltags, sind diese Gegner Lombrosos nicht in
der Lage, genau und zielstrebig an der Schaffung eines Charakters
zu arbeiten. Sie sind geneigt, sich in schwierigen Fällen heimlich
aus dem Staub zu machen und den natürlichen Rohstoff in seiner
ursprünglichen Gestalt zu belassen.

Diese Richtung legte Grund für viele verlogene Schriften und
Theorien. Hier hatte die Pädologie ihren „Ursprung"; von hier
aus nahm auch, im Zuge des spitzfindigen Nichtwiderstehens, die
Theorie der freien Erziehung ihren Weg, und, was noch natürlicher
ist, von hier ging auch das übliche alltägliche Hände-in-Unschuld-
Waschen aus; und man hob die gleichen Hände, winkte mit ihnen
ab und begleitete alles mit den Worten:

„Ein furchtbarer Junge!"

„Ein hoffnungsloser Typ!"

„Wir sind machtlos!"

„Unverbesserlich!"

„Wir haben ihn aufgegeben!"

„Er bedarf einer besonderen Zucht!"

Die Liquidierung der Pädologie, das Versagen der „freien Erziehung" im ganzen Land, vollzog sich vor unseren Augen. Aber
für die pädagogischen Blindgänger wurde es dadurch noch schwieriger, denn sie konnten nunmehr ihre praktische Schwäche und, um
es klipp und klar und ohne Rücksicht zusagen, ihre unüberwind-
liche Trägheit mit keiner Theorie mehr bemänteln.

Man kann Lombroso lediglich auf eine einzige Art und Weise
restlos erledigen: durch die große praktischer Arbeit an der Erziehung des Charakters. Aber diese Arbeit ist gar nicht so leicht,
sie erfordert Anstrengung, Geduld und Beharrlichkeit. Viele unserer

Funktionäre sind so treuherzig zu glauben, es genüge, ein wenig auf dem gestürzten Lombroso herumzutanzen und einige Verwünschungen auszustoßen, — damit sei ihre Pflicht getan.

Dieser ganze „praktische" Jammer beruht übrigens nicht allein auf Trägheit. In der Mehrzahl der Fälle waltet hier die echte, aufrichtige und geheime Überzeugung, daß der Mensch tatsächlich, wenn er als Bandit geboren ist, dann auch als Bandit stirbt, daß den Bucklinen erst das Grab heilt, daß der Apfel nicht weit vom Baum fällt.

Ich bekenne, daß ich ein unendliches, unbändiges und unabdingbares Vertrauen in die unbegrenzte Macht der Erziehungsarbeit setze, insbesondere unter den gesellschaftlichen Bedingungen der Sowjetunion. Ich kenne nicht einen einzigen Fall, daß ein vollwertiger Charakter ohne gesunde Erziehungsverhältnisse entstanden ist oder, umgekehrt, daß sich ein verdorbener Charakter trotz richtiger Erziehungsarbeit ergeben hat. Und deshalb zweifelte ich nicht daran, daß der Edelmut in Van'kas Wesen mich zu seiner natürlichen Quelle führen werde, zu einer tiefen und vernünftigen Familienpädagogik.

Bei der ersten günstigen Gelegenheit sprach ich mit Van'ka dem Älteren. Es geschah in dem gleichen Waldstück, nur tiefer in seinem Inneren und weiter entfernt von den gewundenen Wegen, die zur Stadt führten. Am Ausgangstag schlenderte ich allein an diesem Ort umher, verführt von der Möglichkeit, allein zu sein und über verschiedene Lebensprobleme nachzudenken. Van'ka sammelte gerade Pilze. (...)

Er begrüßte mich und sagte:

„Der Vater ißt Pilze furchtbar gern. Gebraten und gesalzen. Nur gibt es hier keine Steinpilze, und die mag er gerade am liebsten."

Ich setzte mich auf einen Baumstumpf und steckte mir eine Zigarette an. Van'ka machte es sich mir gegenüber im Gras bequem und lehnte seinen Beutel an einen Baum. Ich fragte ihn gerade heraus:

„Van'ka, mich interessiert eine Frage. Du hast dich geweigert, bei deinem Onkel zu wohnen, aus Stolz... Dein Vater hat es doch richtig gesagt, nicht wahr?"

„Nicht aus Stolz", antwortete Van'ka und blickte mich offen mit seinen ruhigen blauen Augen an. „Wieso aus Stolz? Ich wollte einfach nicht. Wozu brauche ich diesen Onkel?"

„Aber ist es denn beim Onkel nicht besser? Und für deine Familie wäre es eine Erleichterung."

Ich hatte dies kaum gesagt, da fühlte ich Gewissensbisse, ja, ich lächelte sogar schuldbewußt, aber das Blau von Van'kas Augen war so ruhig wie vorher:

„Für den Vater ist es zwar schwer, aber... warum sollen wir uns denn trennen? Dann wird es für ihn nur noch schwerer."

Wahrscheinlich nahm mein Gesicht in diesem Augenblick einen noch dümmeren Ausdruck an, denn Van'ka lachte fröhlich, und sogar seine bloßen Füße machten spöttische kleine Sprünge im Gras:

„Was denken Sie? Was denken Sie, warum mich der Vater zum Onkel geben wollte? Sie glauben wohl, damit wir weniger wären? Nein, nein! Unser Vater ist so schlau … ganz wie … wie eine Fliege! Er wollte, daß es mir besser gehen sollte! Sehen Sie, so ist er!"

„Es wäre für dich leichter gewesen und für ihn", beharrte ich auf meinem Standpunkt.

„Nein, nein", fuhr Van'ka so fröhlich fort wie vorher. „Was bedeutet ihm schon ein Mensch mehr oder weniger? So gut wie nichts. So aber verliere ich in der Betriebsschule achtundzwanzig Rubel, sehen Sie? Das hat er für mich gewollt."

„Und da hast du ein besseres Leben ausgeschlagen?"

„Ja, was ist denn daran besser?" sagte Van'ka, diesmal schon ernster. „Ist es etwa gut, den Vater im Stich zu lassen? Ist das denn gut? Und dort ist es gar nicht besser, sondern alles schlechter. Die essen dort nur in einem fort, nun, und das ist alles. Da ist es bei uns zu Hause besser. Sobald wir bei Tische sitzen, gehts los! Alles lustig! Unser Vater ist lustig, und Mutter auch! Wir haben freilich keinen Balyk. Aber glauben Sie etwa, Balyk schmecke gut?"

„Ja, er schmeckt."

„Haha, der soll dort schmecken! Ganz ekelhaft ist er! Aber Kartoffeln mit Pilzen, was meinen Sie dazu? Einen ganzen Topf voll! Und der Vater erzählt uns noch Geschichten dazu. Unsere Jungen sind in Ordnung und unsere Mädchen auch. So etwas hab ich dort nicht gesehen." (…)

Die Familienpädagogik des Stepan Denisovič zeichnet sich vielleicht in vielen Punkten nicht gerade durch technische Vollkommenheit aus, aber sie rührt an die empfindlichsten Seiten des sowjetischen pädagogischen Denkens: Sie war angefüllt von einem gesunden Kollektivton und besaß viel von dem prächtigen schöpferischen Optimismus; dann gab es in ihr auch jenes feine Eingehen auf alle Einzelheiten und Kleinigkeiten, ohne das echte Erziehungsarbeit völlig unmöglich ist. Dieses Eingehen ist eine sehr schwierige Sache; es erfordert nicht nur Aufmerksamkeit, sondern auch ein ständiges vorsichtig geduldiges Nachdenken. Die Kleinigkeiten kommen kaum hörbar zum Klingen; es gibt sehr viele solcher Kleinigkeiten, und ihr Klingen verflechtet sich zu einem komplizierten Bündel von feinem Rascheln, Rauschen und Brausen, von kaum hörbarem Quietschen und Klingen. In all diesen kleinen Dingen muß man nicht nur genaue Analysen vornehmen, sondern man muß aus ihnen auch wichtige künftige Ereignisse projizieren, die weit über den Rahmen der Familie hinausgehen.

Mit selbstgezimmerten Methoden zwar hatte Stepan Denisovič seine Familie zu einem Kollektiv zusammengeschweißt, und es war ihm mit Ausdauer und Geduld gelungen. Natürlich gab es bei ihm auch Mängel und Fehler. Seine Kinderschar war vielleicht fast zn ordentlich und zu ruhig, selbst die „ganz Kleinen" rochen ganz nach Artigkeit. In der Kindergesellschaft auf unserem Hof traten Vetkins Kinder immer als Friedensstifter auf, sie waren fröhlich, lebhaft, tatkräftig und findig, vermieden aber entschieden Zank und Streit.

Einmal weigerte sich Volod'ka Čub, ein vierzehnjähriger Hitzkopf mit vorstehenden Backenknochen, auf dem Volleyballplatz als Angabespieler ausgewechselt zu werden. Seine Partei hatte nichts dagegen, weil Volod'ka wirklich gut angab. In der Gegenpartei spielte Semjon Vetkin als Mannschaftskapitän.

Es war ein zwangloses Spiel ohne Schiedsrichter. Semjon hielt den Ball in den Händen und sagte:

„Das ist regelwidrig!"

Volod'ka schrie:

„Was geht euch das an, ihr könnt euch ja auch einen ständigen Angabespieler aufstellen!"

Jeder andere Junge hätte in diesem Falle einen Skandal gemacht und das Spiel abgebrochen, denn keine Themis kann in Fragen der Gerechtigkeit so genau überlegen wie die Jungen. Aber Semjon lächelte nur und warf den Ball wieder ins Spiel:

„Laß ihn nur! Das tun sie nur aus Schwäche! Irgendwie müssen sie ja das Spiel gewinnen!"

Dennoch verlor Volod'kas Partei das Spiel. Da trat der Hitzkopf Volod'ka gereizt vor Semjon hin und forderte Genugtuung:

„Nimm deine Worte zurück! Was tun wir aus Schwäche?!"

Volod'ka hielt die Hände in den Taschen, eine Schulter nach vorn geschoben — ein sicheres Zeichen der Aggression. Und Semjon gab Volod'ka, noch ebenso ruhig lächelnd, volle Genugtuung:

„Ich nehme meine Worte zurück! Ihr seid eine sehr starke Mannschaft! Wirklich!"

Um das zu illustrieren, hob Semjon seine Hand zum Himmel empor. Stolz auf seinen moralischen Sieg, sagte Volod'ka:

„Das sind wir auch! Los, machen wir noch ein Spiel. Dann wirst du es sehen!"

Semjon willigte ein, und diesmal verlor seine Partei das Spiel. Und dennoch verließ er den Platz mit dem gleichen ruhigen Lächeln. Nur zum Abschied sagte er zu Volod'ka:

„Eines nur möchte ich dir sagen: wir hatten soeben ein Freundschaftsspiel, das ist etwas anderes. Bei einem richtigen Spiel hätte dich der Schiedsrichter sowieso vom Spielfeld gewiesen!"

Volod'ka aber triumphierte jetzt so sehr über seinen Sieg, daß er Semjons Erklärung gelassen hinnahm:

„Nun, schön! Immerhin haben wir gewonnen!"

In diesem Falle wie auch in vielen anderen trat ein ziemlich verwirrter Kampf verschiedener pädagogischer Prinzipien zutage. Zum Teil gefiel mir sogar die hitzige „regelwidrige" Anstrengung Volod'kas und sein leidenschaftliches Siegesstreben, während die mit Humor gewürzte Nachgiebigkeit Semjons eher zweifelhaft erscheinen mochte. Ich sprach darüber offen mit Stepan Denisovič und war sehr verwundert, von ihm eine bestimmte und richtige Antwort zu hören, dies bewies, daß er sich ebenfalls mit diesem Problem befaßt und es auch restlos geklärt hatte.

„Ich glaube, daß das richtig war", sagte Stepan Denisovič, „mein Semjon ist klug und hat sehr richtig gehandelt."

„Wieso hat er das? Volod'ka hat sich flegelhaft benommen und seinen Willen durchgesetzt. Im Kampf darf er unmöglich so sein!"

„Er hat gar nichts erreicht. Ein Ball mehr macht noch nichts aus. An und für sich war die Schwäche bei Volod'ka und die Stärke bei Semjon. Und zwar eine so große Stärke, wie Sie gar nicht glauben. Denn worum ging es denn bei dem Kampf? Es war gar nicht nur ein Kampf, es waren zwei Kämpfe. Der eine drehte sich um den Ball, der andere war viel wichtiger, er ging um das Einvernehmen der Jungen. Und Sie haben ja selbst erzählt: sie haben sich weder geschlagen noch gestritten, sondern haben sogar ein weiteres Spiel gespielt. Das ist sehr gut."

„Und doch zweifele ich, Stepan Denisovič; immerhin, solch eine Nachgiebigkeit . . ."

„Je nachdem", sagte Vetkin nachdenklich, „ich glaube, man sollte sich heute jeglichen Zank und Streit abgewöhnen. Früher lebten die Menschen tatsächlich wie die Tiere. Klammerst du dem anderen die Kehle zu, so kannst du leben; läßt du locker, so klammert er dir die Kehle zu. Für uns taugt das nicht mehr. Wir müssen Genossen sein. Wenn sich ein Genosse flegelhaft benimmt, muß es ihm gesagt werden; dafür ist die Organisation da. Es war kein Schiedsrichter vorhanden, die Organisation war schlecht, nun, was heißt das schon? Deshalb braucht man sich doch nicht gleich an die Gurgel zu fahren!"

„Wenn nun aber Semjon einmal auf einen richtigen Gegner trifft?"

Das ist etwas anderes. Dann wird es eben auch ein richtiger Gegner sein. Seien sie überzeugt, daß Semjon, wenn es einmal dazu kommen sollte — und ich nehme an, daß es einmal dazu kommt —, ihm auch an die Gurgel fahren und . . . ihn nicht so leicht wieder loslassen wird. Da seien Sie nur ganz beruhigt!" (. . .)

Seit dieser Zeit sind viele Jahre vergangen. Das Kollektiv der Vetkins lebte, entwickelte sich und prosperierte vor meinen Augen. Niemals lockerte sich das feste Band, das sie miteinander umgab, niemals gab es in dieser Familie Zerrissenheit oder Klagen über die Not, wenngleich die Not fast immer an ihre Tür klopfte. Doch auch die Not ging bei ihnen allmählich zurück. Die Kinder wuchsen heran und begannen, den Vater zu unterstützen. Zunächst vermehrten sie die Familienkasse durch ihre Stipendien von der Arbeiterfakultät und Betriebsschule, später brachten sie dann auch ihren Arbeitslohn. Oksana wurde wirklich Bauingenieur, doch auch die anderen Vetkins wurden tüchtige Sowjetmenschen.

Bei uns im Betrieb waren die Vetkins sehr beliebt, und man war stolz auf sie. Stepan Denisovič besaß ein zutiefst gesellschaftliches Naturell. Er vermochte sich zu jeder Angelegenheit und zu jedem Problem zu äußern und überall trug er seine Erwägungen und seinen stillen, lächelnden Glauben mit hinein. Unsere Parteiorganisation nahm ihn mit wirklicher Feierlichkeit im Jahre 1930 in ihre Reihen auf.

Der pädagogische Stil der Familie Vetkin blieb bis auf den letzten Tag Gegenstand meiner Aufmerksamkeit und meines Studiums; aber auch andere haben bei den Vetkins gelernt.

Quellennachweis: A. S. Makarenko, Kniga dlja roditelej. Glava tret'ja. In: A. S. Makarenko, Sočinenija. Tom 4, Moskva: Izd-vo-APN-RSFSR 1951, 532 S.; hier S. 48—76 (Soč. T. 1).

Vorbemerkung zu

4. Vorträge über Kindererziehung

Die Redaktion „Pädagogische Propaganda für Eltern" des Moskauer Rundfunks hatte Makarenko 1937 zu einer Reihe von acht Rundfunkvorträgen eingeladen. Er begann am 1. September 1937 mit dieser Folge der später unter dem Titel ‚Vorträge über Kindererziehung' bekannt gewordenen Rundfunkbeiträgen. Sie behandelten das Thema der Kindererziehung in der sowjetischen Familie ganz im Sinne der gewandelten sowjetischen Familienpolitik. Die begrenzte Sendezeit zwang Makarenko zur Konzentration des Stoffes der einzelnen Rundfunkvorträge. Daher nahm er die Thematik in sehr gestraffter Fassung auf und ging in konzentrierter Form auf allgemeine Fragen der Familien- und Arbeitserziehung, der kulturellen Erziehung in der Familie, auf die Erziehung zum Spiel, zur Wirtschaftlichkeit, auf Sexualerziehung und anderes ein. Die den sowjetischen Eltern erteilten Ratschläge hatte Makarenko in seiner eigenen Erziehungspraxis erprobt und konnte daher berechtigt sagen, „jeder kann sein Kind mit Leichtigkeit gut erziehen, wenn er nur wirklich will, und außerdem ist es ein schönes, frohes, beglückendes Werk".

Sieben der acht Rundfunkvorträge wurden nach dem Tod Makarenkos in der sowjetischen Lehrerzeitung (Učitel'skaja gazeta, Moskau 1940) veröffentlicht. Im gleichen Jahr wurden sie als Einzelbroschüre von der Witwe des Sowjetpädagogen, Galina S. Makarenko, und V. Kolbanovskij herausgegeben. Seither sind die in zahlreichen Auflagen, auch in deutscher Übersetzung erschienen.

(*Dt. Übers.* in: Werke 4; Ges. Werke II; APS 61—67).

4. Vorträge über Kindererziehung

4.1 Von der elterlichen Autorität

Im vorigen Vortrag sprachen wir darüber, daß sich die sowjetische Familie in vielen Dingen von der bourgeoisen Familie unterscheidet. Und vor allem besteht ein Unterschied in der Art der elterlichen Macht. Unser Vater und unsere Mutter sind von der Gesellschaft bevollmächtigt, den künftigen Bürger unseres Vaterlandes zu erziehen, sie sind der Gesellschaft dafür verantwortlich. Darauf beruht auch ihre elterliche Macht und ihre Autorität in den Augen der Kinder.

Dennoch wird es in der Familie selbst einfach bequem sein, die elterliche Macht vor den Kindern unter ständiger Berufung auf diese gesellschaftliche Vollmacht zu beweisen. Die Erziehung der Kinder beginnt bereits in einem Alter, in dem jegliche logische Beweisführung sowie jegliche Berufung auf gesellschaftliche Vollmacht überhaupt unmöglich ist; indessen ist aber ein Erzieher ohne Autorität nicht denkbar. (. . .)

Wie erreicht man elterliche Autorität, wie organisiert man sie?

Die Eltern, deren Kinder nicht „gehorchen", neigen zuweilen zu der Annahme, daß Autorität naturgegeben, daß sie ein besonderes Talent ist. Wenn man kein Talent dazu hat, dann kann man eben nichts machen. Es bleibt einem nichts anderes übrig, als denjenigen zu beneiden, der Talent besitzt. Diese Eltern irren sich. Autorität kann in jeder Familie organisiert werden, und das ist sogar nicht einmal so schwer.

Leider gibt es Eltern, die diese Autorität auf falschen Grundlagen organisieren. Sie streben danach, daß ihre Kinder gehorchen. Das ist ihr Ziel. Aber das ist in Wirklichkeit ein Fehler. (. . .)

Es gibt viele Arten dieser Pseudoautorität. Wir werden hier mehr oder weniger ausführlich etwa zehn dieser Arten betrachten. Wir hoffen, daß nach dieser Betrachtung leichter zu klären sein wird, wie eine echte Autorität aussehen muß. Kommen wir zur Sache.

Autorität durch Unterdrückung. Dies ist die schrecklichste Art der Autorität, wenn auch nicht gerade die schädlichste. An dieser Autorität leiden vor allem die Väter. Wenn ein Vater zu Hause

immer herumschreit, immer herumwütet, bei jeder Kleinigkeit
ein Donnerwetter losläßt, bei jeder passenden und unpassenden
Gelegenheit zum Stock oder zum Riemen greift, auf jede Frage
mit einer Grobheit antwortet und jedes Vergehen des Kindes mit
einer Strafe quittiert, dann ist das eine Autorität durch Unterdrückung. Dieser väterlicher Terror hält die ganze Familie in
Schrecken, nicht nur die Kinder, sondern auch die Mutter. (...)

Aus geprügelten und willenlosen Kindern werden später entweder
schlampige, nichtsnutzige Menschen oder aber Dickschädel, die
sich im Laufe ihres Lebens für die unterdrückte Kindheit rächen.
Diese schlimmste Art der Autorität gibt es nur bei unkultivierten
Eltern und glücklicherweise ist sie in letzter Zeit im Aussterben
begriffen.

Autorität durch Distanz. Es gibt solche Väter und auch Mütter,
die ernstlich überzeugt sind, daß man, um die Kinder zum Gehorsam zu bringen, möglichst wenig mit ihnen sprechen, sie möglichst
von sich fern halten und dann und wann nur wie eine Obrigkeit in
Erscheinung treten müsse. Diese Art war besonders in einigen
Familien der alten Intelligenz beliebt. Durch die Bank besaßen
hier die Väter abgeteilte Arbeitszimmer, aus denen sie sich zuweilen
wie ein Erzpriester zeigten. Sie nahmen getrennt ihr Mittagessen
ein, vergnügten sich allein, ja selbst die Anordnungen an die ihnen
anvertraute Familie lassen sie durch die Mutter ergehen. Es gibt
auch solche Mütter: sie führen ihr eigenes Leben, haben ihre eigenen
Gedanken. Die Kinder befinden sich in der Obhut der Großmutter
oder sogar der Hausgehilfin. (...)

Autorität durch Hochmut. Dies ist eine besondere Form der Autorität durch Distanz, aber wohl eine noch schädlichere. Jeder Bürger
des Sowjetstaates hat seine Verdienste. Doch glauben einige Leute,
daß sie die verdienstvollsten, die wichtigsten Funktionäre seien,
sie tragen diese Wichtigkeit auf Schritt und Tritt zur Schau, auch
vor ihren Kindern. Zu Hause prahlen und protzen sie sogar noch
mehr als im Dienst; sie tun nichts anderes, als daß sie von ihren
Qualitäten reden, gegen andere Menschen verhalten sie sich von
oben herab. Es geschieht sehr oft, daß die Kinder, von der Art
eines solchen Vaters angesteckt, ebenfalls anfangen, sich wichtig
zu tun. Vor ihren Kameraden erscheinen sie nur noch mit prahle-
rischen Worten, wobei sie auf Schritt und Tritt wiederholen: „Mein
Vater ist Chef; mein Vater ist Schriftsteller; mein Vater ist Kommandeur; mein Vater ist eine Berühmtheit". In dieser hochmütigen
Atmosphäre kann der wichtige Herr Papa schon nicht mehr unterscheiden, welchen Weg seine Kinder nehmen und was bei der Erziehung herauskommt. (...)

Autorität durch Pedanterie. In diesem Falle wenden die Eltern
größere Aufmerksamkeit auf die Kinder, sie arbeiten mehr, aber sie

arbeiten wie die Bürokraten. Sie sind der Überzeugung, daß die Kinder jedes elterliche Wort mit Zittern und Beben anhören müssen, daß ihre Worte wie ein Heiligtum sind. Ihre Anordnungen erteilen sie in kaltem Tone, und wenn einmal etwas angeordnet ist, dann wird es unverzüglich zum Gesetz. Solche Eltern fürchten nichts mehr, als daß ihre Kinder meinen könnten, Papa habe sich geirrt, Papa sei kein charakterfester Mensch. (...) Hat Papa zum Beispiel sein Kind bestraft und es stellt sich nachher heraus, daß es weniger schuldig war, als es zunächst den Anschein hatte, so wird Papa um keinen Preis die Strafe aufheben: „Wie ich es einmal gesagt habe, so bleibt es!" So ein Vater hat den ganzen Tag vollauf zu tun: in jeder Bewegung des Kindes erblickt er eine Verletzung von Gesetz und Ordnung und er setzt ihm mit immer neuen Gesetzen und Anordnungen zu. Das Leben des Kindes, seine Interessen, sein Heranwachsen gehen an solch einem Vater unbemerkt vorüber; außer seiner bürokratischen Befehlsgewalt über die Familie sieht und hört er nichts.

Autorität durch Räsonieren. In diesem Falle zerfleischen die Eltern buchstäblich das Leben des Kindes durch endloses Belehren und erbauliche Gespräche. Anstatt dem Kind einige Worte, vielleicht sogar in scherzhaftem Tone, zu sagen, setzen sie sich ihm gegenüber hin und beginnen mit einer langweiligen und zudringlichen Moralpredigt. Diese Eltern sind überzeugt, daß die letzte Weisheit der Pädagogik in Belehrungen besteht. In einer solchen Familie gibt es gewöhnlich wenig Frohsinn und wenig Lachen. Die Eltern sind mit allen Kräften bemüht, tugendhaft zu sein, sie wollen in den Augen ihrer Kinder unfehlbar erscheinen. Sie vergessen aber dabei, daß Kinder eben keine Erwachsenen sind, daß Kinder ihr eigenes Leben haben und daß man dieses Leben achten muß. Ein Kind lebt gefühlsmäßiger und leidenschaftlicher als ein Erwachsener. Am allerwenigsten vermag es sich mit Überlegungen zu befassen. Die Gewohnheit, zu denken, muß zu ihm ganz allmählich und ziemlich langsam kommen. Ständiges Gerede der Eltern, dauernde Moralpauken und Redewut hinterlassen im Bewußtsein der Kinder fast keine Spuren. In der Räsonierwut der Eltern können die Kinder keinerlei Autorität erblicken.

Autorität durch Liebe. Dies ist die bei uns verbreitetste Art falscher Autorität. Viele Eltern teilen die Überzeugung: Die Kinder müssen, um zu gehorchen, ihre Eltern lieben. Um aber diese Liebe zu erwerben, muß man den Kindern auf Schritt und Tritt seine elterliche Liebe unter Beweis stellen. Zärtliche Worte, endloses Herzen und Küssen, Schmeicheleien, Anerkennungen werden über die Kinder in wahrstem Überfluß ausgeschüttet. Wenn das Kind nicht gehorcht, dann fragt man sofort: „Heißt das, daß du den Papa nicht liebst?" Die Eltern folgen eifersüchtig jedem Ausdruck ihres

Kindes und verlangen Zärtlichkeit und Liebe. Häufig erzählt die Mutter im Beisein der Kinder Bekannten: „Er hat seinen Papa und mich so schrecklich lieb; er ist ein so liebes Kindchen . . ."

So eine Familie versinkt in einem Meer von Sentimentalität und zärtlicher Gefühle, so daß sie auf nichts anderes mehr achtet. Viele wichtige Kleinigkeiten der familiären Erziehung entgehen der Beachtung durch die Eltern. Das Kind soll nur alles aus Liebe zu den Eltern tun. (. . .)

Das ist eine sehr gefährliche Art der Autorität. Sie bringt unaufrichtige und verlogene Egoisten hervor. Und sehr oft sind die Eltern selbst die ersten Opfer dieses Egoismus.

Autorität durch Güte. Dies ist die unklügste Art der Autorität. In diesem Falle wird der kindliche Gehorsam ebenfalls durch die Kindesliebe organisiert; diese wird jedoch nicht durch Küsse und Herzensergüsse hervorgerufen, sondern durch Nachgiebigkeit, Weichheit und Güte der Eltern. Papa oder Mama erscheinen vor dem Kind in Gestalt eines guten Engels. Sie gestatten alles, nichts tut ihnen leid, sie sind nicht geizig, sie sind bemerkenswerte Eltern. Sie fürchten jeden Konflikt, lieben den Familienfrieden über alles und sind bereit, jedes Opfer zu bringen, damit nur alles glatt geht. Sehr bald beginnen die Kinder in solch einer Familie die Eltern einfach herumzukommandieren. Die elterliche Widerstandslosigkeit eröffnet den Wünschen, Launen und Forderungen der Kinder den denkbar größten Raum. (. . .)

Autorität durch Freundschaft. Es geschieht ziemlich oft, daß die Eltern bereits vor der Geburt ihrer Kinder die Abmachung untereinander treffen: „Unsere Kinder werden unsere Freunde sein." Im allgemeinen ist das natürlich nicht schlecht. Vater und Sohn, Mutter und Tochter können und müssen Freunde sein. Und doch bleiben die Eltern immer ältere Mitglieder des Familienkollektivs und die Kinder immer Zöglinge. Wenn die Freundschaft ihre äußerste Grenze erreicht, hört die Erziehung auf oder es beginnt ein entgegengesetzter Prozeß: Die Kinder beginnen die Eltern zu erziehen. Solche Familien kann man manchmal in Intelligenzlerkreisen beobachten. In diesen Familien nennen die Kinder ihre Eltern Pet'ka und Marus'ka, machen sich über sie lustig, unterbrechen sie grob und belehren sie auf Schritt und Tritt. Von irgendeinem Gehorsam kann da nicht mehr die Rede sein. Doch ist dies auch keine richtige Freundschaft, da Freundschaft ohne gegenseitige Achtung nicht möglich ist.

Autorität durch Bestechung ist die charakterloseste Art der Autorität. Hierbei wird der Gehorsam durch Geschenke und Versprechungen einfach erkauft. Die Eltern sagen, ohne sich zu genieren: „Wenn du schön gehorchst, kaufe ich dir ein Pferdchen; wenn du schön brav bist, gehen wir in den Zirkus."

Selbstverständlich darf es in der Familie auch einen gewissen Ansporn geben, etwa in der Form der Prämierung. In keinem Falle aber darf man die Kinder für Gehorsam, für ein gutes Verhalten gegenüber den Eltern belohnen. Man kann sie für fleißiges Lernen, für Erfüllung einer wirklich schwierigen Arbeit belohnen. Doch darf man auch in diesem Falle nie von vornherein einen Preis festsetzen und die Kinder bei ihren Schulaufgaben oder anderen Arbeiten durch verführerische Versprechungen aufpeitschen.

Wir haben einige Arten falscher Autorität betrachtet. Es gibt außer ihnen noch viele weitere Arten. Es gibt eine Autorität durch Fröhlichkeit, eine Autorität durch Gelehrsamkeit, eine Autorität durch Burschikosität, eine Autorität durch Schönheit. (...)

Worin muß nun aber die echte elterliche Autorität in der Sowjetfamilie bestehen?

Hauptgrundlage der elterlichen Autorität kann lediglich Leben und Arbeit der Eltern, ihr staatsbürgerliches Ansehen und ihr Verhalten sein. Die Familie ist eine große und verantwortungsvolle Angelegenheit. Die Eltern leiten sie und sind für sie vor der Gesellschaft für ihr Glück und das Leben ihrer Kinder verantwortlich. Wenn die Eltern ehrlich und vernünftig an dieser Aufgabe schaffen, wenn sie sich bedeutende und herrliche Ziele gestellt haben, wenn sie vor sich immer volle Rechenschaft über ihr Handeln und ihre Taten ablegen, dann bedeutet es, daß sie auch elterliche Autorität besitzen und keinerlei andere Grundlagen zu suchen brauchen, geschweige denn sich etwas Künstliches ausdenken müssen.

Sobald die Kinder heranzuwachsen beginnen, interessieren sie sich stets dafür, wo der Vater oder die Mutter arbeitet, welche gesellschaftliche Stellung sie einnehmen. Möglichst bald müssen sie erfahren, wovon die Eltern leben, wofür sie sich interessieren, mit wem sie in einer Reihe stehen. Die Tätigkeit des Vaters oder der Mutter muß dem Kind als eine ernste, achtungsgebietende Tätigkeit vor Augen treten. Die Verdienste der Eltern müssen in den Augen der Kinder vor allem als Verdienste der Gesellschaft gegenüber als wirklicher Wert, nicht aber nur als etwas Äußerliches dastehen. Es ist von großer Wichtigkeit, daß die Kinder diese Verdienste nicht isoliert, sondern auf dem Boden der Errungenschaften unseres Landes sehen. Nicht Prahlsucht, sondern guten Sowjetstolz müssen die Kinder besitzen. Doch ist es gleichzeitig notwendig, daß die Kinder nicht nur auf ihren Vater oder ihre Mutter stolz sind, sondern daß sie die Namen der großen und bedeutsamen Männer unseres Vaterlandes kennen und daß Vater und Mutter in ihrer Vorstellung als Mitglieder dieser großen Reihe tätiger Menschen erscheinen. (...)

Aber die Eltern dürfen nicht nur als Mitarbeiter der begrenzten Front ihres Kollektivs erscheinen. Unser Leben ist das Leben der sozialistischen Gesellschaft. Vor ihren Kindern müssen Vater und Mutter als Teilnehmer an diesem Leben hervortreten. Die Ereignisse des internationalen Lebens, die Leistungen der Literatur, das alles muß sich im Denken des Vaters, in seinem Fühlen und Streben widerspiegeln. Nur solche Eltern, die ein erfülltes Leben als Bürger unseres Landes leben, werden bei ihren Kindern über wirkliche Autorität verfügen. (. . .)

Aber sie sind nicht nur Staatsbürger. Sie sind auch noch Väter. Und ihre elterliche Aufgabe müssen sie so gut wie möglich erfüllen. Darin ist ihre Autorität verwurzelt. Und vor allem müssen sie wissen, wovon ihr Kind lebt, wofür es sich interessiert, was es liebt und was es nicht liebt, was es will und was es nicht will. Wenn es in die Schule geht, muß ihnen bekannt sein, wie es sich zur Schule und zu den Lehrern stellt, welche Schwierigkeiten es zu bestehen hat und wie es sich in der Klasse aufführt. (. . .)

Das alles muß man wissen, aber das bedeutet keineswegs, daß sie ihren Sohn mit andauernden und langweiligen Verhören, billigen und aufdringlichen Schnüffeleien verfolgen sollen. Von Anfang an müssen sie die Sache so einrichten, daß ihnen die Kinder von selbst über ihre Angelegenheiten erzählen, daß sie ihnen erzählen wollen und Interesse daran haben, daß sie alles wissen. Manchmal müssen sie die Kameraden ihres Sohnes einladen und sie sogar freundlich bewirten; manchmal sollten sie selbst die Familien dieser Kameraden aufsuchen und sich bei der ersten Gelegenheit mit diesen Familien bekanntmachen. (. . .)

Die Autorität durch Wissen führt unbedingt auch zur Autorität durch Hilfe. Im Leben eines jeden Kindes kommen viele Fälle vor, in denen es nicht weiß, wie es handeln soll, in denen es des Rates und der Hilfe bedarf. Vielleicht wird es sie nicht um Hilfe bitten, weil es das nicht übers Herz bringt. Dann müssen sie ihm selbst zu Hilfe kommen.

Häufig kann diese Hilfe als offener Rat manchmal in scherzhafter Form, manchmal als Anordnung, ja selbst als Befehl geleistet werden. Wenn sie das Leben ihres Kindes kennen, dann werden sie selbst sehen, wie sie am besten vorgehen. Es geschieht häufig, daß diese Hilfe auf besondere Art und Weise geleistet werden muß. Man muß entweder an den Spielen der Kinder teilnehmen, sich mit den Kameraden der Kinder bekanntmachen oder der Schule Besuche abstatten und mit dem Lehrer sprechen. Wenn sie in ihrer Familie mehrere Kinder haben — und das ist der günstigste Fall —, so sollten zu der Hilfeleistung auch die älteren Geschwister herangezogen werden.

Die elterliche Hilfe darf nicht aufdringlich, lästig oder ermüdend sein. In manchen Fällen ist es völlig unerläßlich, daß man es dem Kind selbst überläßt, einen Weg aus den Schwierigkeiten zu finden.

Es muß sich daran gewöhnen, Hindernisse zu meistern und kompliziertere Probleme zu lösen. Doch muß man immer darauf sehen, wie das Kind diese Operation durchführt und darf nicht zulassen, daß es dabei in Verwirrung und Verzweiflung gerät. Manchmal ist es sogar nötig, daß das Kind ihre Behutsamkeit, Aufmerksamkeit und ihr Vertrauen in seine Kräfte spürt.

Die Autorität durch Hilfe, durch vorsichtige und aufmerksame Anleitung wird aufs glücklichste durch die Autorität durch Wissen ergänzt. Das Kind wird ihre Gegenwart neben sich spüren, wie auch ihre verständige Fürsorge und Geborgenheit. Doch gleichzeitig wird es wissen, daß sie etwas von ihm fordern, daß sie keineswegs bereit sind, alles für es zu tun, alle Verantwortung von ihm zu nehmen.

Denn gerade die Linie der Verantwortung ist die nächstwichtigste Linie der elterlichen Autorität. Das Kind darf in keinem Falle auf den Gedanken kommen, daß die Leitung der Familie und des Kindes für sie nur Vergnügen und Zerstreuung sei. Es muß wissen, daß sie nicht für sich, sondern auch für das Kind vor der Sowjetgesellschaft verantwortlich sind. Man darf nicht davor zurückschrecken, seinem Sohn oder seiner Tochter offen und fest zu sagen, daß sie erzogen werden müssen, daß sie noch vieles lernen müssen, daß sie zu guten Bürgern und tüchtigen Menschen heranwachsen müssen, daß die Eltern für die Erreichung dieses Zieles verantwortlich sind und daß sie dieser Verantwortung nicht aus dem Wege gehen. Auf dieser Linie der Verantwortung liegen nicht nur die Grundsätze für die Hilfeleistung, sondern auch für die Forderung. In manchen Fällen muß diese Forderung in einer äußerst harten Form ausgedrückt werden, die keinerlei Widerspruch zuläßt. Im übrigen muß gesagt werden, daß solch eine Forderung mit Nutzen nur dann gestellt werden kann, wenn die Autorität durch Verantwortung bereits in der Vorstellung des Kindes verankert ist. Selbst im jüngsten Alter muß es schon fühlen, daß seine Eltern mit ihm nicht auf einer unbewohnten Insel leben.

Am Schluß unseres Vortrages fassen wir das Gesagte noch einmal kurz zusammen.

Autorität ist in der Familie unerläßlich.

Man müßte echte Autorität unterscheiden von falscher Autorität, die auf künstlichen Prinzipien beruht und darauf gerichtet ist, den Gehorsam durch die verschiedensten Mittel zu erreichen.

Wahrhafte Autorität beruht immer auf ihrer staatsbürgerlichen Tätigkeit, auf ihrem Gefühl als Staatsbürger, auf ihrem Wissen um das Leben des Kindes, auf der Hilfe, die sie ihm leisten und auf ihrer Verantwortung für seine Erziehung.

Quellennachweis: A. S. Makarenko, Lekcii o vospitanii detej. In: A. S. Makarenko, Sočinenija Tom 4, Moskva: Izd-vo APN-RSFSR 1951, 536 S.; hier S. 351 bis 360 (Soč. T. 4).

METHODIK DES ERZIEHUNGSPROZESSES

Vorbemerkung zu

5. Versuch einer Methodik für die Arbeit in einer Arbeitskolonie für Kinder

(Materialien zu einem Buch)

Makarenko plante 1931 eine Veröffentlichung über die Methodik seiner Erziehungsarbeit. Er stellte 1932 das Vorwort und einige Kapitel dieses ‚Materials für ein Buch‘ fertig. Die Materialien konnten aber nicht zu einem Buch ausgebaut werden, da Makarenko gerade in dieser Zeit stark belastet war und keine Ruhe für eine umfangreichere theoretische Publikation fand.

Die Materialien dieses ‚Versuchs einer Methodik‘ sind während der geistigen Auseinandersetzung Makarenkos mit der Pädologie (Wissenschaft vom Kinde) und Reformpädagogik entstanden, die er kritisierte und ablehnte. Als sie durch den Beschluß des Zentralkomitees der KPdSU vom 4. Juli 1936 als „pädologische Abweichungen“ verurteilt wurden, begann sich die pädagogische Konzeption Makarenkos auch öffentlich durchzusetzen.

So können die 1931/32 verfaßten ‚Materialien‘ vielleicht zur „Selbstverständigung“ Makarenkos gedient haben, die er über seine wissenschaftstheoretische Position anzustellen hatte. Der Leser wird hierbei an die sog. ‚Pariser Manuskripte‘ von Karl Marx erinnert, die von diesem wahrscheinlich auch nicht zur Veröffentlichung verfaßt wurden und den Prozeß seiner wissenschaftstheoretischen Bewußtwerdung einleiteten. Makarenko legt im ‚Versuch‘ seinen Ansatz einer ‚dialektischen Pädagogik‘ dar, wie er die von ihm begründete Sowjetpädagogik verstand. Er bezog diese nur auf ‚Erfahrungstatsachen‘ und zeigte in seiner ‚pädagogischen Logik‘, daß seine Kollektiverziehung von der sowjetischen Erziehungswirklichkeit auszugehen und auf diese (im Sinne einer Synthese) rückzuwirken habe.

Die ‚Materialien‘ wurden in der Sowjetunion erst 1948 veröffentlicht. Der erste Teil erschien in der DDR 1952 unter dem Titel ‚Erfahrungen auf dem Gebiet der Methodik der Erziehung zur Arbeit in der Kolonie für Kinder und Jugendliche‘ (Pädagogik, 7/1952/S. 847—858, S. 892—910).

(*Dt. Übers.* in: Werke 5; Ges. Werke II; APS 76—83).

5. Versuch einer Methodik für die Arbeit in einer Arbeitskolonie für Kinder

5.1 Vorwort

Den Inhalt des vorliegenden Buches würde ich gern streng auf methodisches Material beschränken, ohne Untersuchungen auf dem Gebiet der Erziehungstheorie vorzunehmen ...

Leider muß ich aber die Diskrepanz zwischen Theorie und Praxis der Erziehung ins Auge fassen. Die „Theorie" lebt abgesondert von der Praxis, ihr Einfluß auf unsere Tätigkeit ist geringfügig, und in letzter Zeit hat sie wohl auch selbst die Nutzlosigkeit ihrer Existenz eingesehen und ist in einem verstaubten Kämmerlein des prächtigen Palastes der Wissenschaften in aller Stille zu Grabe getragen worden. Bestenfalls stützt sich die Erziehungspraxis, wenn sie sich außerstande sieht, theoretische Texte zu verarbeiten und in die Tat umzusetzen, auf den gesunden Menschenverstand, schlimmstenfalls auf geläufige, altmodische, pädagogische Vorurteile und sehr oft auch auf die überspannten Ideen, die sich wie durch ein Wunder in die Köpfe mancher übermütiger Pädagogen verirrt haben. Deshalb werde ich mich wohl ziemlich oft bei theoretischen Fragen aufhalten müssen, um die logischen Voraussetzungen des einen oder anderen Verfahrens zu erhellen.

Theoretische Überlegungen, die sich nicht auf eine breit fundierte Wissenschaft stützen können, laufen selbstverständlich Gefahr, dilettantisch zu wirken. Ich hoffe aber, daß uns die allgemeine Klarheit der Prinzipien, auf denen unsere sowjetische Gesellschaft beruht, zu Hilfe kommen wird. ...

Einige Bemerkungen muß ich noch zum Umfang meines Unternehmens machen. Der Mensch wird durch die gesamte Gesellschaft erzogen. Alle Ereignisse in der Gesellschaft, ihre Arbeit, ihr Vorwärtsschreiten, ihre Lebensweise, Erfolge und Fehlschläge — sind alle so mächtige und komplizierte Erziehungsfaktoren, daß man ihre Wirkung in einer speziellen Untersuchung adäquat darstellen kann, die aber nur durch eine große Anzahl glaubwürdig belegter Beobachtungen überzeugend wirken würde. Das bereits geht über die Grenzen der Methodik hinaus.

Eine Erziehungsinstitution für Kinder lenkt in der gegenwärtigen Praxis die Entwicklung des Menschen, . . . drei bis fünf Jahre lang. Ihre Arbeit ist zeitlich und quantitativ, aber auch in ihrer Tiefenwirkung begrenzt, da die Kinderkolonie nur einen relativ kleinen Teil der von Gesellschaft, Natur und Vererbung ausgehenden Einflüsse in die Hand nehmen kann. Allerdings kann der Einfluß der Kinderkolonie auch in solch einem Falle außerordentlich stark sein, da er in besonders konzentrierter Wirkungsweise ins Werk gesetzt wird, aber das hebt seine Begrenztheit noch nicht auf . . .

Insgesamt kann ich dem Leser nur außerordentlich wenig vorweisen, bin aber der festen Überzeugung, daß viele meiner Erfahrungen und manche meiner Überlegungen unseren Erziehern von Nutzen sein werden.

5.2   Die Erziehungsziele

Ein sehr wesentliches Moment unserer Arbeit ist in ihrer konsequenten Zweckdienlichkeit zu sehen. Wir haben die Pflicht, einen Menschen zu erziehen, wie ihn unsere Gesellschaft braucht. Zuweilen gelangt dieses Bedürfnis der Gesellschaft sehr ungeduldig und streng zum Ausdruck: „Gebt uns Ingenieure, Ärzte, Former, Dreher!" . . .

Ärzte, Ingenieure und Former werden nicht nur bei uns von der Arbeiterklasse benötigt. Im Westen richtet die Bourgeoisie an die Pädagogen die gleichen Forderungen. Die bei uns entlassenen Kader müssen sich jedoch von den Kadern in den bourgeoisen Ländern, abgesehen von der einheitlichen Berufsausbildung, durch direkt entgegengesetzte persönliche Eigenschaften unterscheiden. Ob es der Bourgeoisie gelingt, die ihr notwendigen Eigenschaften auszubilden, ist eine nebensächliche Frage, jedenfalls muß aber unsere Erziehung erfolgreich sein. Hier geraten wir bereits an die Grenze des Begriffs „Kader" in dem Sinne, wie wir ihn heute oft verstehen. Es genügt nämlich nicht mehr, lediglich die Berufsausbildung der jungen Generation im Auge zu haben, es geht vielmehr darum, den Verhaltenstyp, die Charaktere und Persönlichkeiten heranzuziehen, die der Sowjetstaat gerade während der Diktatur des Proletariats, beim Übergang zur klassenlosen Gesellschaft benötigt. Die Ziele der Erziehungsarbeit können nur aus den Forderungen und Bedürfnissen der Gesellschaft abgeleitet werden.

Natürlich gibt es auch Versuche, sich von „reinen Erziehungszielen" leiten zu lassen.

Zu Beginn der Revolution, als unsere pädagogischen Schriftsteller und Redner von den westeuropäischen pädagogischen Sprungbrettern ihren Anlauf nahmen, sprangen sie sehr hoch und eigneten sich leicht Ideale wie die „harmonische Persönlichkeit" an. Später ersetzten sie die „harmonische Persönlichkeit" durch den Begriff „Mensch-Kommunist" (oder den „kommunistischen Menschen"; d. Übers.), obgleich sie sich in der Tiefe ihrer Seele mit dem Gedanken beruhigten, daß dies im Grunde „ein und dasselbe" sei. Zuweilen erweiterten sie ihr Ideal und verkündeten, daß wir einen „Kämpfer voll Initiative" erziehen müßten. (. . .)

Wir haben aber eine Massenerziehung. Es gilt, Millionen zu erziehen und die für unsere historischen Fünfjahrespläne notwendigen Kader heranzubilden. Über die Ziele unserer Erziehung müssen wir deshalb mit ganz anderen Worten, in Zahlen, und mit einem ganz anderen Pathos sprechen, einem Pathos nämlich, getragen von Sachlichkeit, Bescheidenheit und Verantwortungsgefühl.

Die Ziele unserer Arbeit müssen in den realen Eigenschaften der Menschen zum Ausdruck kommen, die aus den Händen der Pädagogen hervorgehen. Jeder von uns erzogene Mensch ist ein Produkt unserer pädagogischen Arbeit. Wir sowohl, als auch die Gesellschaft, müssen unser Produkt eingehend und sorgfältig bis aufs letzte Schräubchen untersuchen. Denn wie in jeder anderen Produktion, so gibt es auch in unserer die Erzeugung von erstklassigen, befriedigenden, leidlich guten Produkten und endlich von bedingtem und völligem Ausschuß. Der Erfolg unserer Arbeit hängt ab von einer beträchtlichen Anzahl von Umständen: von der pädagogischen Technik, von der Versorgungslage und den Eigenschaften des Materials. Unser Rohmaterial — die Kinder — ist unendlich vielgestaltig. Es fragt sich, welcher Prozentsatz dieses Materials für die Erziehung zum „Menschen voll Initiative" geeignet ist, — 90, 50, 10 oder 0,05 Prozent? Und wozu dient dann das übrige Material?

Wenn man an die Fragestellung so herangeht, dann erscheint es absolut unzulässig, anstelle der genauen Beschreibung unseres Produktes allgemeines Freudengeschrei, pathetische Ausrufe und „revolutionäre" Phrasen zu setzen. (. . .)

Versuche, das Erziehungsziel ausdrücklich in eine kurze Formel zu bauen, bewiesen nur eine völlige Loslösung von jeder Praxis und der Wirklichkeit. Deshalb ist es auch ganz natürlich, daß dergleichen Formeln im wirklichen Leben und in unserer lebendigen Arbeit nichts auszurichten vermochten.

Die Projektierung der Persönlichkeit als ein Erziehungsprodukt muß auf Grund eines Auftrages der Gesellschaft vorgenommen werden. Diese These reißt sofort alle idealistischen Schleier

von unserem Produkt. Es gibt nichts Ewiges und Absolutes in
unseren Aufgaben. Die Forderungen der Gesellschaft können nur
für eine größenmäßig mehr oder weniger begrenzte Epoche Geltung
besitzen. Wir können fest davon überzeugt sein, daß die folgende
Generation vor gänzlich veränderten Forderungen stehen wird.
Dabei werden sich diese Veränderungen allmählich nach Maßgabe
des Wachstums und der Vervollkommnung des gesellschaftlichen
Lebens ergeben. (. . .)

Unsere Erziehung muß eine kommunistische sein, und jeder von
uns erzogene Mensch muß nützlich für die Sache der Arbeiterklasse sein. Diese verallgemeinernde These setzt aber gerade verschiedene Formen der Verwirklichung voraus, die von der Ver-
schiedenartigkeit des Materials und der Mannigfaltigkeit seiner
Verwendung abhängen. Jede andere These bedeutet persönliche
Verantwortungslosigkeit, die sich, nebenbei bemerkt, nirgends ein
so festes Nest gebaut hat wie in der Pädagogik. (. . .)

Die unserer Epoche würdige Organisationsaufgabe kann allein
die Schaffung einer Methode sein, die es bei aller Allgemeingültig-
keit und Einheitlichkeit zugleich jeder Einzelpersönlichkeit ermöglicht, ihre Individualität zu bewahren und gemäß ihren Neigungen
voranzukommen. (. . .)

Der allgemeine Durchschnittssatz der gesellschaftlichen Forderungen ist im übrigen außerordentlich klar und allen wohlbekannt.
Man sagt zu uns:

„Gebt uns einen gesunden Menschen, der Lesen und Schreiben
gut beherrscht, vielleicht sogar gebildet ist, einen Menschen, der
Tatkraft, gute Entwicklungsfähigkeit und Initiative in sich vereinigt, der ordentlich in Hygiene und Lebensweise ist und der vor
allem bewußt an der gemeinsamen Arbeit des Kollektivs und der
Klasse teilnimmt, der also an unserem Aufbau mitwirken wird
und im gegebenen Augenblick fähig ist, beim Militär einzu-
rücken, um unser Land gegen die Armeen der Bourgeoisie zu ver-
teidigen."

5.3 Das Kollektiv

Die einen sagen: „Das Kollektiv existiert nicht als Realität.
Real ist einzig die Persönlichkeit."

Die anderen sagen: „Das Individuum existiert nicht als etwas
Selbständiges in der sozialen Wirklichkeit. Es existiert nur die Gesellschaft."

Die dritten schließlich freuen sich, daß all dieser Unsinn existiert
und schreiben darüber dicke Wälzer. Sowohl die ersten, die zweiten,
als auch die dritten nennen sich „Gelehrte". (. . .)

Es unterliegt keinem Zweifel, daß wir es sowohl mit dem Kollektiv als auch mit der Persönlichkeit zu tun haben.

Was ist ein Kollektiv? Es gab Versuche, das Kollektiv als „eine Gruppe zusammenwirkender Personen" zu definieren, „die gemeinsam auf diese oder jene Reizwirkung reagiert".

Man muß diese Definition sozusagen als das letzte Wort im pädagogischen Schrifttum betrachten. Entspricht unser Kollektiv dieser Definition? Das Kollektiv der Dzeržinskij-Kommune ist gleichwohl wirklich ein Kollektiv: 330 Kinder arbeiten und lernen gemeinsam, nehmen das Mittagessen gemeinsam ein, spielen und schlafen gemeinsam. Was will man da noch mehr? (. . .)

Nur eine nach dem sozialistischen Prinzip strukturierte soziale Einheit verdient den Namen Kollektiv. Wenigstens meint dies die russische Sprache genau und bestimmt.

Wir sprechen und schreiben wohl: „Das Kollektiv der Charkover Traktorenwerke (CHTZ) soll unserem Land hundert Traktoren geben." Aber wir würden niemals den Ausdruck: „Das Kollektiv der Fordwerke" gebrauchen.

Wir sprechen von „Kollektiv der Mitarbeiter der GPU", würden aber niemals sagen: „Das Kollektiv des französischen Innenministeriums".

Und wenn man eine Sowjetfamilie, die auf dem Grundsatz des gleichen Anteils ihrer Mitglieder an der gesellschaftlichen Arbeit aufgebaut ist und die Freiheit und Gleichberechtigung aller Mitglieder anerkennt, als Kollektiv bezeichnen könnte, so kann doch keineswegs eine Kaufmannsfamilie mit einem tyrannischen Vater an der Spitze ein Kollektiv sein. Das gleiche gilt auch von einer Adelsfamilie, selbst wenn wir annehmen, daß sie die Gleichberechtigung ihrer Mitglieder anerkennt; hinsichtlich der Gesamtgesellschaft wird sie aber immer die Position einer Verbrauchergruppe einnehmen.

Mithin erweist sich unsere Sprache bei der Definition des Kollektivs als untrüglich. Anzumerken wäre noch die Tendenz unserer Sprache, als Kollektiv nur eine Kontakteinheit zu bezeichnen und das Kollektiv von dem umfassenderen Begriff der Union zu unterscheiden.

Ein Kollektiv ist nach unserer Meinung eine Kontaktgemeinschaft, die auf dem sozialistischen Prinzip der Vereinigung basiert.

Hinsichtlich der Einzelpersönlichkeit bestätigt das Kollektiv die Souveränität des gesamten Kollektivs.

Indem es das Recht der freiwilligen Beteiligung der Einzelpersönlichkeit am Kollektiv anerkennt, fordert das Kollektiv von dieser Einzelpersönlichkeit, solange sie ihm angehört, bedingungslose Unterwerfung, wie sie aus der Souveränität des Kollektivs hervorgeht.

Ein Kollektiv kann nur unter der Bedingung bestehen, daß es alle Menschen gleichmäßig an seinen Aufgabenbereich beteiligt, der von offensichtlichem Nutzen für die Gesellschaft ist.

Das sozialistische Erziehungssystem unterscheidet sich gerade dadurch von jedem anderen, daß es ein sozialistisches ist; deshalb besitzt unsere Erziehungsorganisation die Form des Kollektivs. Wir sehen in unserem Zögling kein Dressurmaterial, sondern betrachten ihn als Menschen unserer Gesellschaft, als aktiven Arbeiter und Schöpfer gesellschaftlicher Werte. Das Kollektiv unserer Zöglinge ist nicht nur eine Versammlung von Jugendlichen, es ist vor allem eine Zelle der sozialistischen Gesellschaft, die über die gleichen Eigenarten, Rechte und Pflichten verfügt wie jedes andere Kollektiv im Sowjetland.

Alles das verleiht unserer pädagogischen Position ganz besondere Kennzeichen. Die Entwicklung unserer pädagogischen Logik, wie auch unserer Arbeit muß von der durch die Gesellschaft gestellten Aufgabe ausgehen. Diese Aufgabe aber findet ihren Ausdruck allein schon in der Form unserer Erziehungsorganisation, im Kollektiv.

5.4 Die pädagogische Logik

(. . .) Wie muß die Logik des pädagogischen Prozesses aussehen?

Vor allem muß sie von konsequenter Zweckdienlichkeit sein; folglich dürfen in ihr keinerlei Schablonen zur Wirkung gelangen. Es gibt keine unfehlbaren Mittel und ebensowenig unbedingt fehlgehende Mittel. Es hängt von den Zeitumständen, den Besonderheiten der Persönlichkeit und des Kollektivs, vom Talent und der Ausbildung der Ausführenden, vom Nahziel und von der gerade gewonnenen Konjunktur ab, ob der Anwendungsbereich des einen oder anderen Mittels auf die Stufe der allgemeinen Gültigkeit erhoben oder auf die Stufe der völligen Verneinung verringert werden kann. Es gibt keine Wissenschaft, die in größerem Maße dialektisch wäre als die Pädagogik. Deshalb haben Erfahrungstatsachen in keiner anderen wissenschaftlichen Disziplin so große Bedeutung.

Die Vielgestaltigkeit des pädagogischen Mittels, der komplizierte Farbenreichtum und die Wandelbarkeit des Erziehungsbildes bestimmen die außerordentlich verantwortungsvolle Position des Theoretikers der Pädagogik. Die Nomenklatur des pädagogischen Verfahrens kann im allgemeinen wohl kaum speziell für die einzelne Erziehungsaufgabe ergänzt werden. Die Freiheit der Auswahl und des Vorgehens muß in der pädagogischen Sphäre so groß sein, daß für die Erziehung eines bolschewistischen Erbauers des Sozialismus wie eines überzeugten Vertreters der Bourgeoisie durchweg die gleichen Verfahrensweisen dienlich sind, wie ja ebenfalls Ziegelsteine, Beton, Eisen und Holz zum Bau eines Gotteshauses wie eines Arbeiterklubs benötigt werden. Nicht durch die Auswahl der Verfahrensweise wird die Frage entschieden, sondern durch die Verknüpfung der Mittel, ihre gegenseitige Zuordnung und allgemeine harmonische Ausrichtung, sowie vor allem durch ihren natürlichen Klasseninhalt, das heißt, durch Voraussetzungen, die nicht in der Pädagogik, sondern in der Politik liegen, mit der Pädagogik indessen organisch gekoppelt sein müssen. (. . .)

Welche Form kann nun das pädagogische Gesetz annehmen?

Beim heutigen Stand der Wissenschaft vom Menschen und von der Menschheit darf es keinesfalls restlos von irgendeiner allgemeinen These deduziert werden.

Grundlage für das sowjetische pädagogische Gesetz muß die Induktion eines vollständigen Versuches sein. Nur ein vollständiger Versuch, dessen Ablauf und Ergebnis genau überprüft worden sind, nur der Vergleich vollständiger Versuchskomplexe kann uns Unterlagen für die Auslese und Entscheidung erbringen. Es ist dabei von großer Wichtigkeit, daß hier ein außerordentlich gefährlicher Fehler liegen kann. Ich hatte Gelegenheit, einige Versuche der Auslese eines solchen vollständigen Experiments zu beobachten und stieß dabei auch stets auf den erwähnten gefährlichen Fehler. Er besteht darin, daß die Teilnehmer an der Auslese den Versuch im ganzen nehmen und bemüht sind, unbedingt Korrekturen an ihm vorzunehmen, das heißt, sie verurteilen einzelne Teilverfahren oder fügen ergänzende hinzu, neue, eigener Provenienz; man braucht kein Wort darüber zu verlieren, daß diese Veränderungen immer nach der gleichen beliebten Methode des deduzierten Mittels, mit anderen Worten, also ohne jegliche Begründung vorgenommen werden. Das führt indessen zu traurigen Ergebnissen. Das in seiner organischen Ganzheit gestörte System wird zum kranken System: die Verpflanzung des Versuchs endet mit einem Mißerfolg. Es ist schwer, solche Fehler zu bekämpfen, denn die Kontrollierenden und Reformer handhaben eine recht seltsame Logik. Man könnte sie allein durch den Versuch überzeugen, aber gerade der Versuch gehört nicht zum System ihrer Logik. (. . .)

Ich empfehle die induktive Logik keineswegs nur deshalb, damit man sie in den seltenen Fällen anwende, wo ein besessener Kontrolleur ein Jucken in den Fingern verspürt. Induktive Überprüfung, Ergänzungen, Abwandlungen müssen eine ständige Erscheinung im Erziehungssystem sein. Das ist auch deshalb erforderlich, weil jedes Ding die Fähigkeit zur Vervollkommnung in sich trägt und andererseits jeder Tag neue Bedingungen und neue Nuancen der Aufgabe mit sich bringt.

Die ständige Verbesserungsarbeit wird gewöhnlich vom Kollektiv selbst geleitet, da es das natürliche Recht auf Urheberschaft in diesem Bereich besitzt, zudem auch über ein feineres Fingerspitzengefühl verfügt und über eine größere Fähigkeit, die Tradition im gewohnten Bereich zu hüten. Ein unbeteiligter Beobachter, vielleicht auch ein offizieller, ist immer geneigt, „alles runterzumachen", er hat nichts zu verlieren und haftet für nichts. Sein Vorteil besteht lediglich darin, daß er „von der Seite alles besser sieht", wie es im Altrussischen heißt. Ein gesundes Kollektiv widersetzt sich solchen Reformatoren gewöhnlich um so mehr, als sie nicht mit empirischer Logik operieren, sondern einfach kategorisch erklären: „So ist es besser". (. . .)

Deduktive Thesen entstehen vor allem als Widerspiegelung einer allgemeinen Aufgabe. Wenn die Aufgabe selbst darin besteht, gesunde Menschen aus der Schule zu entlassen, so werden wir im Laufe des gesamten Versuchs mit den Meßdeduktionen aus dieser Forderung operieren: wir werden auf Klappfenster und gute Durchlüftung ein Auge haben, ohne die empirische Überprüfung abzuwarten.

Die zweite Begründung für die Deduktion ist die These vom Kollektiv. Unser Versuch muß sich unbedingt nach der These von der Souveränität des Kollektivs und nach der These von der gesellschaftlichen Tätigkeit des Kollektivs richten.

Die dritte Begründung für die Deduktion endlich ist die in Jahrhunderten angesammelte soziale und kulturelle Erfahrung der Menschen, die im sogenannten „gesunden Menschenverstand" konzentriert ist. Dieser erfreut sich leider bei den Pädagogen nur sehr geringer Achtung. Und wozu ist schon ein sarkastisches Zitat wie Gribojedovs „an Zahl zwar größer, doch im Preis geringer", wie es scheint allgemein anerkannt — und erweist sich gerade auch im Hinblick auf die pädagogische Tätigkeit als treffend — wenn noch vor gar nicht langer Zeit in den Straffälligen-Kolonien ein Erzieher auf je zehn Zöglinge kam und dafür ein Gehalt von ganzen vierzig Rubeln im Monat erhielt. In der Maksim-Gor'kij-Kolonie gab es 400 Zöglinge. Man fragt sich, welches Wunder die Kolonie unter diesen bemerkenswerten Bedingungen vor dem völligen Zusammenbruch bewahrt haben mag.

Der von allgemeinen deduktiven Thesen geleitete Dauerversuch eines ganzen Systems muß die ständige Analyse in sich einbeschließen. Der Prozeß des Ablaufs und des Vertiefens eines Versuchs kann natürlich nicht ganz frei von Fehlern sein. Man muß mit den Fehlern sehr vorsichtig und höchst dialektisch verfahren, weil sich sehr häufig das, was zunächst ein Fehler zu sein schien, bei geduldiger Überpfügung als ein nützlicher Faktor herausstellte. Eine solche Überprüfung erfordert jedoch unbedingt pädagogische Technik, umfassende pädagogische Meisterschaft und hohe Qualifikation.

Quellennachweis: A. S. Makarenko, Opyt metodiki raboty detskoj trudovoj kolonii. In: A. S. Makarenko, Sočinenija, Tom 5, Moskva: Izd-vo APN-RSFSR 1951, 511 S.; hier S. 439—454 (Soč. T. 5).

Vorbemerkung zu

6. Methodik der Organisation des Erziehungsprozesses

Makarenko schrieb die ‚Methodik' in den Jahren 1935 bis 1936. Die Studie wurde erstmals in kleiner Auflage als ‚Ausgabe für den Dienstgebrauch' publiziert und kam nicht zum öffentlichen Verkauf.

Makarenko war im Juni/Juli 1935 zum Stellvertretenden Leiter der (neugeschaffenen) Abteilung für Arbeitskolonien im Volkskommissariat für Innere Angelegenheiten der Ukrainischen SSR ernannt worden und daher nach Kiew umgezogen. Dieser neu eingerichteten Abteilung des Ministeriums unterstanden auch die Gorki-Kolonie und Dzeržinskij-Kommune. Für die unterstellten Arbeitskolonien verfaßte Makarenko die „nur für den Dienstgebrauch" bestimmte Studie.

Eine Methodik kann in der pädagogischen Konzeption Makarenkos nur aus praktischen Erfahrungen abgeleitet werden. Diese Methodik beruht auf dem Fundament der ideologisch-politischen Erziehung des Sowjetbürgers und dient dem Perspektivziel der Schaffung „neuer Menschen" für die sowjetische Zukunftsgesellschaft.

Die drei Kapitel der in 17 Themen gegliederten Studie haben im Original (von unserer Einteilung abweichende) Nummern: 1. Der organisatorische Aufbau des Kollektivs; 3. Organe der Selbstverwaltung; 14. Die Perspektive.

Die deutsche Erstveröffentlichung erfolgte 1954 in der Zeitschrift ‚Pädagogik' (9/1954/H. 4, S. 265—275; H. 6, S. 430—448; H. 7, S. 496—510; H. 8, S. 560—573).

(*Dt. Übers.* in: Werke 5; Ges. Werke 6; APS 84—96).

6. Methodik der Organisation des Erziehungsprozesses

6.1 Der organisatorische Aufbau des Kollektivs

Die Organisation eines Kollektivs in den Kinderanstalten kann nach verschiedenen Grundsätzen erfolgen. Man kann die Kinder wie in der Schule in Gruppen einteilen: bei diesem System werden sie in den Schlafräumen der Internate als Klassen oder Teile von Klassen untergebracht. Das hat den Vorteil: Kinder gleichen Alters und unter gleicher Entwicklung leben zusammen, es ist bequemer und leichter für sie, ihre Schulaufgaben zu erledigen, gemeinsame Lehrmittel und -bücher zu gebrauchen sowie Zurückbleibenden nachzuhelfen.

Es hat jedoch auch viele Nachteile: die so gebildeten Grundkollektive schließen sich bald in den engen Kreis ihrer Schulinteressen ein, und entfernen sich von den Fragen der Arbeit und Produktion, von den Fragen des wirtschaftlichen Wachstums der gesamten Anstalt.

Die Grundkollektive der Zöglinge können auch nach anderen Grundsätzen organisiert werden, nämlich

nach Produktionsgruppen,

nach Altersgruppen und dergleichen.

In der Dzeržinskij-Kommune war bei der Organisation des Grundkollektivs das Produktionsprinzip ausschlaggebend. Dabei muß man sich von folgenden Richtlinien leiten lassen:

a) Alle Zöglinge werden in Abteilungen aufgeteilt und sind als solche auch in der Produktion tätig.

b) Die Größe einer Abteilung liegt zwischen 7 und 15 Kindern. Mehr als 15 Kinder darf eine Abteilung nicht umfassen. Die Erfahrung lehrte, daß sich ein Grundkollektiv, wenn es aus einer größeren Anzahl von Mitgliedern besteht, nur schwer der Leitung seines Ältesten unterordnet und der Älteste nicht im Stande ist, alle Mitglieder der Abteilung zu überwachen.

c) Arbeiten die Zöglinge in der Produktion in zwei Schichten, so empfiehlt sich die Zusammenstellung von Schichtabteilungen.

d) Ist die Gruppe an den Werkbänken nur klein, so kann man Abteilungen aus Zöglingen der ersten und zweiten Schicht bilden. Diese Form ist aber weniger günstig, da in diesem Falle der Kontakt von Kindern der ersten Schicht mit denen der zweiten Schicht in der Produktion verhindert wird.

e) Gestatten es die Produktionsbedingungen, so empfiehlt es sich, in einigen Fällen gemischte Abteilungen zu bilden, d. h. solche, die

die Herstellung ein und des gleichen Teiles von Anfang bis Ende durchführen.

f) Jede Abteilung muß in einem besonderen Schlafraum oder in einigen nebeneinander liegenden Schlafräumen untergebracht sein.

g) Im Speisesaal finden sich alle Abteilungen zusammen.

Bei der Organisation eines Grundkollektivs nach dem Produktionsprinzip dürfen die Altersunterschiede nicht unberücksichtigt bleiben. In Internaten, in denen noch kein gefestigtes und gut durchorganisiertes Kollektiv besteht und noch keine rechte Disziplin herrscht, ist es unbedingt notwendig, die Grundkollektive, also die Abteilungen der 10- bis 14jährigen, für sich zu lassen. Nur im Ausnahmefall ist es zulässig, einzelne jüngere Kinder in Abteilungen Älterer einzubeziehen. Aber auch in diesem Falle sind unbedingt die individuellen Anlagen der Kinder sehr aufmerksam zu prüfen: es ist zu berücksichtigen, welchem Einfluß das Kind ausgesetzt sein wird, wie man es in der Abteilung aufnimmt, wer für sein Leben in der Abteilung und für seine Arbeit die persönliche Verantwortung trägt, wer ihm seine besondere Fürsorge angedeihen lassen soll.

Besteht eine Pionierorganisation, so sollte unbedingt in jeder Abteilung eine Schicht von Pionieren vorhanden sein. Falls die Pioniere für alle Abteilungen der Jüngeren ausreichen, so empfiehlt sich die Organisierung besonderer Pionierabteilungen.

Ebenso müssen auch die Komsomolzen auf die Abteilungen der Älteren verteilt werden. Besondere Komsomolzabteilungen sind nur zulässig, falls in allen übrigen Abteilungen wenigstens 25 bis 30 Prozent Komsomolzen vertreten sind.

Das gilt in gleichem Maße für das Aktiv: ein Aktiv darf sich nicht in einzelnen Abteilungen und Schlafräumen abschließen, sondern muß über alle Abteilungen verteilt sein. Mitglieder des Aktivs müssen zurückgebliebenen Abteilungen zugewiesen werden.

Wenn sich ein Kollektiv seine Organisation und Disziplin gebildet und eine genaue Ordnung und gesunde Tradition geschaffen hat, dann erweist es sich als sehr nützlich, Abteilungen mit Kindern verschiedenen Alters zu organisieren.

In der Dzeržinskij-Kommune wurden die Grundkollektive, die Abteilungen, nach dem Prinzip der Vereinigung verschiedener Alterstufen organisiert.

Eine solche Organisation bringt größeren pädagogischen Erfolg: sie schafft größere gegenseitige Beeinflussung der verschiedenen Altersstufen, sie enthält eine natürliche Bedingung für die ständige Anhäufung von Erfahrung und für den Erfahrungsaustausch mit den älteren Jahrgängen; die Jüngeren erhalten mannigfache Kenntnisse, eignen sich Benehmen und Arbeitstips an und lernen die Älteren und ihre Autorität achten. Bei den Älteren hingegen bilden die Sorge um die Jüngeren und die Verantwortung für sie Eigenschaften aus, die für einen Sowjetbürger unerläßlich sind: Rücksicht auf den anderen, Großmut und Strenge, endlich auch die Eigenschaften eines künftigen Hausvaters und viele andere.

Dieser ganze verwickelte Erziehungsprozeß vollzieht sich im gut organisierten Kollektiv ohne besondere Anstrengungen im Wege der ständigen Aufschichtung kleinster und fein nuancierter Eindrücke, Handlungen und Beziehungen.

Ein solcher Stil der Beziehungen zwischen Älteren und Jüngeren ist aber eine höhere Organisationsform des Erziehungsprozesses und erfordert deshalb eine qualifizierte und umsichtige pädagogische Leitung und Beeinflussung.

Man muß stets danach streben, daß sich die Zusammensetzung der Abteilungen nach Möglichkeit nicht ändert und daß die Mitglieder der Abteilung zu einem freundschaftlichen Kollektiv zusammenwachsen. Allzu häufige Versetzungen der Zöglinge von einem Arbeitplatz auf den anderen schaden nicht nur dem Produktionsprozeß, sondern zerstören auch die Grundkollektive der Kinder. Überhaupt erweist sich die Festigung der Grundkollektive in ihrer Zusammensetzung für längere oder kürzere Zeit als entscheidender Faktor im gesamten Erziehungsprozeß. Deshalb sollten Versetzungen der Kinder von einem Arbeitsplatz auf den anderen möglichst selten vorgenommen werden.

Auf jeden Fall sollte man sich bei der Einteilung des Kollektivs nach dem Produktionsprinzip an die Regel halten: Wechselt ein Zögling von einem Arbeitsplatz an einen anderen, so muß er zugleich auch die Abteilung wechseln, d. h. auch Schlafraum und Platz im Speisesaal.

In der Schule müssen die Kinder selbstverständlich nach Klassen oder Kursen organisiert werden. In der Dzeržinskij-Kommune wirkt diese Organisation nur innerhalb der Schule während des Unterrichts oder abends während der Erledigung der Schularbeiten.

In der Form der Produktionsabteilungen muß als wichtigste jedoch die Organisation der Grundkollektive angesehen werden; ihr hat immer das größte Interesse zu gelten.

Aufs entschiedenste muß gegen jede Formlosigkeit im Leben des Kollektivs angekämpft werden. Sind die Kinder in Produktion und Schule straff organisiert, in ihrem Tun und Lassen sonst aber dem Zufall überlassen, so werden die Ergebnisse der Erziehung stets geringer sein. In Anstalten mit angeschlossenem Internat darf der Schlafsaal keinesfalls nur als gemeinsamer Wohnraum angesehen werden. Der Schlafsaal soll vielmehr eine ergänzende Form der beruflichen, wirtschaftlichen und politischen Erziehung sein. Die Kindergruppe in einem Schlafraum soll durch ihre Schulleistungen, Erfolge und Mißerfolge, Kämpfe und täglichen Ereignisse in der Produktion, sowie durch Gedeih und Erfolg des ganzen Kollektivs verbunden sein.

Kann diese Verbundenheit nicht hergestellt werden, so wird der Schlafsaal ein Ort, an dem sich andere Bindungen ganz von selbst bilden, die sich gewöhnlich auf der Linie des geringsten Widerstandes und niedriger Ansprüche bewegen, als da sind: primitive Vergnügen und Zerstreuungen, ja manchmal asoziale Beziehungen und Vergehen.

Deshalb muß unbedingt mit allem Ernst und aller Aufmerksamkeit eine klare Organisation der Lebensweise angestrebt werden. Es empfiehlt sich also, die Kinder in den Schlafräumen nach Abteilungen unterzubringen.

6.2 Organe der Selbstverwaltung

Wichtigstes Organ der Selbstverwaltung ist die Vollversammlung aller Zöglinge der Kinderanstalt. Sie muß während der Organisationsperiode und zu besonderen Anlässen in der Internats- und Kollektivarbeit wenigstens einmal in der Sechstagewoche zusammentreten, sonst aber wenigstens zweimal monatlich.

Die Vollversammlung soll in der Regel öffentlich sein, das heißt, daß alle Mitglieder des Kollektivs das Recht haben, ihr beizuwohnen und ihre Meinung zu äußern. Die Abstimmung aller Teilnehmer über manche Fragen kann gestattet werden, etwa über Fragen, die die Kultur- und Klubarbeit und ähnliches betreffen.

Den Vorsitz auf der Vollversammlung führt der Vorsitzende des Rates des Kollektivs, mit Ausnahme der Versammlungen, auf denen der Rat des Kollektivs Rechenschaft ablegt. Man kann sich auch einen anderen Wahlmodus für das Amt des Vorsitzenden zu eigen machen, zum Beispiel können alle Mitglieder des Kollektivs der Reihe nach den Vorsitz führen. Dies hat den Vorteil, daß alle Zöglinge aktiv in das Gemeinschaftsleben einbezogen werden und ihnen eine bestimmte gesellschaftliche Routine vermittelt wird.

Unbedingt empfiehlt es sich, die Zeit für die Wahl des Präsidiums zu kürzen. Überhaupt müssen die Kollektivversammlungen in den Erziehungsinternaten immer streng sachlich sein und dürfen den Zöglingen nicht zu viel Zeit wegnehmen. Deshalb muß für die Vollversammlungen eine ständige genaue Geschäftsordnung bestehen, die vom Lehrkörper in Zusammenarbeit mit dem Komsomolkomitee verfaßt und auf einer Vollversammlung bestätigt wird.

Die Bedeutung dieser Geschäftsordnung beruht nicht nur darauf, daß sie die übermäßige Ausdehnung der Vollversammlungen verhindert, wodurch den Zöglingen Zeit für Schlaf und Lektüre ver-

---

Quellennachweis: A. S. Makarenko, Organizacionnoe stroenie kollektiva. In: A. S. Makarenko, Sočinenija, Tom 5, Moskva: Izd-vo APN-RSFSR 1951, 511 S.; hier S. 9—12 (Soč. T. 5).

loren ginge, sondern vor allem auch darauf, daß sie die Redner zwingt, mit einer bestimmten Zeit auszukommen und sich kurz und bündig auszudrücken.

Hingegen dürfen die Diskussionen auf den Vollversammlungen des Kollektivs keinesfalls abgebrochen, noch darf die Rednerliste gekürzt werden, da es gerade eines der Ziele der Vollversammlung ist, alle Zöglinge aktiv ins Gemeinschaftsleben einzubeziehen.

Die Leitung des Erziehungsinternates muß durchsetzen, daß auf den Vollversammlungen strenge Disziplin herrscht, die Redner der Reihe nach das Wort erhalten, Lärm, Herein- und Hinauslaufen und Zwischenrufe vom Platz aus unterbleiben. Deshalb muß der Vorsitzende das Recht haben, Ruhestörern Ordnungsverweise zu erteilen und sie bei wiederholter Ruhestörung aus der Versammlung zu entfernen.

Es ist erforderlich, daß alle Grundkollektive der Anstalt (Abteilungen, Brigaden, Klassen) abwechselnd während der Vollversammlungen den Ordnungsdienst im Saal versehen. Dabei empfiehlt es sich, wie folgt zu verfahren: jede Abteilung der Zöglinge ist für die Ordnung im Saal während der Vollversammlungen (Konzerten, Filmvorführungen) einen halben Monat lang verantwortlich. Dies muß in einer Verfügung öffentlich bekannt gemacht werden. Das diensthabende Kollektiv sorgt für die Sicherheit des Saales zu Beginn der Versammlung, für den Tisch des Präsidiums, Wasserkaraffe, Tischtuch und ähnliches. Aus den Reihen der diensthabenden Abteilungen werden für jede Versammlung diensthabende Ordner bestimmt, die Armbinden von bestimmter Farbe erhalten. Die diensthabenden Ordner stellen sich am Eingang zwecks Platzanweisung auf und achten darauf, daß während der Versammlung und besonders während der Reden niemand im Saal herumläuft oder raucht und daß an den Türen kein Gedränge entsteht. Die Zöglinge sollen auf den Versammlungen keine Mützen tragen und nicht in Arbeitskleidung erscheinen (außer auf Produktionsversammlungen im Werk). Die Ordner haben alle Anweisungen des Vorsitzenden auszuführen.

Zu Beginn eines jeden Halbjahres werden auf der Vollversammlung folgende Selbstverwaltungsorgane gewählt:
der Rat des Kollektivs, die Sanitätskommission, die Wirtschaftskommission.

Die personelle Zusammensetzung dieser Organe muß vor den Wahlen in Form einer Kandidatenliste vom Lehrkörper und vom Komsomol bestimmt werden. Nimmt die Komsomolorganisation im Internat eine entsprechende führende Stellung ein, so wird ihr das Recht überlassen, die Kandidaten aufzustellen.

Die Arbeit der Selbstverwaltungsorgane in der Kinderanstalt muß genau nach Plan vor sich gehen; eine Ausnahme bildet nur das zentrale Organ, der Rat des Kollektivs (Rat der Kommandeure), der sehr viele Tagesfragen zu entscheiden hat, die unmöglich in einem Plan vorgesehen werden können.

Bei der Arbeit der Selbstverwaltungsorgane ist die Regelmäßigkeit ein entscheidender Umstand. Wenn ein Selbstverwaltungsorgan aus irgendwelchen Gründen lange nicht zusammentritt, dann verliert es seine Autorität und muß als faktisch nicht mehr vorhanden angesehen werden.

Die Regelmäßigkeit der Arbeit der Selbstverwaltungsorgane wird nicht allein durch den Kalender und durch den Hinweis auf festgelegte Tage, an denen die eine oder andere Sitzung stattfinden soll, gewährleistet.

Die Arbeit der Selbstverwaltungsorgane bleibt nur dann aktuell und von Bedeutung, wenn das gesamte Leben in der Erziehungsanstalt so strukturiert ist, daß sich ein Nachlassen in der Tätigkeit des einen oder anderen Organs sofort auch in der Anstaltsarbeit widerspiegelt und dem Kollektiv als Mangel fühlbar wird. Damit die Selbstverwaltungsorgane nun wirklich die Bedeutung regelmäßig wirkender Institutionen haben, ist folgendes notwendig:

a) Die Internatsleitung, also auch die pädagogische Leitung, darf keinesfalls die Selbstverwaltungsorgane umgehen und selbständig über Fragen entscheiden, deren Behandlung diesen Selbstverwaltungsorganisationen obliegt, auch dann nicht, wenn eine Entscheidung der Leitung offensichtlich richtiger und schneller zu treffen wäre.

b) Jeder Beschluß der Selbstverwaltung muß unbedingt durchgeführt werden, und zwar ohne bürokratische Verschleppung und ohne Aufschub.

c) Wenn die Leitung die Durchführung einer falschen Entscheidung des einen oder anderen Selbstverwaltungsorgans für unmöglich erachtet, so soll sie an die Vollversammlung appellieren und nicht einfach die Entscheidung rückgängig machen.

d) Die grundlegende Arbeitsmethode der Leitung muß die direkte Einflußnahme auf die Selbstverwaltungsorgane sein. Ein Genosse, der sich dieser Methode nicht bedient und es lieber zu Konflikten mit den Selbstverwaltungsorganen kommen läßt, ist sicher für die Arbeit in dieser Anstalt nicht geeignet.

e) Die Arbeit in den Selbstverwaltungsorganen soll den Zöglingen nicht allzuviel Zeit wegnehmen, damit sie ihre Pflichten nicht als drückend empfinden und sie sich nicht in „Beamte" verwandeln.

f) Die Selbstverwaltungsorgane dürfen nicht mit allen möglichen Kleinigkeiten belastet werden, die im Wege der laufenden Verwaltungsarbeit entschieden werden können.

g) Die Arbeit der Selbstverwaltungsorgane muß sehr genau registriert werden. Alle ihre Beschlüsse sind schriftlich niederzulegen. Es ist erwünscht, diese Registrierung an einer Stelle zu konzentrieren, etwa beim Sekretär des Rates des Kollektivs.

Eine solche Registrierung befreit die Selbstverwaltungsorgane von einer ermüdenden und überflüssigen Protokollführung, die der Arbeit der Selbstverwaltungsorgane nur einen bürokratischen Ton geben und die Arbeit der Kinder mit unnötigem Papieraufwand belästigen würde. Nur für die wichtigsten Beschlüsse, die die Entlassung der Zöglinge betreffen, ist ein Protokollbuch erforderlich. Die Registrierung der laufenden Arbeit der Selbstverwaltungsorgane soll aber den Charakter eines gemeinsamen Tagebuches haben, in dem die Beschlüsse in kurzer Formulierung unter Angabe des Datums vermerkt werden.

Eine äußerst wichtige Form der Selbstverwaltung, die bedeutend zur Arbeitsentlastung ihrer Organe beiträgt und manchen pädagogischen Nutzen hat, ist die Arbeit einzelner Bevollmächtigter, die die persönliche Verantwortung für ihre Arbeit tragen. Diese Form führt die Arbeit des Zöglingskollektivs in bedeutendem Maße an das Prinzip der Einzelleistung heran, hält zu persönlicher Verantwortung an, verkürzt Diskussionen und Besprechungen und vermittelt dem gesamten Leben des Kollektivs das erforderliche sachliche Tempo.

Jeder Bevollmächtigte hat im Namen des einen oder anderen Selbstverwaltungsorgans zu arbeiten und vor ihm Rechenschaft abzulegen; ferner sind ihm in seiner Tätigkeit strenge Grenzen zu setzen. Es kann auch Bevollmächtigte im Namen der Vollversammlung geben. (. . .)

In jeder Erziehungsanstalt muß eine Ordnung herrschen, die ein System der Kontrolle über die Beschlüsse der Selbstverwaltungsorgane und ihre Durchführung ermöglicht. Die Kontrollfunktion kann allen Grundkollektiven der Reihe nach für je einen Monat anvertraut werden.

Besonders schwierig erscheint die Kontrolle der Durchführung von solchen Beschlüssen, die Bestrafungen und andere Maßnahmen zur Beeinflussung des einen oder anderen Zöglings betreffen. Mit dieser Funktion darf keineswegs ein Angestellter beauftragt werden. Besonders schwer ist es, solche Strafen zu überprüfen, die, wie zum Beispiel verschiedene Beschränkungen, sich über eine gewisse Zeit erstrecken; sehr oft werden solche Bestrafungen sowohl von den Schuldigen wie auch vom ganzen Kollektiv wieder vergessen und verlieren infolgedessen jede Bedeutung.

Die Erfahrung hat gelehrt, daß Maßnahmen zur Einwirkung auf Zöglinge am besten dadurch kontrolliert werden, wenn die Kontrollfunktion sich aus irgendwelchen anderen Pflichten ergibt. Es empfiehlt sich zum Beispiel, in jedem Kollektiv eine Gruppe von Zöglingen zu haben, denen die Bewachung innerhalb und außerhalb der Anstalt obliegt. Solch eine Wachabteilung kann zugleich auch für die Durchführungskontrolle verantwortlich sein, besonders können dem Kommandeur dieser Abteilung die Kontrollpflichten übertragen werden.

Sie können aber auch dem Kommandeur der Ordnungsbehörde (die gerade in der Anstalt Dienst hat), das heißt, allen Kommandeuren der Reihe nach übertragen werden.

6.3 Die Perspektive

Ein wirklicher Antrieb im menschlichen Leben ist die Freude auf den kommenden Tag. In der pädagogischen Technik ist diese Freude auf den kommenden Tag einer der wichtigsten Arbeitsgegenstände. Anfangs muß man selbst die Freude organisieren, muß sie ins Leben rufen und wie eine Realität errichten. Sodann müssen beharrlich die einfacheren Aspekte der Freude in kompliziertere und menschlich bedeutsamere umgewandelt werden. Hier verläuft eine interessante Linie: von der einfachsten, primitiven Befriedigung bis zum tiefsten Pflichtgefühl.

Das Wichtigste, das wir gewöhnlich am Menschen schätzen, ist Kraft und Schönheit. Das eine wie das andere wird ausschließlich nach seinem typmäßigen Verhältnis zur Perspektive bestimmt. Ein Mensch, der sein Verhalten durch die allernächste Perspektive bestimmt, ist der schwächste Mensch. Wenn er sich nur mit seiner eigenen, wenn auch entfernten Perspektive zufrieden gibt, kann er zwar stark erscheinen, aber er wird in uns nicht die Empfindung von Schönheit und dem wahren Wert der Persönlichkeit hervorrufen. Je breiter das Kollektiv gespannt ist, dessen Perspektiven sich ein Mensch aneignet, um so schöner und hochstehender erscheint der Mensch.

Einen Menschen zu erziehen heißt, Perspektiven bei ihm zu entwickeln. Die Methodik dieser Arbeit besteht in der Bildung neuer Perspektiven, in der Ausnutzung bereits vorhandener, in der allmählichen Ersetzung durch immer wertvollere.

Man kann bei einem guten Mittagessen oder bei einem Zirkusbesuch beginnen, nur muß man immer die Perspektiven des gesamten Kollektives mit Leben füllen; man soll sie allmählich erweitern und endlich bis zu den Perspektiven der ganzen Union führen. (. . .)

Quellennachweis: A. S. Makarenko, Organy samoupravlenija. In: A. S. Makarenko, Sočinenija. Tom 5, Moskva: Izd-vo APN-RSFSR 1951, 511 S.; hier 17—21 (Soč. T. 5).

Die nahe Perspektive

Der kommende Tag muß in einem Kinderkollektiv — das aus Menschen besteht, die noch unfähig sind, ihr Streben und ihre Interessen auf lange Sicht zu disponieren — unbedingt besser als der heutige Tag erscheinen. Mit zunehmendem Alter verlagert sich auch die verbindliche Grenze der nahen optimistischen Perspektive weiter.

Bei einem Jugendlichen von 15 bis 16 Jahren hat die nahe Perspektive bereits nicht mehr so große Bedeutung wie bei einem Knaben von 12 bis 13 Jahren. Bei einem Erwachsenen ist je nach Bewußtsein und politischer Entwicklung des Betreffenden das Vorhandensein einer weiteren Perspektive vollausreichend.

Bei der Entwicklung unseres pädagogischen Prozesses ist eine der wesentlichsten Aufgaben der Übergang von den naheliegenderen zu fernerliegenden Befriedigungen.

Diese Aufgabe auf dem Gebiet der Perspektive allein ist jedoch noch unzureichend und unterscheidet unsere Pädagogik prinzipiell noch keineswegs von der bourgeoisen Pädagogik. Unsere Arbeit auf dem Gebiet der Perspektive besteht auch darin, daß wir dauernd kollektive Erziehungsabsichten im Auge haben und nicht nur individuelle. Ein Mensch, bei dem die Kollektivperspektive die individuelle überwiegt, stellt bereits den Typ des Sowjetmenschen dar.

Schließlich besteht unsere Aufgabe in der harmonischen Abstimmung individueller und kollektiver Perspektiven, damit unser Zögling nicht das Gefühl eines Gegensatzes zwischen ihnen hat.

Durch diese Komplikation bekommt die Arbeit auf diesem Sektor eine überaus große Bedeutung und die Arbeit auf dem Sektor der eigentlichen Erziehung wird zur wichtigsten Voraussetzung.

Natürlich muß die Organisierung der nahe Perspektive im individuellen Bereich beginnen. Das erste Stadium dieser Arbeit ist in jeder geordneten Anstalt unbedingt erforderlich. Wohleingerichtete Wohnräume und Klassenzimmer, warme Räume, zufriedenstellendes Essen, reine Bettwäsche, volle Bewahrung des Kindes vor Willkür und Despotie der Eltern, ein entgegenkommender, schlichter Umgangston sind das erforderliche Perspektivminimum, ohne das richtige Erziehungsarbeit überhaupt nicht vorstellbar ist.

Dennoch müssen wir auch damit rechnen, daß es unter den Kindern auch solche gibt, die bereits an naheliegenden Perspektiven ganz anderer Art gewohnt sind, ihre Kraft an schwächeren Kameraden zu üben, sich zu den Mädchen demonstrativ grob zu verhalten, gemeine Witze zu erzählen, materielle Erwerbungen durch Diebstahl zu machen, zu trinken, — so ist ihr Bestreben, das sich ebenfalls auf der Ebene der nahen Perspektive bewegt. Solche Kinder empfinden auch ein ganz und gar geordnetes Leben in den

Kinderanstalten nicht als so anziehend, daß sie ihre gewohnten Bestrebungen vergessen. Kartenspiel, Trinken und andere verspotten kann selbst unter den günstigsten Lebensbedingungen vorkommen.

Deshalb kann in einem jungen Kollektiv immer ein Kampf entstehen zwischen neuen und alten Perspektiven. Besonders in dieser Zeitspanne muß die größte Aufmerksamkeit auf die Organisierung der nahen Perspektive gerichtet sein. Filmvorführungen, Konzerte, Abendveranstaltungen, die Arbeit der Klubzirkel, Lese- und Laienspielabende, Spaziergänge und Exkursionen müssen die primitiven Arten „angenehmer" Freizeitgestaltungen verdrängen.

Es wäre jedoch ein großer Fehler, die nahe Perspektive lediglich auf das Prinzip des Angenehmen zu gründen, selbst wenn in diesem Angenehmen nützliche Elemente enthalten sind. Auf diese Weise gewöhnen wir die Kinder nur an völlige unzuverlässige Genußsucht.

Schon von den ersten Tagen an muß die nahe Perspektive nach einem Kollektivplan aufgebaut werden. Die Kinder zeichnen sich größtenteils durch Aktivität, durch einen recht deutlichen Ehrgeiz und das Bestreben aus, sich aus der Menge hervorzutun und zu glänzen.

Auf diese dynamischen Charakterzüge muß man sich gerade stützen, um die Interessen der Zöglinge in die Richtung wertvollerer Befriedigungen zu lenken. (. . .)

Wenn man den Kindern den Bau einer Schlittschuhbahn vorschlägt, so machen sie sich mit Eifer an die Arbeit, da sie die ganz einfache und nicht gerade wertvolle Aussicht auf künftige Zerstreuung beflügelt. Im Arbeitsprozeß aber treten dann interessante Einzelheiten der Aufgabe zutage, wie die Errichtung einer Wärmehalle, Sitzgelegenheiten, Beleuchtung usw.; so wird die Perspektive des Angenehmen allmählich durch den wertvolleren Aspekt des Erstrebenswerten und des Arbeitserfolges ersetzt, und zwar bei allen Kindern. Bei einigen entstehen im Verlauf dieser Arbeit ergänzende nahe Perspektiven, wie organisatorische Tips oder das Amt eines Ordners. Wenn sich das Kollektiv zu einer einträchtigen Familie zusammengelebt hat, wirkt allein schon die Vorstellung von der kollektiven Arbeit wie eine angenehme nahe Perspektive.

Eine der wichtigsten Aufgaben der Leitung einer Kinderanstalt besteht darin, eine solche nahe Perspektive zu organisieren, das heißt, die Bestrebungen aller auf den kommenden Tag zu richten, der von den Anstrengungen und dem Erfolg des Kollektivs gefüllt sein wird. Besonders viele Möglichkeiten ergeben sich in dieser Hinsicht bei der Arbeit in Schule und Produktion. Die Arbeit im Werk darf nicht zu einer Kette langweiliger und einförmiger Prozeduren werden. Jede Gruppe in der Werkstatt oder an den Werk-

bänken muß stets eine ehrenvolle Aufgabe vor Augen haben, die
alle begeistert, weil sie für den Entwicklungsprozeß der Anstalt von
Bedeutung ist, technisches Interesse weckt und außerdem noch den
unmittelbaren Nutzen hat, daß einzelne Zöglinge sich Fertigkeiten
aneignen. Ergibt sich in der Anstalt eine solche Stimmung, so
stehen die Zöglinge frühmorgens bereits begeistert auf, von der
freudigen Perspektive, die ihnen der Tag bringen wird.

Die Produktionspläne und etwaige Schwierigkeiten in der Produktion müssen dem ganzen Kollektiv vertraut sein. Diesem Zweck
muß der sozialistische Wettbewerb dienen. Selbst wenn die Produktion noch nicht richtig läuft, wenige Werkbänke vorhanden
sind und das Werkzeug nichts taugt, muß das Kollektiv zum Kampf
um die Verbesserung der Produktion mobilisiert werden. Es muß
ihm bekannt sein, welche Werkbänke angeschafft werden und wo
man sie kaufen wird, wann sie ausgeliefert und wo sie aufgestellt
werden, und wann schließlich die neuen Werkbänke den Zöglingen
zugeteilt werden. (...)

Es versteht sich, daß das Spiel der Perspektivlinien nur dann
seine Wirkung tut, wenn sie von aufrichtiger Sorge um das Kollektiv erfüllt, wenn sie aufrichtig um eine freudvolle Gestaltung seines
Lebens bemüht sind und es nicht hinters Licht führen, indem sie
ihm trügerische Perspektiven vorgaukeln, die sich späterhin als
unrealisierbar herausstellen. Jede noch so kleine Freude, die dem
Kollektiv bevorsteht, wird es noch mehr festigen, wird Kameradschaft und Tatkraft noch verstärken. Manchmal wird man ihm
auch eine schwierige Aufgabe stellen müssen, der es sich würdig zu
erweisen hat, während man ihm ein ander Mal wieder ganz einfache kindliche Vergnügen verschaffen muß, indem es vielleicht in
der nächsten Woche Speiseeis zum Mittagessen gibt.

Die mittlere Perspektive

Die mittlere Perspektive besteht in der Planung eines Ereig-
nisses, das das Kollektiv betrifft und zeitlich ein wenig hinausge-
schoben ist. Das ist unbedingt erforderlich. Selbst ein erwachsener
Mensch hat immer einige mehr oder weniger angenehme Ereignisse in einiger Entfernung vor sich liegen: den Urlaub, eine Bade-
reise, Fortkommen im Beruf usw. Um wieviel mehr erst Kinder.

Es brauchen gar nicht allzu viele solche Ereignisse zu sein. Im
Oktober 1935 wurde in der Dzeržynskij-Kommune angesagt: „Ihr
seid eine der besten Anstalten. Zum 1. Mai 1936 wird die Kommune
nach Kiev fahren, dort an der Demonstration der Stadt Kiev teilnehmen und an unserer Regierung vorbeisalutieren." (...)

Auf der Ebene der mittleren Perspektive liegt: die Teilnahme
an festlichen Demonstrationen und Kampagnen der ganzen Nation,
Revolutionsfeiertage, der Jahrestag der Eröffnung der Kinder-

anstalt und die Ehrentage des Mannes, dessen Name die Anstalt trägt, Beginn und Abschluß des Schuljahres, die Entlassungsfeier, die Erlangung eines ersten Platzes (bei einem Wettbewerb), die Eröffnung einer neuen Werkstatt, die Erreichung des Produktionssolls oder die Sommerferien.

Die mittlere Perspektive wird nur dann Bedeutung haben, wenn man sich auf diese Tage von langer Hand vorbereitet und ihnen besondere Bedeutung verleiht, wenn sich ihrem Grundtenor die verschiedenartigsten Themen beigesellen: Berichte, Empfang der Gäste, Prämiierung, neue Unterkünfte und Einrichtungen, Ergebnisse des Jahreswettbewerbes.

Die Vorbereitungen auf einen solchen Tag (es sollen nicht mehr als zwei oder drei jährlich sein) darf man zunächst nur in den Gedanken, Unterhaltungen und Überlegungen des Kollektivs spüren. Schon lange vorher muß man zur Wahl der verschiedenen Kommissionen schreiten, zu denen möglichst viele Zöglinge herangezogen werden sollen. Diese Kommissionen müssen mehrere Male vor der Vollversammlung Bericht erstatten. Es ist nützlich, wenn anläßlich eines solchen Feiertages im Kollektiv gleich zwei Pläne zu seiner Ausgestaltung entstehen und das ganze Kollektiv dann die Frage zu entscheiden hat, welcher Plan der bessere ist.

Ein besonders angenehmes und langersehntes Ereignis müssen die Sommerferien sein. Sie sollen nicht nur als Erholungstag, sonder hauptsächlich als herankommender Perspektivpunkt betrachtet werden. Entzieht man den Zöglingen die Ferien, so ist das nicht nur schädlich, weil sie dann um ihre Erholung kommen, sondern vor allem, weil man ihnen damit eine freudige Perspektive nimmt.

Die Sommerferien sollen in ihrem Wesen den Verdiensten des Kollektivs, der Produktionsentwicklung sowie der Organisierung des täglichen Lebens und der Kulturarbeit entsprechen. Je größer die Arbeitsleistung des Kollektivs ist, je weiter es in seiner Organisiertheit und Disziplin fortgeschritten ist, um so wertvollere Ferien werden ihm in Aussicht gestellt. Jedes Kollektiv muß danach streben, möglichst so bedeutende und einmütige Verdienste zu haben, daß es die besseren Ferienbedingungen in seiner Gesamtheit auch verdient hat. Die besten Ferien verbringt ein Kollektiv immer in irgend einem Lager am Wasser.

Mit der Vorbereitung des Lagers, seiner Ausstattung, der Organisierung der Kantine, von Sportplätzen, Zusammenkünften, sowie der kulturellen Arbeit und des Sports soll sich das Kollektiv lange im Voraus befassen.

Die weitere Perspektive

Ungeachtet dessen, daß jeder Zögling nur vorübergehend in der Anstalt lebt und sie früher oder später wieder verläßt, sollen die

Zukunft der Anstalt, ihr immer reicheres und kultivierteres Leben dem Kollektiv stets als ein ernstes und hohes Ziel vor Augen sein, das bereits auf viele Einzelheiten des gegenwärtigen Lebens sein Licht ausstrahlt. Wie die Erfahrung zeigte, verhalten sich die Kinder keineswegs gleichgültig zur ferneren Zukunft ihrer Anstalt, wenn es ihnen darin gut geht und sie sie lieben.

Diese weitere Perspektive kann die Kinder zu größeren Arbeiten und Anstrengungen anspornen und wirklich eine freudige Perspektive für sie werden. Dieser Umstand beruht auf dem natürlichen Instinkt eines jeden Zöglings als Mitglied einer Familie.

Das Anstaltskollektiv ist gleichsam eine erweiterte Familie, und für kein Mitglied des Kollektivs kann mithin das künftige Geschick der Anstalt jemals gleichgültig sein Diese Perspektive hat besonders dann große Bedeutung, wenn die Anstalt den Kontakt mit ehemaligen Zöglingen nicht abbrechen läßt, ständig mit ihnen in Briefwechsel steht, sie einlädt und während der Ferien als Gäste aufnimmt.

Die Erziehung zu einer solchen Perspektive ist eine sehr wichtige Etappe in der umfassenden politischen Erziehung, da sie als natürlicher und praktischer Übergang zu einer noch umfassenderen Perspektive dient: der Zukunft unserer ganzen Union.

Die Zukunft der Union, ih.r ständiges Vorwärtsschreiten, das ist die höchste Stufe in der Organisierung der Perspektiven. Doch soll man um diese Zukunft nicht nur wissen, von ihr sprechen und lesen, sondern das Vorwärtsschreiten unseres Landes, seine Arbeit und Erfolge mit allen Gefühlen miterleben. Die Zöglinge einer sowjetischen Kinderanstalt müssen die Gefahren, Freunde und Feinde ihrer Heimat kennen. Sie müssen imstande sein, ihr eigenes Leben nicht anders zu verstehen, denn als Teil der Gegenwart und Zukunft unserer ganzen Gesellschaft.

Um diese Perspektiven zu entwickeln, wäre es zu wenig, nur die Sowjetunion und ihr Vorwärtsschreiten zu studieren. Vielmehr muß man die Zöglinge auf Schritt und Tritt darauf hinweisen, daß ihre Arbeit und ihr Leben Teil der Arbeit und des Lebens der Union ist. Man muß sie auf die heroische und ruhmreiche Zeit der Sowjets hinweisen, die sie nicht nur kennen, sondern in ihrer Erfahrung, ihrer Arbeit und Anstrengung fühlen sollen. Sehr wichtig ist es, den Kindern Filme aus der Revolutionszeit vorzuführen, die bedeutenden Ereignisse in der Sowjetunion mit ihnen zu diskutieren, diese Ereignisse zum Geschehen in der Anstalt in Beziehung zu setzen, die vorbildlichsten Menschen der Union im Kollektiv zu empfangen und mit ihnen zu diskutieren, sowie mit anderen Kinder- und Erwachsenenkollektiven Briefwechsel zu unterhalten.

Quellennachweis: A. S. Makarenko, Perspektiva. In: A. S. Makarenko, Sočinenija, Tom 5, Moskva; Izd-vo APN-RSFSR 1951, 511 S.; hier S. 75—83 (Soč. T. 5).

SOWJETISCHE SCHULERZIEHUNG

Vorbemerkung zu

7. Thesen zur sowjetischen Schulerziehung

Die ‚Thesen' verfaßte Makarenko im Jahre 1938 zur Vorbereitung einer Vortragsreihe über Pädagogik, die er vor Mitgliedern des Narkompros (Volkskommissariats für Volksbildung) hielt.

Die sieben Thesen behandeln in gedrängter Form die pädagogischen Ausgangspunkte der pädagogischen Konzeption, das Verhältnis der Pädagogik zu den anderen Wissenschaften, Fragen des Erziehungszieles, der pädagogischen Logik und Dialektik des Erziehungsprozesses.

Die ‚Thesen' wurden in der Sowjetunion erst 1948 veröffentlicht.

(*Dt. Übers.* in: Werke 5; Ges. Werke II; APS 97—101).

7. Thesen zur sowjetischen Schulerziehung

1. Die Probleme der sowjetischen Schulerziehung können nicht von Thesen abgeleitet werden, die außerhalb des Lebens der Sowjetgesellschaft und der sowjetischen politischen Geschichte liegen. Es wäre ein hoffnungsloses Beginnen, die Erziehungstechnik mit Hilfe deduktiver Schlußfolgerungen aus einer beliebigen Wissenschaft, Psychologie, Biologie usw., aufzubauen. Das bedeutet aber keineswegs, daß die Thesen dieser Wissenschaft nicht am Aufbau einer sowjetischen Erziehungstechnik mitwirken sollten. Sie können jedoch nur eine dienende Rolle einnehmen, die sich voll und ganz den Zielen, die von den politischen (praktischen) Verhältnissen im Leben der sowjetischen Gesellschaft diktiert werden, unterordnet.

Gegenwärtig ist die pädagogische Bedeutung, die solchen Wissenschaften wie Psychologie und Biologie zukommt, nur wenig bearbeitet. Sehr wahrscheinlich werden wir aber schon in allernächster Zeit Zeugen der umfangreichsten Entdeckungen auf diesen Gebieten, die es uns gestatten werden, die Erkenntnisse dieser Wissenschaften umsichtiger und genauer unseren politischen Zielen dienstbar zu machen.

Eines aber kann weder heute noch in Zukunft einem Zweifel unterliegen: Kein pädagogisches Mittel kann (syllogistisch) aus den Thesen irgendeiner beliebigen Wissenschaft gefolgert werden. Eine solche Folgerung wird bestenfalls apolitisch und sehr oft politisch schädlich sein. Der beste Beweis dafür ist die Praxis der Pädologie. Es ist in der heutigen Zeit durchaus angebracht, jede Tendenz der deduktiven logischen Schlußfolgerung pädagogischer Mittel aus einer These einer beliebigen Wissenschaft als pädologische Tendenz anzusehen.

2. Das Verhältnis von Mittel und Ziel muß der Prüfstein sein, an dem sich die Richtigkeit der pädagogischen Logik erweist. Unsere Logik muß eine marxistische, eine dialektische Logik sein.

Vom Standpunkt dieser Logik aus können wir kein Mittel zulassen, das nicht zu einem von uns gestellten Ziel führte[37]. Das ist die erste These. Die zweite besteht ganz natürlicher Weise darin, daß mithin kein Mittel für unveränderlich, stets anwendbar und in immer gleichem Maße genau wirksam erklärt werden darf. Die Pädagogik ist eine dialektische Wissenschaft, die absolut kein Dogma zuläßt.

Zweckdienlichkeit und Dialektik des Erziehungsmittels sind die Grundthesen, die dem sowjetischen Erziehungssystem zugrunde liegen müssen.

3. Zweckdienlichkeit. Nicht jede Logik der Zweckdienlichkeit kann uns zufriedenstellen. In der zwanzigjährigen Praxis unserer pädagogischen Wissenschaft gab es viele Fehler, und fast alle beruhten auf einer Verzerrung der Idee der Zweckdienlichkeit. Die Haupttypen dieser Verzerrungen waren:

a) der Typ der deduktiven Vorhersage,

b) der Typ des ethischen Fetischismus,

c) der Typ des vereinzelten (isolierten) Mittels.

Charakteristisch ist es für den Typ der deduktiven Vorhersage, daß hierbei die Schlußfolgerung aus einer angenommenen Prämisse dominiert. Dabei wird die Prämisse selbst niemals überprüft und gilt als unfehlbar. Folglich gilt auch die Schlußfolgerung als unfehlbar. In einem solchen Fall behauptet man gewöhnlich: das betreffende Mittel führt notwendig zu den und den Ergebnissen. Diese Ergebnisse werden beispielsweise in positiven Termini ausgedrückt. Das Positive an ihnen wird wie ein logischer Schluß aus dem gegebenen Mittel gefolgert. Gleichzeitig wird aber auch das positive Resultat selbst als Beweis für die Richtigkeit des Mittels angesehen. Der auf diese Weise entstehende circulus vitiosus hält aber den Versuchen einer deduktiven Kritik wohl stand und eine andere Kritik, eine Überprüfung der tatsächlichen Resultate, wird in diesem Falle als prinzipiell unzulässig erachtet. Der Glaube an das Mittel ist so fest, daß unerwartet schlechte Ergebnisse dann immer auf eine angeblich falsche Anwendung des Mittels oder auf nebensächliche Ursachen zurückgeführt werden, die man nur aufspüren muß.

Der Fehler vom Typ des ethischen Fetischismus besteht darin, daß Mittel wie Methode neben einen Begriff gestellt werden, dessen ethischer Gehalt keinen Zweifel hervorrufen kann. Und dann gilt eben dieses Nebeneinanderstehen auch noch als ausreichendes

Argument, das keiner Nachprüfung unterliegt. Solche Fehler geschehen in unserem pädagogischen Denken. Hierher gehören auch
die vielen Versuche, eine sogenannte Arbeitserziehung zu organisieren. Allein die Nachbarschaft eines Begriffes wie „Arbeit" schien
ausreichend zu sein, daß man von der Heilsamkeit vieler Mittel,
die eigentlich keinerlei Beziehung zur Arbeit hatten, überzeugt war.
Auf diesem Sektor unterliefen aber auch eine Menge Fehler in der
Selbstorganisation und Selbstverwaltung.

Schließlich wurde die Zweckdienlichkeit sehr häufig auch hinsichtlich des (vereinzelten) isolierten Mittels bejaht, natürlich wieder ohne praktische Überprüfung. Die Dialektik pädagogischen
Handelns ist so groß, daß kein Mittel als positiv in Aussicht genommen werden kann, wenn seine Wirkung nicht auch durch alle
anderen Mittel kontrolliert wird, die gleichzeitig mit ihm angewandt
werden. Es werden nicht nur Teile eines Menschen erzogen, sondern
er soll synthetisch durch die Summe der Einflüsse, denen er unterliegt, geprägt werden. Deshalb kann ein einzelnes Mittel sowohl
positiv als auch negativ sein. Entscheidend ist hier aber nicht seine
unmittelbare Logik, sondern die Logik und die Wirkung des ganzen
Systems harmonisch abgestimmter Mittel.

4. Zweckdienlichkeit und Dialektik des pädagogischen Wirkens
können in der Sowjetpädagogik nur über die Erfahrung organisiert
sein. In unserer Schule gibt es genügend Anlässe für eine induktiv-
erfahrungsbestimmte Schlußfolgerung. Die wahre Logik des pädagogischen Mittels und des Systems der Mittel ist aber nicht einmal
auf den engen Bereich der Schule beschränkt, sondern besteht im
breiten gesellschaftlichen Leben der Sowjetunion, im Bereich jener
Prinzipien und Traditionen, die unsere Gesellschaft bereits grundlegend von jeder anderen unterscheiden.

Vor allem kommt die Bedeutung dieses weiten Bereichs gerade
auch in der Aufstellung der Erziehungsziele zum Ausdruck.

Die Ziele des pädagogischen Prozesses müssen in jeder Erziehungsorganisation und ganz besonders bei jedem Erzieher immer
deutlich bemerkbar sein. Sie müssen die Grundlage der pädagogischen Arbeit sein. Ist ein gestecktes Ziel nicht spürbar, so kann
es keine pädagogische Tätigkeit geben. Diese Ziele müssen auch in
den projektierten Eigenschaften der Persönlichkeit, in den Charak-
terbildern und in jenen Entwicklungslinien zum Ausdruck kommen,
die bei jedem einzelnen Menschen in bestimmter Weise hervortreten.

Diese Eigenschaften der Persönlichkeit, die von uns in jedem
Zögling projektiert werden, können allgemeine, spezielle und indi-

viduelle sein. Im Durchschnitt muß sich ein Sowjetmensch als typischer Charakter auszeichnen. Die Erziehung des Sowjetmenschen zu diesem typischen Charakter muß eines der Hauptziele der pädagogischen Arbeit sein. Leider gibt es noch keine einzige Untersuchung über die Eigenschaften dieses typischen Charakters, wenn wir auch schon intuitiv wissen, durch welche Eigenschaften sich der Sowjetbürger in Wirklichkeit auszeichnet. Dieses Wissen ist ein realistisches Wissen. Wichtig daran sind nicht die Formen selbst, sondern die Tendenzen; und die Sowjetpädagogik, die von diesen Tendenzen angetrieben wird, hat die Pflicht, die Eigenschaften des neuen typischen Sowjetmenschen lange im voraus zu projektieren, ja muß sogar die Gesellschaft in ihrer Menschenbildung weit überflügeln.

Zu diesen allgemeinen typischen Eigenschaften rechnen wir folgende Züge der Persönlichkeit: das Selbstgefühl des Menschen im Kollektiv, die Art seiner Bindungen und Reaktionen im Kollektiv, seine Diszipliniertheit, seine Bereitschaft zu handeln und sich zu bremsen, seine Fähigkeit zu Takt und sein Orientierungsvermögen, seine Prinzipienfestigkeit, sein emotionales Perspektivstreben. Alles das findet in einer Synthese zu jenem Komplex von Zügen zusammen, die unseren Zögling zu einer politisch tatkräftigen und verantwortungsbewußten Persönlichkeit machen.

Zu diesem allgemeinen Komplex rechnen wir aber auch das System von Kenntnissen und Vorstellungen, die im Augenblick der Schulentlassung seinen Bildungsvorrat ausmachen sollen.

Als besondere allgemeine Aufgabe erscheint so die harmonische Abstimmung dieser Kenntnisse mit den genannten Charakterzügen und die Rückführung auf eine einheitliche sowjetische Synthese.

5. Die Ziele der individuellen Erziehung bestehen in der Bestimmung und Entwicklung persönlicher Fähigkeiten und Tendenzen nicht nur im Bereiche des Wissens, sondern auch im charakterlichen Bereich. Dabei muß die Frage der Nützlichkeit oder Schädlichkeit des sogenannten Zerbrechens entschieden werden. Es ist zum Beispiel eine außerordentlich wichtige Frage, ob man einen weichen, nachgiebigen, passiven Charakter, der zur Kontemplation neigt und die Welt in Form einer inneren blassen und nicht aggressiven Analyse widerspiegelt, zerbrechen, umgestalten oder auf unsere sowjetische Art vervollkommnen soll. An diesem Beispiel wird ersichtlich, welches Zartgefühl und welches Fingerspitzengefühl bei der Aufgabe der individuellen Erziehung von einem Pädagogen verlangt werden.

6. Die allgemeinen und individuellen Ziele, die der Sowjetpädagogik gestellt sind, müssen obligatorische Ziele sein, und wir
müssen ihnen mit geradlinigem und energischem Handeln nach-
streben. Bei der Erziehungsarbeit ist entschiedene, aktive und
energische Zielstrebigkeit erforderlich. Unsere Erziehung muß unbedingt beharrlich und anspruchsvoll sein, vor allem im Hinblick auf
uns selbst. Wir müssen wissen, wonach wir streben, und dürfen es
nie aus den Augen verlieren. Nicht eine einzige Handlung des
Pädagogen darf die gesteckten Ziele außer Acht lassen. Kein Parallel-
oder Nebenziel darf uns vom Hauptziel entfernen. Deshalb müssen
wir, wenn beispielsweise so ein Nebenziel auftaucht, vor allen
Dingen prüfen, ob es mit dem Hauptziel in Übereinstimmung
gebracht werden kann.

7. Die oben erwähnte Dialektik des pädagogischen Prozesses erfordert vom Pädagogen unbedingt große und umfassende Aufmerksamkeit hinsichtlich des gesamten Systems der Mittel. Das System
der Mittel selbst darf niemals tote oder starre Norm sein, es ist
vielmehr in ständiger Wandlung und Entwicklung begriffen, schon
allein deshalb, weil auch das Kind wächst, neue Stadien der gesellschaftlichen und persönlichen Entwicklung durchmacht und sich
schließlich auch unser Land in einem Prozeß des Wachsens und
Wandelns befindet.

Deshalb kann kein System der Erziehungsmittel ein für allemal
aufgestellt werden. Wer aber soll es abwandeln oder das Recht
erhalten, Verbesserungen und Korrekturen daran vorzunehmen?
Es muß so aufgestellt werden, daß es die Notwendigkeit der
Bewegung widerspiegelt und überholte und überflüssige Mittel
aufgibt.

Die obenerwähnten Prinzipien müssen in folgenden Abteilungen
und Details der pädagogischen Arbeit realisiert werden: a) das
Kollektiv und seine Organisation, b) allgemeine Bewegung des
Kollektivs und ihre Gesetzmäßigkeiten, c) allgemeiner Arbeitslohn
und Arbeitsstil, d) das Kollektiv der Pädagogen und ihr Zentrum,
e) das System der Lebensordnung und der Disziplin, f) die Ästhetik
des Kollektivs, g) die Beziehungen des Kollektivs zu anderen Kollektiven, h) die individuellen Besonderheiten des Kollektivs, i) die
Generationsfolge im Kollektiv.

Quellennachweis: A. S. Makarenko, Problemy škol'nogo sovetskogo vospitanija.
In: A. S. Makarenko, Sočinenija, Tom 5, Moskva: Izd-vo APN-RSFSR 1951,
511 S., hier S. 472—475 (Soč. T. 5).

Vorbemerkung zu

8. Probleme der sowjetischen Schulerziehung

Makarenko hielt vom 10. bis 20. Januar 1938 einen Vorlesungszyklus über ‚Probleme der sowjetischen Schulerziehung' vor Mitarbeitern des Narkompros (Volkskommissariats für Volksbildung).

Er sprach am 10. Januar 1938 über ‚Erziehungsmethoden' (vgl. Werke 5, S. 109—133). Folgende drei Vorlesungen werden in unserer Ausgabe abgedruckt:

‚Disziplin, Ordnung, Bestrafung und Ansporn' (zweite Vorlesung am 14. Januar 1938), ‚Die Pädagogik der individuellen Einwirkungen' (dritte Vorlesung am 16. Januar 1938) und ‚Arbeitserziehung, Beziehungen, Stil und Ton im Kollektiv' (vierte und letzte Vorlesung am 20. Januar 1938).

Die drei Vorlesungen wurden erstmals 1941 in der sowjetischen Lehrerzeitung (Ucitel'skaja gazeta, Moskva) veröffentlicht.
(*Dt. Übers.* in: Werke 5; Ges. Werke II; APS 102—141).

8. Probleme der sowjetischen Schulerziehung

8.1 Disziplin, Ordnung, Bestrafung und Ansporn

(Zweite Vorlesung am 14. Januar 1938)

(...) In den letzten Jahren habe ich in der Dzeržinskij-Kommune stets heftig gegen die Meinung protestiert, mein Kollektiv sei abnorm, ein Kollektiv von Straffälligen, und deshalb scheinen mir die Schlußfolgerungen und Handgriffe, die ich ihnen heute vortragen werde, auch bei normalen Kindern anwendbar.

Was ist Disziplin? In unserer Praxis wird die Disziplin von einigen Lehrern und pädagogischen Denkern bisweilen als ein Erziehungsmittel geschildert. Ich aber glaube, daß die Disziplin nicht ein Erziehungsmittel, sondern ein Erziehungsresultat ist, und daß man sie als Erziehungsmittel von der Ordnung zu unterscheiden hat. Ordnung ist ein bestimmtes System von Mitteln und Methoden, die den Erziehungsprozeß unterstützen. Ergebnis der Erziehung aber ist eben die Disziplin. (...)

Disziplin ist in unserer Gesellschaft eine ethische und politische Erscheinung. Im Zusammenhang damit stelle ich fest, daß sich einige Lehrer auch heute noch nicht die alte Auffassung von der Disziplin abgewöhnen können. Ein undisziplinierter Mensch wurde in der früheren Gesellschaft nicht als ein unsittlicher Mensch betrachtet, als ein Mensch, der irgendeine gesellschaftliche Moral verletzte. Sie werden sich erinnern, daß wir und unsere Kameraden früher in der Schule die Disziplinlosigkeit als eine Art Heldentum und Großtat, jedenfalls aber als geistreiche und erheiternde Schaustellung werteten. Jeder böswillige Streich wurde nicht nur von den Schülern, sondern auch von den Lehrern lediglich als Bekundung charakterlicher Lebhaftigkeit oder revolutionären Zustandes ausgelegt.

In unserer Gesellschaft ist Disziplinlosigkeit, ist ein disziplinloser Mensch derjenige, der gegen die Gesellschaft auftritt; und wir können einen solchen Menschen nicht nur vom Standpunkt der äußeren, technischen Bequemlichkeit betrachten, sondern vielmehr vom politischen und ethischen Standpunkt aus. Diesen Standpunkt muß unbedingt jeder Pädagoge gegenüber der Disziplin einnehmen. Dies aber ist nur möglich, wenn er die Disziplin als ein Ergebnis der Erziehung betrachtet. (...)

Die Disziplin läßt sich nicht durch das Bewußtsein bestimmen, da sie das Ergebnis des gesamten Erziehungsprozesses, nicht aber einzelner spezieller Maßnahmen ist. Es wäre ein Fehler zu glauben, man könne die Disziplin mit Hilfe irgendwelcher Methoden erreichen, die speziell auf das Bewußtwerden der Disziplin abzielen. Disziplin ist das Produkt der Gesamtsumme pädagogischer Einwirkung, wozu auch der Bildungsprozeß, der Prozeß der politischen Bildung, der Prozeß der Organisation des Charakters, der Prozeß der Zusammenstöße und Konflikte, und die Lösung der Konflikte im Kollektiv, im Prozeß der Freundschaft, des Vertrauens sowie der ganze rein erzieherische Prozeß gehören. Hierher gehören dann ebenfalls Prozesse wie die Sporterziehung, die körperliche Entwicklung usw.

Wer glaubt, daß die Disziplin sich allein mit Predigten und Erklärungen herstellen lasse, der muß sich auf ein außerordentlich schlechtes Ergebnis gefaßt machen.

Die Erziehung zur Disziplin mittels Überlegung und Überzeugung kann nur zu endlosen Streitereien führen. Trotzdem bestehe ich in erster Linie darauf, daß unsere Disziplin im Unterschied zur früheren Disziplin als ein ethisches und politisches Phänomen vom Bewußtsein begleitet sein muß, das heißt, von einem völligen Verständnis dessen, was Disziplin ist und welchem Zweck sie dient.

Auf welche Weise erreicht man diese bewußte Disziplin?

In unserer Schule gibt es keine Moraltheorie als Unterrichtsfach, und es gibt auch keine Person, die diese Moraltheorie unterrichten würde oder verpflichtet wäre, sie den Kindern nach einem bestimmten Lehrplan nahezubringen. (. . .)

Im Laufe meiner Praxis gelangte ich zu der Überzeugung, daß auch für uns die Grundlegung einer Moraltheorie unerläßlich ist. In unseren heutigen Schulen gibt es dieses Fach nicht. Es gibt ein pädagogisches Kollektiv, es gibt Komsomolorganisatoren und Pionierleiter, die die Möglichkeit haben, den Schülern auf Wunsch eine systematische Moraltheorie, eine Theorie des Verhaltens nahezubringen.

Ich bin überzeugt, daß wir in unserer Schulentwicklung in Zukunft unbedingt zu einer solchen Form gelangen werden. In meiner Praxis war ich gezwungen, meinen Schülern eine Moraltheorie in einer ganz bestimmten und programmatischen Form vorzutragen. Ich selbst hatte kein Recht dazu, das Unterrichtsfach „Moral" einzuführen, aber ich hatte mir persönlich ein Programm aufgestellt, nach dem ich meine Zöglinge auf Vollversammlungen bei verschiedenen Anlässen über Moral belehrte. (. . .)

Selbstbeherrschung, Achtung vor der Frau, dem Kind und dem Greis, Selbstachtung, die gesamte Theorie des Verhaltens hinsichtlich der Gesellschaft als Ganzes und des Kollektivs kann unseren Schülern in außerordentlich überzeugender und wirksamer Form nahegebracht werden.

Ich glaube, daß eine solche Theorie des Verhaltens, des sowjetischen Verhaltens, sich auf so viele Beispiele aus dem gesellschaftlichen Leben, unserer gesellschaftlichen Praxis, aus der Geschichte unseres Bürgerkriegs, unseres sowjetischen Kampfes und besonders der Kommunistischen Partei stützen kann, daß es kaum einer Anstrengung bedarf, unseren Schülern einen Gegenstand wie die

Theorie des Verhaltens, die Moral, in schöner, leichtfaßlicher und überzeugender Form nahebringen zu können.

Ich kann versichern, daß ein Kollektiv, dem eine solche Moraltheorie unterbreitet wird, unzweifelhaft alles das aufnimmt; und jeder einzelne Schüler und Zögling wird sich für jeden einzelnen Fall selbst bestimmte verpflichtende Formen und Moralformeln entwickeln.

Ich erinnere mich, wie rasch und froh mein Kollektiv bei einzelnen Fällen und Problemen schon nach einem einzigen Gespräch über ein solches moralisches Thema wieder aufblühte. Eine ganze Reihe, ein ganzer Zyklus von solchen Gesprächen führten in meinem Kollektiv geradezu zu einer philosophischen Gesundung.

Welche allgemeinen Thesen können in einer solchen Moraltheorie als Argumente dienen?

Ich kam zu folgender Reihe allgemeiner moralischer Thesen: Vor allem muß Disziplin als Form unseres politischen und ethischen Wohlergehens von einem Kollektiv gefordert werden. Man kann nicht darauf rechnen, daß die Disziplin allein durch äußere Maßnahmen, Verfahren und einzelne Gespräche entsteht. Nein, man muß dem Kollektiv vielmehr die Disziplin als unmittelbares, klares und festumrissenes Ziel vor Augen stellen.

Diese Argumente, diese Forderungen der Disziplin weisen auf folgende Momente: Vor allem muß jeder Schüler davon überzeugt sein, daß die Disziplin die beste Form zur Erlangung des Ziels des Kollektivs ist. Wenn man die Logik der Erreichung des Ziels — die besagt, daß das Kollektiv ohne Disziplin sein Ziel nicht erreichen kann — dem gesamten Kollektiv deutlich und leidenschaftlich unterbreitet (ich bin gegen kühle Erörterungen über Disziplin), so wird diese Logik den ersten Stein legen für das Fundament einer bestimmten Verhaltenstheorie, das heißt, einer bestimmten Moraltheorie.

Zweitens besagt die Logik unserer Disziplin, daß Disziplin jede einzelne Persönlichkeit, jeden einzelnen Menschen in eine geschütztere und freiere Lage versetzt. Bedenken sie, daß die paradoxe Behauptung, Disziplin sei Freiheit, selbst von den Kindern sehr leicht begriffen wird; im praktischen Leben erinnern sie sich an diese Behauptung, sie erhalten auf Schritt und Tritt den Beweis ihrer Richtigkeit und bei ihrem aktiven Eintreten für die Disziplin bringen viele zum Ausdruck, daß Disziplin Freiheit sei.

Die Disziplin im Kollektiv ist völlige Geborgenheit, völliges Überzeugtsein von seinem Recht, von den Wegen und Möglichkeiten, die jeder einzelnen Persönlichkeit offenstehen.

Selbstverständlich kann man in unserem gesellschaftlichen Leben, in unserer sowjetischen Geschichte, zahlreiche Beweise für diese These finden; und unsere Revolution und unsere Gesellschaft sind selbst die Bestätigung dieses Gesetzes. Dafür haben wir ja auch die Revolution gemacht, damit die Persönlichkeit frei sei; die Form unserer Gesellschaft aber ist die Disziplin.

Dies ist der zweite Typus allgemein moralischer Forderungen, der einem Kinderkollektiv unterbreitet werden muß. Er hilft dann auch dem Erzieher, jeden einzelnen Konflikt zu lösen. In jedem einzelnen Falle wird der Betreffende, der die Disziplin verletzt hat, nicht nur von mir, sondern vom gesamten Kollektiv beschuldigt, die Interessen anderer Mitglieder des Kollektivs verletzt zu haben, und die Freiheit beeinträchtigt zu haben, auf die alle ein Recht haben.

Das kann im übrigen vielleicht auch darin seinen Grund haben, weil gerade die Verwahrlosten und Straffälligen, die unter meiner Leitung standen, in vielen Fällen solche Kinderkollektive erlebt hatten, in denen es keine Disziplin gab; sie hatten die schreckliche Schwere eines solchen disziplinlosen Lebens an eigenem Leibe erfahren. Da gab es die Machtvollkommenheit einzelner Führer, sogenannter „Verschlinger", älterer und kräftigerer Verwahrloster, die ihre jüngeren Kameraden zu Diebstahl und Raufereien ausschickten und sie ausbeuteten. Die Disziplin mußte diesen Kindern, die unter dem Zustand der Disziplinlosigkeit gelitten hatten, nachgerade als Rettung erscheinen, als Bedingung für ihre menschliche Entfaltung. (. . .)

Aus den Kindern, die unter den anarchistischen Zuständen der Verwahrlostengesellschaft gelitten hatten, erwuchsen mir die größten Anhänger der Disziplin, ihre leidenschaftlichsten Verteidiger und ergebendsten Verkünder. Und wenn ich mich an alle die Jungen erinnere, die im pädagogischen Kollektiv meine rechte Hand waren, so waren es gerade solche Kinder, die in ihrem Leben am meisten unter der Anarchie einer undisziplinierten Gesellschaft zu leiden gehabt hatten.

Der dritte Punkt der moraltheoretischen Behauptung, der einem Kollektiv unterbreitet werden muß, der ihm immer gegenwärtig sein und es zu einem ständigen Kampf um diszipliniertes Verhalten anspornen muß, ist folgender: Die Interessen des Kollektivs stehen immer über den Interessen der Persönlichkeit. Man sollte glauben, daß dieses Theorem für uns Sowjetbürger völlig selbstverständlich ist. In der Praxis jedoch ist es sehr vielen Intelligenzlern, gebildeten und kulturell hochstehenden Menschen, ja selbst solchen mit hoher sozialer Kultur, noch lange nicht verständlich.

Wir behaupten, daß die Interessen des Kollektivs über den Interessen der Persönlichkeit stehen.

Kommt es aber zu einem praktischen Fall, so wird häufig gerade umgekehrt entschieden.

In meinem Leben gab es einmal einen solchen komplizierten Fall. In der Dzeržinskij-Kommune gab es in den letzten Jahren keine

Erzieher mehr. Die Lehrer arbeiteten zugleich auch als Erzieher.
Nicht einmal im Kollektiv gab es einzelne Erzieher, und die ganze
pädagogische Arbeit wurde von älteren Kommunarden, zumeist
Komsomolzen, geleistet. Dies war infolge der Struktur des Kollektivs möglich.

Das Kollektiv wurde in Abteilungen aufgegliedert, an deren
Spitze Kommandeure standen. Einer der Kommandeure war für
die gesamte Arbeit des Kollektivs an einem Tag verantwortlich.

(. . .) Einmal war ein Junge, den wir hier Ivanov nennen wollen,
diensthabender Kommandeur. Er war Komsomolze, einer der-
jenigen, die sich besonders bei der kulturellen Arbeit hervortaten,
Mitglied der Laienspielgruppe, ein guter Arbeiter in der Produktion, der die Achtung aller — auch meine — genoß; er war einer
der älteren Verwahrlosten, den ich in Simferopol selbst aufgelesen
hatte. Er hatte bereits ein großes Pensum an Straffälligkeit und
Landstreicherei hinter sich.

Dieser diensthabende Kommandeur meldete mir abends beim
Rapport, daß dem Knaben Mezjak sein eben erst gekaufter Rundfunkempfänger gestohlen worden sei. Das war der erste Rundfunkempfänger in der Kommune. Mezjak hatte dafür 70 Rubel
bezahlt, die er sich im Laufe eines halben Jahres von seinem Arbeits-
verdienst zusammengespart hatte. Der Rundfunkempfänger hatte
neben seinem Bett im Schlafraum gestanden und war von dort
verschwunden. Der Schlafraum wurde nicht abgeschlossen, da Tür-
schlösser in der Kommune nicht zugelassen wurden, aber bei Tage
war das Betreten des Raumes untersagt. Die Kommunarden hätten
ihn auch nicht betreten können, weil sie auf Arbeit waren.

Auf meinen Vorschlag hin wurde die Vollversammlung einberufen,
in deren Verlaufe der diensthabende Kommandeur der Frage nachging, wo der Rundfunkempfänger hingekommen sei. Er führte das
Gespräch taktisch sehr geschickt, wies darauf hin, wer den Schlafraum betreten haben konnte, um Werkzeug zu holen usw., ver-
dächtigte einige, schlug vor, eine Untersuchungskommission zu
bilden und ersuchte die Vollversammlung, den Fall vollständig zu
klären, erstens, weil Mezjak einem leid tun müsse und zweitens habe
das Vergehen, der Diebstahl eines Gegenstandes, für den einer ein
halbes Jahr lang Geld von seinem Arbeitslohn gespart habe, eine
beunruhigende Wirkung.

Es gelang jedoch nicht, den Fall aufzudecken, damit legten sich
alle schlafen. Mezjak war ein Knabe von zwölf Jahren. Am nächsten
Morgen kamen einige Junge Pioniere zu mir und teilten mir mit,
sie seien um fünf Uhr früh aufgestanden, hätten die ganze Kommune
abgesucht und den Rundfunkempfänger im Theatersaal unter der
Bühne gefunden. Sie baten, von der Arbeit befreit zu werden, um
zu beobachten, was dort vor sich ginge.

Sie warteten den ganzen Tag. Dann kamen sie zu mir und sagten rundheraus, Ivanov habe den Rundfunkempfänger gestohlen, denn sie hätten gesehen, wie er einige Male zum Souffleurkasten gegangen sei, dort gestanden und sich irgendetwas angehört habe. Sonst hatten sie keinerlei Beweise, lediglich den, daß er — und zwar nicht als diensthabender Kommandeur — dort gestanden und sich etwas angehört habe.

Jetzt wollte ich va banque spielen. Ich berief Ivanov zu mir und sagte ihm auf den Kopf zu:

„Du hast den Rundfunkempfänger gestohlen und damit basta!"

Er erbleichte, setzte sich hin und sagte:

„Ja, ich habe ihn gestohlen."

Der Fall wurde vor die Vollversammlung zu Erörterung gebracht. Der Komsomol schloß Ivanov aus seinen Reihen aus und überwies den Fall an die Vollversammlung der Kommunarden. Die Vollversammlung tagte unter dem Vorsitz eines Knaben, der „Robespierre" genannt wurde. Er schlug immer nur das eine vor: „Aus der Kommune werfen". Und diesmal beschloß man auch, Ivanov aus der Kommune zu werfen, aber man beschloß es im wahrsten Sinne des Wortes, indem man die Tür öffnen und ihn die Treppe hinunterwerfen wollte.

Ich erhob Widerspruch gegen das Hinauswerfen, indem ich an einige Fälle erinnerte, bei denen man den einen oder anderen hinauswerfen wollte. Aber ich erreichte nichts damit.

Ich rief das NKVD an und teilte mit, daß die Vollversammlung den Beschluß gefaßt habe: Hinauswerfen und zwar auf die und die symbolische Weise. Das NKVD antwortete mir, man könne diesen Beschluß nicht bestätigen. Ich solle ihn rückgängig machen.

Ich genoß bei den Kommunarden große Autorität und vermochte durchzusetzen, was ich wollte, manchmal sogar sehr knifflige Dinge. Hier konnte ich nichts machen. Sie entzogen mir zum ersten Male seit dem Bestehen der Kommune das Wort.

„Anton Semenovič, wir entziehen Ihnen das Wort!"

Und damit Schluß. Ich wandte dennoch ein, daß sie nicht das Recht hätten, jemanden hinauszuwerfen, solange sie nicht die Bestätigung des NKVD erhielten. Hier stimmten sie mit mir überein und vertagten die Sache auf morgen, bis die Vertreter des NKVD eintreffen würden. In deren Anwesenheit wollten sie ihren Beschluß erneut bekräftigen.

Ich hatte Unannehmlichkeiten. Man tadelte mich, daß ich nicht die Aufhebung des Beschlusses durchgesetzt hatte. Am folgenden Tag erschienen einige bedeutende Tschekisten in der Kommune. Gleich bei ihrer Ankunft fragte man sie:

„Wozu sind sie gekommen? Um Ivanov beizustehen?"

„Nein, um die Gerechtigkeit durchzusetzen!"

Und nun kam es zwischen den Kommunarden und den Tschekisten zu einem Disput aber die Disziplin, der mir auch heute
noch als Gerüst für die Bearbeitung dieses so wichtigen Problems
dienen könnte.

Auf der Vollversammlung sagten die Tschekisten:

„Was wollt ihr mit eurem Beschluß denn beweisen? Ivanov ist
euer Bestarbeiter, euer Aktivist, ihr habt ihm Vertrauen geschenkt,
ihr habt ihm die Kommune anvertraut und euch seinen Anordnungen bedingungslos unterworfen. Jetzt hat er euch ein einziges
Mal bestohlen, und da wollt ihr ihn gleich hinauswerfen. Und dann,
wo soll er denn hin? Er wird auf die Straße gehen. Das bedeutet,
er wird ein Bandit werden. Fühlt ihr euch denn nicht stark genug,
Ivanov umzuerziehen?"

Indessen hatte Ivanov selbst, der „Bandit", den ganzen Tag
über Anfälle von Hysterie gehabt.

Die Ärzte kümmerten sich mehr um ihn als die Komsomolzen.

Die Tschekisten deuteten auf ihn:

„Seht, er ist krank. Ihr seid doch ein so kräftiges Kollektiv,
und habt schon so viele Menschen umgestaltet. Fürchtet ihr denn
seinen schlechten Einfluß? Ihr seid doch 456 Mann, und er ist nur
einer."

Das waren vernichtende Argumente, das war eine vernichtende
Logik.

Und so antworteten ihnen die Kommunarden, die nicht gerade
erfahrene Menschen waren, aber doch die Verantwortung für ihr
Kollektiv trugen, derselbe „Robespierre" und die anderen:

„Wenn Ivanov in die Binsen geht, so ist das nur recht. Mag er
doch in die Binsen gehen. Wenn er nur etwas gestohlen hätte, das
wäre noch nicht so schlimm. Aber er war diensthabender Kommandeur, wir hatten ihm die Kommune anvertraut. Auf der Vollversammlung hatte er den Vorsitz geführt und uns eindringlich ge-
beten: ,Sagt, wenn ihr etwas wißt.' Hier geht es nicht nur um Diebstahl, es geht darum, daß er sich als Einzelner, verlockt durch
70 Rubel, unverschämt zynisch und gemein gegen alle verhalten
hat, besonders gegen Mezjak, der jeden Monat zehn Rubel von
seinem Monatslohn gespart hat. Wenn er in die Binsen geht, wir
haben kein Mitleid!

Und zweitens würden wir ihn schon kleinkriegen. Wir haben keine
Angst, aber daran liegt uns nichts. Wir kriegen ihn ja gerade dadurch klein, daß wir ihn hinauswerfen können. Wenn wir ihn
nicht hinauswerfen und vielleicht auch einen anderen nicht, dann
verliert unser Kollektiv seine Kraft und wird mit keinem mehr
fertig. Wir werden ihn hinauswerfen, denn von seiner Sorte gibt
es bei uns wenigstens 70 Mann. Die kriegen wir gerade dadurch
klein, daß wir ihn hinauswerfen!" (. . .)

Der Streit ging lange hin und her, den ganzen Abend. Am Ende gaben die Kommunarden ihre Einwände auf und spendeten sogar den guten Worten der Tschekisten Beifall. Doch als man zur Abstimmung schritt und der Vorsitzende fragte: „Wer ist dafür, daß Ivanov hinausgeworfen wird?", da rissen sie sofort die Hände hinauf. Wieder ergriffen die Tschekisten das Wort, wieder versuchten sie zu überzeugen, und ich sah an ihrem Lächeln, daß sie wußten, daß Ivanov trotz allem doch fortgejagt werden sollte. Um 12 Uhr nachts kam es zu dem erneuten Beschluß, Ivanov hinauszuwerfen in der gleichen Weise, wie man es gestern festgesetzt hatte: die Türe zu öffnen und ihn die Treppe hinabzuwerfen. Das Einzige, was wir erreichten, war, daß er nicht unter physischer Mißhandlung hinausgeworfen, sondern unter Bewachung nach Charkov abtransportiert wurde. (...)

Dieser Fall war für mich Anlaß, darüber nachzudenken, bis zu welchem Grade die Interesssen des Kollektivs den Vorrang vor denen der Einzelpersönlichkeit haben. Derzeit bin ich geneigt zu denken, daß der Vorrang der Interessen des Kollektivs konsequent bis zum Ende bestehen muß, selbst bis zum erbarmungslosen Ende; nur dann wird es eine echte Erziehung des Kollektivs und der Einzelpersönlichkeit geben.

Auf dieses Thema werde ich noch zurückkommen. Jetzt will ich nur sagen, daß dieses erbarmungslose Ende in Wirklichkeit nur in der Logik erbarmungslos sein muß, das heißt, es braucht nicht unbedingt auch physisch erbarmungslos zu sein, das heißt, man muß die Technik der Erbarmungslosigkeit so organisieren, daß die Interessen des Kollektivs den Vorrang vor denen der Persönlichkeit haben, die Persönlichkeit andererseits aber auch nicht in eine schwere, katastrophale Lage gerät. (...)

Die letzte allgemeine theoretische These von der Disziplin schließlich, die ich meinen Zöglingen in möglichst einfacher, dem Verständnis der Kinder zugänglicher Form, unbedingt unterbreiten zu müssen glaubte, lautet: „Wenn ein Mensch etwas tun muß, das ihm angenehm ist, so tut er es immer auch ohne Disziplin. Disziplin ist gerade dann vorhanden, wenn ein Mensch auch etwas, was ihm sonst unangenehm ist, mit Befriedigung tut." Dies ist eine sehr wichtige These von der Disziplin. Man muß sie ebenfalls so oft wie möglich, bei jeder passenden Gelegenheit erwähnen und hervorheben. (...)

Bei allen diesen Theoremen und Axiomen über die Disziplin muß man immer wieder als besonders wichtig und grundsätzlich die politische Bedeutung der Disziplin unterstreichen. Hier gibt unsere sowjetische Wirklichkeit eine ganze Reihe glänzender Beispiele. Die größten Errungenschaften, die ruhmreichen Seiten unserer Geschichte tragen den herrlichen Glanz der Disziplin. Denken Sie nur an unsere Arktis-Expeditionen, an die Gruppe Papanins, an die Taten der „Helden der Sowjetunion", nehmen Sie die Geschichte der Kolchosenbewegung oder die Geschichte unserer Industrialisierung. Hier wie auch in der Belletristik werden Sie glänzende Beispiele finden, die Sie unseren Zöglingen als Vorbild sowjetischer Disziplin, die gerade auf diesen Prinzipien beruht, vorweisen können.

Dennoch muß — ich sagte es schon — diese Bewußtheit, diese Theorie des Verhaltens, die Disziplin begleiten, parallel neben ihr herlaufen, darf aber nicht die Grundlage der Disziplin sein.

Was ist aber die Grundlage der Disziplin?

Drückt man es einfach aus und vermeidet es, tiefere psychologische Untersuchungen anzustellen, so ist die Grundlage der Disziplin eine Forderung ohne Theorie. Wenn mich jemand fragte, wie ich das Wesen meiner pädagogischen Erfahrung in einer kurzen Formel umreißen würde, so würde ich ihm antworten: „Möglichst hohe Forderungen an den Menschen und möglichste Hochachtung vor ihm." Ich bin der Überzeugung, daß dies die Formel für unsere ganze Sowjetdisziplin, für unsere ganze Gesellschaft ist. Von der bourgeoisen Gesellschaft unterscheidet sich die unsrige gerade dadurch, daß wir an den Menschen weitaus höhere und umfangreichere Forderungen stellen als die bourgeoise Gesellschaft. In der bourgeoisen Gesellschaft kann man ein Geschäft eröffnen, kann ausbeuten, spekulieren, als Rentier oder von seinen Zinsen leben. Dort werden weitaus geringere Forderungen gestellt als bei uns.

Bei uns werden an die Persönlichkeit tiefgreifende, berechtigte und allgemeine Forderungen gestellt, andererseits aber erweisen wir der Persönlichkeit eine ungewöhnlich hohe, prinzipiell anders geartete Achtung. Diese Vereinigung von Forderungen und Achtung gegenüber der Persönlichkeit ist nicht zweierlei, sondern ein und dasselbe. Die von uns an die Persönlichkeit gestellten Forderungen bringen die Achtung vor ihren Kräften und Möglichkeiten zum Ausdruck, wie in unserer Achtung zugleich auch unsere Forderungen an sie enthalten sind. Diese Achtung bezieht sich nicht auf etwas außerhalb der Gesellschaft liegendes, auf das Angenehme und Schöne; diese Achtung gilt vielmehr den Genossen, die an unserem gemeinsamen Werk, an unserer gemeinsamen Arbeit teilnehmen. Es ist die Achtung vor dem arbeitenden Menschen.

Es versteht sich von selbst, daß weder ein Kollektiv noch eine Kollektivdisziplin geschaffen werden kann, ohne daß Forderungen an die Persönlichkeit ergehen. Ich bin Anhänger konsequenter, äußerster und bestimmter Forderungen, ohne Abmilderung und ohne Korrekturen.

Wer von Ihnen mein Buch „Ein pädagogisches Poem" gelesen hat, der weiß, daß ich mit solchen Forderungen angefangen habe, der weiß, wie ich den Zögling Zadorov geschlagen habe. Diese

Prügel bewiesen zunächst meine schlechte pädagogische Ausbildung, meine geringe Berherrschung der Erziehungstechnik, den schlechten Zustand meiner Nerven und meine Verzweiflung. Aber es war keine Bestrafung. Es war vielmehr ebenfalls eine Forderung.

In den ersten Jahren meiner Tätigkeit trieb ich die Forderungen bis an die Grenze, bis zur Gewaltanwendung, niemals jedoch bestrafte ich meine Zöglinge für Vergehen wieder so hart und in dieser äußersten Form. Mein Vorgehen, wie ich es beschrieben habe, war keine Bestrafung, sondern eine Forderung. (. . .)

Was mich betrifft, so war ich in vielen Schulen, besonders in Kiev. Was mich an den Schulkollektiven der Kinder in Erstaunen versetzte, war der entsetzliche Lärm der Kinder, ihre Quicklebendigkeit, Albernheit und Hysterie. Sie liefen ständig die Treppen rauf und runter, schlugen Fensterscheiben, Nasen und Köpfe ein usw. (. . .)

In meiner Kommune hätten Sie solchen Radau niemals erleben können. Ich habe eine vollkommene Ordnung bei der Bewegung auf der Straße, in Haus und Hof durchgesetzt. Ich forderte vollkommene Beherrschung der Bewegung.

Es wäre gar nicht schwer, das Gleiche in unseren Schulen zu fordern. Angenommen, ich übernähme jetzt eine Schule, so würde ich die Rolle eines Organisators übernehmen. Ich würde alle Kinder versammeln und ihnen sagen, daß ich solches nicht mehr sehen will. Keine Argumente, keine Theorien! Später würde ich ihnen dann eine Theorie unterbreiten. Aber zunächst würde eine Theorie nur schaden. Ich würde in entschiedener Form damit beginnen: „So etwas will ich nicht mehr sehen! Ich will in der Schule keinen Schüler mehr schreien hören!"

Eine solche Forderung, die in einer Form vorgebracht wird, die keinen Widerspruch zuläßt, ist in der ersten Zeit in jedem Kollektiv notwendig. Ich glaube nicht, daß ein in Unordnung geratenes, nervös gewordenes Kollektiv ohne eine solche, in kaltem Tone vorgebrachte Forderung von seiten eines Organisators zur Disziplin zurückgebracht werden, kann. In der Folgezeit wird es dann bei weitem leichter sein.

Der Zeitpunkt für das zweite Stadium in der Entwicklung dieser Forderung ist dann gekommen, wenn der erste, zweite, dritte und vierte Aktivist auf ihre Seite übergegangen sind und sich um sie eine Gruppe von Jungen und Mädchen gebildet hat, die bewußt an der Aufrechterhaltung der Disziplin mitarbeiten.

Ich hatte damit Eile. Ich achtete nicht darauf, daß diese Jungen oder Mädchen ebenfalls viele Fehler hatten, sondern bemühte mich, eine solche Gruppe von Aktivisten um mich zu sammeln, die meine Forderungen durch ihre Forderungen unterstützten, und sie auf den Vollversammlungen oder in ihrer Gruppe als ihre Meinung zum Ausdruck brachten. Der Zeitpunkt für das zweite Stadium

in der Entwicklung der Forderung war gekommen, als sich ein
solcher Kern um mich gebildet hatte.

Das dritte Stadium in der Entwicklung dieser Forderung tritt
ein, wenn sie vom Kollektiv selbst erhoben wird. Dies ist das Ergebnis, das Sie für die nervliche Belastung der ersten Periode be-
lohnt. Wenn das Kollektiv selbst die Forderungen stellt, wenn es
sich in einem bestimmten Ton und Stil zusammengeschlossen hat,
dann ist die Arbeit des Erziehers mathematisch genau und wohl-
organisiert gewesen.

In den letzten fünf Jahren brauchte ich in der Dzeržinskij-
Kommune schon keine Forderungen mehr zu stellen. Ich mußte im
Gegenteil manchmal schon die Forderungen des Kollektivs ab-
bremsen, weil ein Kollektiv gewöhnlich zu rasch dahinschießt und
häufig zu hohe Forderungen an die Einzelpersönlichkeit stellt.

An der Stelle, wo das Kollektiv bereits selbst fordert, werden Sie
dann auch genügend Raum haben, eine Moraltheorie zu entwickeln.
Nun wird jeder begreifen, daß die Forderungen der politischen wie
der ethischen Moral grundlegend sind und daß das Endergebnis
der Forderungen dann erreicht ist, wenn jeder Zögling selbst Forderungen an sich stellt und vor allem an seinem eigenen Verhalten
interessiert ist.

So verläuft der Weg von der diktatorischen Forderung eines
Organisators zu der Forderung, die jede Persönlichkeit auf Grund
der Forderungen des Kollektivs frei an sich selbst stellt. Ich halte
ihn für den grundsätzlich einzuschlagenden Weg der Entwicklung
eines sowjetischen Kinderkollektivs. Ich bin der Überzeugung, daß
es hierbei keine beständigen Formen geben kann. Ein Kollektiv
kann sich im ersten Stadium befinden und muß dann eine dikta-
torische Erziehungsgestalt haben. So schnell wie möglich muß
dieses Kollektiv zur Form der freien Forderung des Kollektivs und
zur Forderung, die die freie Persönlichkeit an sich selbst stellt, übergehen.

Natürlich darf man sich nicht nur allein auf die Forderung beschränken. Zwar ist die Forderung ein unabdingbares Element der
Disziplinierung eines Kollektivs, aber nicht das einzige. Im übrigen
sind hier auch alle anderen Elemente ihrem Wesen nach Forderungen, werden aber nicht in solch entschiedener Form vorgebracht. Außer der Forderung gibt es noch den Anreiz und den
Antrieb. Diese beiden Formen sind gewissermaßen Forderungen in
milderer Form. Und schließlich eine strengere Form als die gewöhnliche Forderung, die Drohung.

Ich glaube, daß diese Formen in unserer Praxis angewendet
werden müssen.

Was ist Anreiz? Er muß ebenfalls eine gewisse Entwicklung
durchmachen. Das eine ist der Anreiz durch ein Geschenk, eine

Belohnung, eine Prämie oder irgendwelche Vergünstigungen für die Einzelpersönlichkeit, das andere ist der Anreiz durch das Ästhetische, das in seinem inneren Wesen nach Schöne einer Handlung.

Das gilt in gleicher Weise für den Antrieb. Im ersten Falle kann der Antrieb in der primitiven Form der Beweisführung und Überzeugung ausgedrückt werden, im vollkommeneren Falle aber durch eine Andeutung, ein Lächeln und durch Humor. Der Antrieb ist etwas Wertvolles für die Kinder und hat starken Einfluß auf sie.

Das gilt ebenso für die Drohung. Wenn Sie zu Beginn der Entwicklung eines Kollektivs noch mit Bestrafungen und anderen unangenehmen Dingen drohen müssen, so ist das am Ende seiner Entwicklung schon nicht mehr nötig. Drohungen sind in einem entwickeltem Kollektiv nicht statthaft. In der Dzeržinskij-Kommune habe ich mir nicht erlaubt, Drohungen auszusprechen, wie: „Das und das werde ich mit dir machen!" Das wäre falsch von meiner Seite gewesen. Ich drohte mit einem Tadel und sagte, ich werde die Angelegenheit vor die Vollversammlung bringen. Ein Tadel vor der Vollversammlung jedoch galt als das Schlimmste.

Antrieb, Anreiz und Drohung können in der Entwicklung eines Kollektivs die verschiedensten Formen annehmen. In der Dzeržinskij-Kommune gab es in den letzten Jahren, als die Zöglinge für einzelne Leistungen auf dem Gebiete der Produktion, der charakterlichen Haltung oder der Lebensweise prämiiert wurden, eine ganze Stufenleiter von Prämien: Geschenke, Geldprämien und als höchste Belohnung, die Anerkennung im Tagesbefehl vor versammelter Mannschaft. Und um diese Anerkennung im Tagesbefehl vor versammelter Mannschaft, die mit keinerlei Geschenken und keinen materiellen Vergünstigungen verbunden war, kämpften die besten Abteilungen. Worum kämpften sie? Darum, daß speziell an diesem Tag alle befehlsgemäß ihre Paradeuniform mit weißem Kragen und Monogramm anlegten und die ganze Kommune, befehlsgemäß, auf dem Platz in militärischer Aufstellung antrat. Das Orchester zog auf. Alle Lehrer, Ingenieure, Instrukteure erschienen und stellten sich in gesonderter Formation auf. Das Kommando ertönte: „Stillgestanden!" Die Fahne wurde herausgetragen, das Orchester spielte zur Begrüßung. Darauf trat ich aus dem Glied und zugleich derjenige, dem die Anerkennung ausgesprochen werden sollte. Der Tagesbefehl wurde verlesen:

„Auf Beschluß der Vollversammlung der Kommune wird dem und dem für die und die Sache die Anerkennung ausgesprochen."

(. . .) Das war die höchste Belohnung, die in dem an Gefühlen, ethischen Werten und Selbstachtung so reichen Kollektiv vergeben werden konnte. Aber dazu muß man erst gelangen und kann nicht damit anfangen. Anfangen muß man vielmehr beim Anreiz des primitiveren Typs, bei gewissen materiellen und, von Fall zu Fall, anderen Vergünstigungen, wie zum Beispiel Theaterbesuch usw. Ein guter Erzieher wird natürlich für jeden einzelnen Fall sehr viele Nuancen und kleinste Bewegungen finden, wenn er Anreiz, Antrieb, Drohung und Forderung anzuwenden vermag. (...)

Die höchsten Forderungen müssen dann gestellt werden, wenn ein Mensch mehr oder weniger bewußt gegen das Kollektiv auftritt. Da wo eine Handlung aus der Natur, dem Charakter eines Menschen, aus seiner Unbeherrschtheit, aus politischer oder ethischer Unklarheit geschieht, braucht nicht eine so scharfe Forderung gestellt zu werden. Hier kann man auf einen positiven Einfluß der Erfahrung, auf eine allmähliche Anhäufung von Gewohnheiten rechnen. Dort hingegen, wo sich die Persönlichkeit bewußt gegen das Kollektiv stellt, seine Forderung und Machtbefugnis ablehnt, müssen in aller Konsequenz entschiedene Forderungen gestellt werden, solange, bis die Persönlichkeit anerkennt, daß sie sich dem Kollektiv unterzuordnen hat.

Nun einige Worte über die Strafen. Bei uns steht es hinsichtlich der Strafen nicht gerade gut. Einerseits haben wir bereits erkannt, daß Strafen gewöhnlich ebenso nötig wie nützlich sind. Man kann sie also zulassen. Andererseits haben wir eine ganz und gar eigene Einstellung, die Intelligenz und natürlich ganz besonders wir Pädagogen, daß nämlich Strafen zwar zulässig, aber besser zu vermeiden seien. Man darf allerdings bestrafen, nur, wenn man bestraft, ist man ein schlechter Pädagoge. Ein guter Pädagoge bestraft nicht.

Eine solche Logik muß nach meiner Meinung den Pädagogen verwirren. Man muß genau feststellen, was eine Strafe ist. Ich persönlich bin überzeugt, daß die Strafe keine heilbringende Wirkung hat. Aber ich bin ebenso überzeugt, daß dort, wo eine Strafe unerläßlich ist, der Pädagoge nicht das Recht hat, die Strafe zu umgehen. Die Strafe ist nicht nur ein Recht, sondern geradezu eine Pflicht in Fällen, wo sie unerläßlich ist; das heißt, ich behaupte, daß ein Pädagoge die Wahl hat zu bestrafen oder nicht zu bestrafen; wenn aber sein Gewissen, sein technisches Können und seine Überzeugung ihm sagen, daß er bestrafen muß, dann hat er nicht das Recht, von einer Bestrafung abzusehen. Eine Strafe muß als ebenso natürliche, einfache und logisch begründete Maßnahme anerkannt werden wie jede andere Maßnahme. (...)

Was ist eine Strafe? ... Ich glaube, daß sich gerade auf dem Gebiete der Bestrafung der sowjetischen Pädagogik die Möglichkeit eröffnet, ganz neue Wege zu beschreiten. Unsere gesamte Gesellschaft ist so eingerichtet, es gibt soviel Achtung vor dem Menschen, soviel humane Gesinnung, daß wir die Möglichkeit haben, zu einer möglichst glücklichen Norm in der Frage der Bestrafung zu gelangen. Diese glückliche Norm muß wie folgt lauten: Durch die Bestrafung soll ein einzelner Konflikt gelöst und ausgemerzt, kein neuer Konfliktstoff geschaffen werden. (. . .)

In meiner Praxis rechnete ich immer damit, daß entweder das ganze Kollektiv, seine Vollversammlung, oder aber ein Einzelner, stellvertretend für das Kollektiv bestraft werden kann. Ich kann mir kein gesundes Kollektiv vorstellen, in dem zehn Leute das Recht haben, Bestrafungen vorzunehmen, und es auch ausführen.

In der Dzeržinskij-Kommune, wo ich gleichzeitig Produktion, allgemeinen Lebensablauf und Schule leitete, durfte nur ich allein Bestrafungen vornehmen. So ist es unbedingt erforderlich, damit eine einzige Logik der Bestrafung besteht und Strafen nicht zu häufig vorgenommen werden.

Zweitens muß es bei den Strafen eine gewisse Tradition und Norm geben, an die sich der Strafende hält.

In der Dzeržinskij-Kommune bestand folgendes Gesetz: Jeder Neueintretende wurde „Zögling" genannt. Wenn er allen bekannt war und alle sahen, daß er sich ins Kollektiv einfügte, und sich ihm nicht widersetzte, erhielt er den Titel „Kommunarde" und ein Abzeichen mit der Aufschrift: „FED". Dieses Abzeichen bestätigte, daß er Kommunarde war.

Einen Zögling konnte ich durch „Sonderdienst" bestrafen. Das war eine halbstündige Arbeit in der Küche, bei Aufräumen oder im Treibhaus, aber nicht in der Produktion. Ferner konnte ich ihn durch Urlaubsentzug am Ausgangstag bestrafen, oder durch Taschengeldentzug, das heißt, das verdiente Taschengeld wurde ihm nicht ausgehändigt, sondern einer Sparkasse auf seinen Namen überwiesen, und er konnte das Geld von der Sparkasse ohne meine Unterschrift nicht abheben. Die schlimmste Strafe, die man anwenden konnte, war die Entlassung aus der Produktion und Versetzung in die Wirtschaftsabteilung. (. . .)

Ich hatte nicht das Recht, diese Strafen auch auf die Kommunarden anzuwenden. Bei ihnen gab es nur eine Bestrafung, den Arrest. Ein Zögling durfte nicht in Arrest gesteckt werden. Arrest war eine Form der Bestrafung, die ich nur bei den Kommunarden anwenden durfte.

Dieses System besaß überragende Bedeutung. Jeder bemühte sich, so schnell wie möglich den Titel eines Kommunarden zu erhalten. Dann genoß er auch das Privileg, in Arrest gesteckt zu werden. Und mit Arresten tat ich mir keinen Zwang an. Für eine Kleinigkeit, für das geringste Vergehen, für ein nicht geschlossenes Knopfloch, gab es schon eine Stunde Arrest. (. . .)

Am Ausgangstag mußte der Bestrafte vorschriftmäßig dem diensthabenden Kommandeur seinen Gürtel abgeben, dann kam er in mein Arbeitszimmer und sagte:

„Ich melde mich zum Arrest."

Wenn er sich nun meldete, so durfte ich ihm die Strafe nicht erlassen, da mir die Vollversammlung 1933 das Recht auf Straferlaß entzogen hatte. Heute verzeihe ich, morgen bestrafe ich, argumentierten sie, was wäre das dann für eine Ordnung. Deshalb konnte ich keinem die Strafe erlassen. Der Bestrafte hatte das Recht, in meinem Arbeitszimmer zu sitzen. Aber nur ich durfte mit ihm sprechen, sonst hatte keiner das Recht dazu. Allerdings durfte hier auch sein Vergehen nicht zur Sprache kommen. Man hätte es als schlechten, vulgären Ton betrachtet, hätte ich mit ihm über sein Vergehen gesprochen. Er saß in Arrest, hatte „die Zeche zu zahlen", und darüber noch zu sprechen, wäre im höchsten Maße unziemlich gewesen.

Gewöhnlich sprachen wir dann über die Angelegenheiten der Kommunarden, über die Produktion usw. Ich hatte kein Recht, ihn daran zu erinnern, daß er sich in Arrest befand, oder auf die Uhr zu schauen, um zu sehen, wieviel er schon abgesessen hatte. Man rechnete damit, daß der Bestrafte selbst seinen Arrest zu organisieren hatte. Und daß man ihn damit selbst betraut hatte, kam mir sehr gelegen. (. . .)

8.2   Die Pädagogik der individuellen Einwirkung

Heute möchte ich die Frage der individuellen Beeinflussung, der Pädagogik der individuellen Einwirkung aufwerfen. Der Übergang von der kollektiven Einwirkung, von der Organisierung des Kollektivs zur Persönlichkeit, zur Organisierung der Persönlichkeit als eine besondere Methode, war von mir in den ersten Jahren meiner praktischen Tätigkeit nicht richtig erkannt worden. Ich hatte angenommen, daß man zunächst und besonders die Einwirkung auf das ganze Kollektiv im Auge haben müsse und erst an zweiter Stelle, gleichsam als Korrektiv zur Entwicklung des Kollektivs, die Einwirkung auf die Einzelpersönlichkeit.

Mit wachsender Erfahrung kam ich zu dieser tiefen Überzeugung, die später auch durch die Praxis bestätigt wurde, daß es keinen unmittelbaren Übergang vom Gesamt-Kollektiv zur Persönlichkeit gibt, sondern nur einen Übergang mit Hilfe des speziell zu pädagogischen Zielen organisierten Grundkollektivs.

Es scheint mir, daß eine künftige Theorie der Pädagogik dieser Theorie vom Grundkollektiv ihre besondere Aufmerksamkeit widmen wird. Was hat man aber unter diesem Grundkollektiv zu verstehen?

Quellennachweis: A. S. Makarenko, Disciplina, režim, nakazanija i pooščrenija. In: A. S. Makarenko, Sočinenija, Tom 5, Moskva: Izd-vo APN-RSFSR 1951, 511 S.; hier 130—158 (Soč. T. 5).

Grundkollektiv muß ein solches Kollektiv genannt werden, dessen Mitglieder durch ihre Arbeit, Kameradschaft, Lebensweise und Ideologie ständig vereinigt sind. Es ist das gleiche Kollektiv, das unsere pädagogische Theorie eine Zeitlang als „Kontaktkollektiv" bezeichnete.

In unseren Schulen bestehen natürlicherweise solche Kollektive: nämlich die Klassen. Ihr Mangel besteht in unserer Schule wohl nur darin, daß sie die Rolle eines Grundkollektivs, das heißt, eines Bindegliedes zwischen Persönlichkeit und Gesamtkollektiv, nicht übernehmen, sondern häufig sogar nur letztes Kollektiv sind. In einigen Schulen konnte ich beobachten, daß die Klasse zugleich auch das Endkollektiv der Schule war und daß in manchen Fällen ein Gesamtkollektiv der Schule nicht bestand. (. . .)

Die Kollektiverziehung kann nicht nur durch das Grund-(Kontakt-)Kollektiv vorgenommen werden, weil sich in einem solchen Kollektiv, in dem die Kinder in ständiger Lebensgemeinschaft und Kameradschaft vereint sind und sich tagtäglich einander sehen, eine Cliquenwirtschaft ergibt und auf diese Weise eine Erziehungsart entsteht, die nicht mehr voll und ganz Sowjeterziehung genannt werden kann. Nur über ein großes Kollektiv, dessen Interessen nicht nur einfach aus dem persönlichen Verkehr, sondern aus einer tieferen sozialen Synthese entspringen, kann der Übergang zu einer umfassenden politischen Erziehung erfolgen, wenn man unter einem Kollektiv die gesamte Sowjetgesellschaft versteht.

Die Gefahr, daß sich die Kinder zu einem Kameradschaftskollektiv abkapseln, besteht nur bei der Gruppenerziehung, nicht aber bei der umfassenden politischen Erziehung . . .

Meine Erfahrung brachte mich schließlich zu einer Organisation, in der das Grundkollektiv die Interessen weder der Klasse, Schule, noch der Produktion einheitlich umspannte, sondern eine Zelle war, in der die Interessen von verschiedenen Gruppen zusammenflossen. Aus diesem Grund habe ich in der letzten Zeit an der Abteilung festgehalten, die aus Schülern verschiedener Klassen und aus Arbeitern verschiedener Produktionsbrigaden bestand. (. . .)

Was ist ein Grundkollektiv, eine Abteilung? In unserer Praxis, in der Gor'kij-Kolonie und in der Dzeržinskij-Kommune, hatte sich folgender Zustand ergeben: Ich, als Mittelpunkt der Kommune, und alle Kommunardenorgane, das Komsomolbüro, der Rat der Kommandeure und die Vollversammlung, waren gewöhnlich bemüht, uns nicht um die Angelegenheiten von Einzelpersonen zu kümmern. So sah es formal aus. Es ist nicht leicht für mich, Ihnen die Beweisführung für diese Logik anzutreten. Ich nenne sie die Logik der parallelen pädagogischen Einwirkung. Es fällt mir nicht

leicht, sie zu erklären, weil ich bisher noch nichts darüber geschrieben habe und deshalb noch keinen Formulierungen nach-
gegangen bin.

Was ist parallele pädagogische Einwirkung?

Wir haben es nur mit der Abteilung zu tun. Die Persönlichkeit
interessiert uns dabei nicht. So lautet die offizielle Formulierung.
In ihrem Wesen ist sie gerade eine Form der Einwirkung auf die
Persönlichkeit, aber die Formulierung läuft parallel zu ihrem Wesen.
Tatsächlich haben wir es mit der Persönlichkeit zu tun, aber wir
behaupten, daß sie uns dabei in keiner Weise interessiert.

Wie kommt das zustande? Wir wollten verhindern, daß sich
jede Einzelpersönlichkeit als Erziehungsobjekt angesprochen fühlt.
Ich ging dabei von der Überlegung aus, daß ein Mensch hier seine
zwölf bis fünfzehn Jahre lebt; er lebt und freut sich seines Lebens,
eine gewisse Lebensfreude atmet er und empfängt gewisse Lebens-
eindrücke.

Für uns ist er ein Erziehungsobjekt, aber in seinen Augen ist
er ein lebendiges Wesen. Und es wäre mir peinlich, ihm beizubringen: „Du bist noch kein Mensch, du wirst erst einer. Du bist
ein pädagogisches Wesen, aber kein lebendiges Wesen." Vielmehr
versuchte ich ihm klarzumachen: „Ich bin nicht so sehr Pädagoge
daß ich dir etwas beibringe, damit du lesen und schreiben kannst,
in der Produktion arbeiten kannst und Teilnehmer am Produktionsprozeß und Staatsbürger wirst. Ich bin vielmehr nur der Ältere,
der dein Leben mit deiner Hilfe und Anteilnahme lenkt." Vor
allem versuchte ich nicht, ihm zu zeigen, daß er nur ein Zögling,
das heißt, nur ein pädagogisches Wesen und kein gesellschaftliches
und persönliches Wesen sei. Tatsächlich war er aber für mich ein
pädagogisches Wesen.

Das gilt ebenso für die Abteilung. Wir behaupteten, daß eine
Abteilung eine kleine Sowjetzelle ist, die große gesellschaftliche
Aufgaben zu erfüllen hat. Sie hat gesellschaftliche Aufgaben zu
erfüllen und ist bemüht, die Kommune in den bestmöglichen Zustand zu versetzen. Sie unterstützt ehemalige Kommunarden, sie
unterstützt ehemalige Verwahrloste, die in die Kommune eintreten
und der Hilfe bedürfen. Die Abteilung ist eine Grundzelle der
gesellschaftlichen Arbeit, des Lebens.

Damit das Kind sich vor allem als Staatsbürger und Mensch
fühlen sollte, kamen meine pädagogischen Mitarbeiter und ich
überein, daß wir mit einer besonders komplizierten Verfahrensweise
die Persönlichkeit des Kindes ansprechen mußte. Im weiteren
Verlauf unserer Arbeit wurde dies zur Tradition.

Petrenko hat sich in der Fabrik verspätet. Am Abend erhalte
ich Meldung darüber. Ich beordere den Kommandeur der Abteilung,
zu der Petrenko gehört, zu mir und sage:

„Bei dir gab es eine Verspätung in der Fabrik."

„Ja. Petrenko hatte sich verspätet."

„Daß das nicht wieder vorkommt!"

„Zu Befehl. Kommt nicht wieder vor."

Petrenko hat sich zum zweiten Male verspätet. Ich berufe eine Abteilungsversammlung ein.

„Bei euch hat sich Petrenko ein zweites Mal in der Fabrik verspätet."

Ich erteile der ganzen Abteilung einen Verweis. Sie versprechen, daß es nicht wieder vorkommen wird.

„Ihr könnt gehen."

Danach verfolge ich, was geschieht. Die Abteilung wird die Erziehung Petrenkos selbst übernehmen und zu ihm sagen:

„Du hast dich in der Fabrik verspätet, das bedeutet, unsere Abteilung ist nicht pünktlich!"

Die Abteilung wird an Petrenko als Mitglied der Abteilung und des gesamten Kollektivs, hohe Forderungen stellen. (. . .)

Eine solche Ermunterung der Persönlichkeit durch die Abteilung hilft uns sehr viel.

Wenn in einer aus zwölf Mann bestehenden Abteilung fünf gut und normal arbeiten, während die sieben übrigen die Abteilung dahin bringen, daß sie den letzten Platz einnimmt, so trägt die ganze Abteilung die Verantwortung dafür.

Wir hatten 35 bis 45 Abteilungen. Jeden Monat wurde die Abteilung, die nach allen Leistungsziffern den besten Platz einnahm, als erste Abteilung nominiert, während diejenigen, die die schlechtesten Ziffern erhielt, zur letzten erklärt wurde. Durch ein Diagramm wurde dies auf bestimmte Weise angezeigt. Am Zweiten eines jeden Monats wurde eine Versammlung abgehalten, auf der die beste Abteilung des vergangenen Monats im Beisein der gesamten Versammlung unter dem Kommando: „Alles auf! Stillgestanden!" der besten Abteilung dieses Monats die Siegerfahne überreichte. Das war eine besonders reich und schön gearbeitete Fahne, die die Abteilung bei sich im Schlafraum aufstellen durfte. (. . .)

In allen Lebenslagen war die Abteilung die Stelle, mit der ich als Kommunenältester in engem Kontakt stand. Es war für mich aber keineswegs leicht, den Geist der Abteilung aufmerksam zu überwachen. Hier kommt es denn auch in erster Linie auf die Erzieherpersönlichkeit an, die der Abteilung zugeteilt ist. (. . .)

In unseren Schulen ist die Möglichkeit, daß ein solches Grundkollektiv zum Tragen kommt, nur gering. Hier muß eine andere Methodik eingeschlagen werden. Nichtsdestoweniger bin ich überzeugt, daß erstens, ein Grundkollektiv das Gesamtkollektiv nicht verdrängen oder gar ersetzen darf, daß zweitens, das Grundkollektiv grundsätzlich der Weg sein muß, auf dem die Berührung

mit der Einzelpersönlichkeit hergestellt wird. Dies ist mein allgemeines Theorem; die Methode indessen muß im einzelnen in der
Kommune vollkommen anders sein als in der Schule.

Nur über das Grundkollektiv hatten wir offiziell Berührung mit
dem Individuum. So war unsere Verfahrensweise. Tatsächlich aber
hatten wir vor allem immer den einzelnen Zögling im Auge.

Wie organisierten meine Kollegen und ich die Arbeit mit den
einzelnen Zöglingen, mit der Einzelpersönlichkeit?

Um mit einer Einzelpersönlichkeit zu arbeiten, muß man sie
kennen und kultivieren. Wenn nach meiner Vorstellung die einzelnen Persönlichkeiten wie einzelne Erbsen ausgeschüttet sind,
ohne den Maßstab des Kollektivs, wenn ich an sie ohne den Kollek-
tivmaßstab herangehe, so werde ich mit ihnen nicht ins Reine
kommen.

Ich hatte 500 einzelne Persönlichkeiten unter mir. Dabei gab
es folgenden wichtigen Umstand: Im ersten Jahr unterlief mir
ein bei Anfängern in der Pädagogik üblicher Fehler. Ich wandte
meine Aufmerksamkeit auf die Persönlichkeit, die aus dem Kollektiv herausgeglitten war. Mein Blick war irrtümlicherweise gerade
auf die gefährlichsten Stellen gerichtet, und ich befaßte mich mit
diesen gefährlichen Stellen. So erregten diejenigen meine besondere
Aufmerksamkeit, die gestohlen hatten, sich wie Rowdys aufführten,
sich gegen das Kollektiv stellten oder Fluchtversuche unternahmen;
das heißt, alles, was aus dem Kollektiv ausgestoßen oder herausgeglitten war. Natürlich richtete sich auf diese Leute meine besondere Aufmerksamkeit. Ich verfuhr mit ihnen wie ein Mensch,
der überzeugt davon ist, daß er ein guter Pädagoge ist und mit
der Einzelpersönlichkeit zu arbeiten versteht, das heißt, ich beorderte jeden einzeln zu mir, unterhielt mich mit ihm, suchte ihn
zu überzeugen usw.

In den letzten Jahren habe ich diesen Ton aufgegeben. Ich sah
ein, daß die gefährlichsten Elemente bei meiner Arbeit nicht diejenigen sind, die besondere Aufmerksamkeit erregen, sondern diejenigen, die sich vor mir zu verbergen wußten.

Wie kam ich zu dieser Meinung? Ich stellte fest, als ich bereits
fünfzehn Jahrgänge entlassen hatte und das Schicksal dieser Entlassenen weiterverfolgte, daß viele von denen, die ich für besonders
gefährlich und schlecht gehalten hatte, im Leben aktiv und im
sowjetischen Sinne vorwärtskommen. Gewiß, sie machen hier und
da einen Fehler, im großen und ganzen aber waren sie ein Erziehungsprodukt, das mich voll und ganz befriedigte. Diejenigen
aber, die sich vor mir verborgen gehalten hatten und im Kollektiv
nie aufgefallen waren, verhielten sich im Leben nicht selten ganz
wie Spießbürger: heiraten früh, gründen „Familien", gelangen
durch alle möglichen Hintertürchen zu einer Arbeitsstelle, treten

aus dem Komsomol aus, verlieren jegliche gesellschaftliche Bindung und werden zu faden Wesen, von denen sich nicht sagen läßt, was sie sind oder „wonach sie riechen". In einigen Fällen stellte ich sogar allmähliche, tiefgreifende Fäulnis fest. Wer sich lieber sein Häuschen bauen und Schweine züchten will, anstatt auf die Versammlungen zu gehen und Zeitungen zu lesen, der hat sich, sieh-einer-an, auch rasch in eine kleine Schiebung eingelassen.

Da ich in den ersten Jahren meiner Tätigkeit solche Fälle beobachten konnte, festigte sich in mir die Überzeugung, daß gerade diejenigen, die sich vor mir verbergen und sich bemühen, mir nicht unter die Augen zu geraten, die gefährlichsten Objekte seien, auf die ich meine besondere Aufmerksamkeit zu lenken hätte. (. . .)

Als sich ein gewisser Erfolg einstellte, als mich Dieberei und Rowdytum schon nicht mehr erschüttern konnten, da begriff ich, daß das Ziel meiner pädagogischen Arbeit nicht sein konnte, zwei oder drei Diebe und Rowdys auf den rechten Weg zu bringen; das positive Ziel meiner Arbeit war vielmehr, einen bestimmten Typus des Staatsbürgers heranzubilden und einen kämpferischen, aktiven und lebenstüchtigen Menschen in die Welt zu schicken. Dieses Ziel kann nur dann erreicht werden, wenn ich jeden gleichmäßig erziehe und nicht nur eine Einzelpersönlichkeit auf den rechten Weg bringe.

Den gleichen Fehler begehen auch einige Schulpädagogen. Es gibt Schulpädagogen, die es als ihre Aufgabe betrachten, sich lediglich mit denen zu beschäftigen, die sich auflehnen oder nicht mitkommen, während die sogenannte „Norm" von selbst läuft. Es fragt sich nur, wohin sie läuft und was dabei herauskommt.

Die Kommunarden halfen mir sogar bei der Terminologie. Die ständige Analyse des Kollektivs, auf einem Blatt Papier niedergelegt und der ganzen Kommune bekannt gegeben, wurde nicht von mir, sondern vom Rat der Kommandeure verfaßt. In meinen Augen teilten sich alle Kommunarden in folgende Gruppen auf: 1. in das tätige Aktiv, 2. in die Reserve des Aktivs.

Dem tätigen Aktiv gehörten alle diejenigen an, die die öffentliche Führung der Kommune inne hatten und mit Gefühl, Leidenschaft, Überzeugung und hohen Forderungen auf jeder Fragestellung reagierten. Sie haben die Führung der Kommune im eigentlichen Sinne des Wortes. Beim Auftauchen von Gefahr, bei großen Kampagnen oder bei der Reaktion auf irgendeinen Skandal haben sie immer eine Reserve hinter sich, die zwar noch nicht dem Aktiv angehört, keine Kommandeure stellt und formal noch keine offiziellen Stellen bekleidet, die ihnen aber immer unmittelbar zu Hilfe eilt. Dies ist die Reserve des Aktivs, die das tätige Aktiv immer ablöst.

Ferner war bei mir eine Gruppe festzustellen, die man als gesundes Passiv bezeichnen könnte. Das waren diejenigen, die noch nicht die nötige Größe erreicht hatten. Sie nahmen auch an der Zirkelarbeit, am Sport, Photoklub und Wandzeitung teil, ließen sich aber gehorsam von den Älteren leiten.

Ich hatte einige Leute, die ein faulendes Aktiv bildeten. Das ergab sich so: Einer war Kommandeur, Mitglied einer Kommission, Mitglied des Komsomolbüros. Wir aber, die Kinder und ich, sehen schon an seinen Augen, an seinem Gang (weiterer Fakten bedurfte es eigentlich weder für sie noch für mich) eine gewisse raffinierte Diplomatie. Hier betreibt er eine Intrige, da streut er Verleumdungen aus, drückt sich vor der Arbeit, dort hat er vergessen seine Werkbank zu reinigen und irgendein Kleinerer muß es für ihn tun, und am anderen Tag wieder dasselbe. Mit der Ausnutzung der Privilegien, Drückebergerei und einem herrischen Ton fängt die Fäulnis an. Zuweilen führt sie zu recht beträchtlichem Ausmaß. Seht mal, er riecht nach Alkohol; gegen Branntwein aber waren wir unerbittlich. In der Kommune bestand folgendes Gesetz: schon im ersten Falle von Trunkenheit hieß es: „Hinaus mit ihm in alle vier Himmelsrichtungen!" Man fragt ihn, warum er nach Alkohol rieche.

„Ich war in der Stadt und habe dort ein Glas Bier getrunken."

Ein Glas Bier, das wäre noch nicht so schlimm, aber es entsteht der Verdacht, ob es wirklich Bier ist.

So stand es um das faulende Aktiv. Wir unternahmen gegen die betreffenden Leute keine formellen Schritte, aber der Sekretär des Komsomolbüros und zwei, drei Komsomolzen wußten, daß sich hier Fäulnis angesetzt hat.

Schließlich gab es eine Gruppe, die einige Kommunarden recht treffend als „Pack" (oder „Räuberbande") bezeichneten. Das bedeutete, daß man auf seine Taschen achten mußte und sie nicht aus den Augen lassen durfte. Diese Kerle hätten die Kasse aufbrechen oder in die Fabrik einsteigen und Einzelteile stehlen können. Gewöhnlich waren es Neuankömmlinge, die schon älter waren, ungefähr 15 bis 20 Mann. Sie unternahmen nichts, und doch wußten alle, daß es eine „Räuberbande" war. Läßt man sie aus den Augen, so hätten sie bestimmt etwas angerichet.

Und dann gab es, zum Schluß, noch einen Ausdruck, der aus der Französischen Revolution stammt, den „Sumpf". Das waren gegen 50 Mann, die irgendwie herumirrten und auch irgendwie ihre Norm erfüllten. Wie sie aber lebten, wie es bei ihnen in Kopf und Seele aussah, und wie sie sich zur Kommune stellten, das wußte keiner.

Es war besonders erfreulich und angenehm, diese Leute und ihre Bewegung zu beobachten. Wir sahen, daß ein gewisser Perov in diesen Sumpf trieb, und sagten es ihm auch: „Du treibst in unserem Sumpf, tust nichts, kümmerst dich um nichts, interessierst dich für nichts, bist langweilig und welk, und nichts kann dich aus der Fassung bringen." Die Abteilung brachte ihn mit der Zeit in Schwung, und schau: er trat irgendwie in Erscheinung, begann sich für mancherlei zu interessieren, trat nochmals in Erscheinung, und schon gehörte er zur Reserve des Aktivs oder zum gesunden Passiv.

Unsere gesamte Aufgabe bestand eben gerade darin, Elemente wie den „Sumpf" oder die „Räuberbande" zu liquidieren.

Mit der „Räuberbande" kam es zum frontalen Kampf. Da gab es keinerlei Bemäntelungen. Sie wurde unter Direktbeschuß genommen. Wegen jeder Kleinigkeit wurde sie zur Verantwortung gezogen und vor die Vollversammlung gerufen. Diese Arbeit wurde mit Hartnäckigkeit und Forderungen durchgefochten.

Was die schlimmsten Elemente betrifft, so mußte hier vielfach auch individuelle Arbeit geleistet werden.

Wir gingen zur individuellen Arbeit über. Dabei erwies sich das pädagogische Kollektiv als die gewichtigste Einrichtung. Es ist nicht einfach, die Arbeit des pädagogischen Kollektivs in genaueren Begriffen zu umreißen. Vielleicht ist dies — die Arbeit des pädagogischen Kollektivs — die schwierigste Frage in unserer Pädagogik. In unserer pädagogischen Literatur erscheint das Wort „Erzieher" durchweg in der Einzahl: „Der Erzieher muß so und so sein", „Der Erzieher muß so und so vorgehen", „Der Erzieher muß so und so reden".

Ich kann mir nicht vorstellen, daß die Pädagogik mit einem vereinzelten Erzieher auskommen kann. Natürlich können wir schwerlich auf den begabten Erzieher, der die Fähigkeit zu leiten besitzt, über Scharfblick, Ausdauer, Verstand und Erfahrung verfügt, mit einem Wort, auf den guten Erzieher, verzichten. Aber können wir bei der Erziehung unserer 35 Millionen Kinder und Jugendlicher auf den Zufall solcher Erzieher setzen?

Rechnet man auf den einzelnen Erzieher, so bedeutet dies, es bewußt darauf ankommen zu lassen, daß ein guter Erzieher gut erzieht und ein schlechter schlecht. Wer rechnet aber aus, wieviel begabte Erzieher es gibt und wieviel unbegabte? Und schreiten wir dann zur Lösung der Frage: der Erzieher muß selbst erzogen sein. Wie muß er erzogen sein, welche Charaktereigenschaften muß er besitzen, wovon muß er sich leiten lassen und wofür leben? Vor wieviele Erzähler müßte ein Minuszeichen gesetzt werden? Niemand hat sie gezählt . . .

Wir aber setzen unsere Hoffnung auf den Erzieher in der Einzahl.

Da ich in meinem Leben meistens auf Erziehungsziele und -probleme vertraut habe, habe ich unter dieser Frage sehr gelitten, wenn ich auf Erzieher stieß, die selbst nicht erzogen warenl Ich vertat damit einige Lebens- und Arbeitsjahre, denn es ist im höchsten Grade töricht, zu erwarten, daß solch ein Erzieher, der selbst nicht erzogen ist, uns irgendjemanden erziehen könnte. Später gelangte ich zu der festen Überzeugung, daß es besser ist, gar keinen Erzieher zu haben, als einen, der selbst nicht erzogen ist. Es war nach meiner Meinung besser, vier begabte Erzieher im Kollektiv zu haben als vierzig ohne Begabung und Erziehung. Ich sah mit eigenen Augen Beispiele wie vierzig dieser Leute, die ohne Begabung und Erziehung waren, im Kollektiv arbeiteten. Welche Ergebnisse konnte diese Arbeit erzielen? Doch nur die Auflösung des Kollektivs. Andere Ergebnisse konnte es nicht geben.

Das bedeutet, daß die Frage der Auswahl der Erzieher von außerordentlicher Wichtigkeit ist. Wie aber, nach welchen Merkmalen soll man die Auswahl vornehmen? Bei uns wird aus irgendwelchen Gründen dieser Frage nur wenig Beachtung geschenkt. Bei uns glaubt man, daß jeder beliebige Mensch, wer es auch sei, erziehen kann, wenn man ihn nur in das Amt eines Erziehers einsetzt und ihm das Gehalt eines Erziehers bezahlt. Indessen ist das Erziehen die schwierigste und im Grunde wohl auch die verantwortungsvollste Arbeit, die von der Persönlichkeit des Erziehers nicht nur die größte Anspannung, sondern auch große Kraft und Fähigkeit erfordert.

Niemand hat meiner Arbeit so geschadet, soviel verdorben und jahrelanges Bemühen so behindert, wie ein schlechter Erzieher. Deshalb hielt ich mich in den letzten Jahren strikt an die Linie, überhaupt ohne Erzieher zu arbeiten oder mich nur solcher Erzieher zu bedienen, die tatsächlich erziehen konnten. Erziehen kann nach meiner Überzeugung eben so leicht gelernt werden wie vielleicht Mathematik, Lesen und die Fertigkeit eines guten Fräsers oder Drehers. Und ich lehrte es sie.

Worin bestand dieses Lehren? Vor allem in der Bildung des Charakters und in der Erziehung des Verhaltens des Pädagogen, ferner in der Ausbildung seiner speziellen Kenntnisse und Routine, ohne die kein guter Erzieher auskommen und ohne die er nicht arbeiten kann. Ist seine Stimme nicht geschult, so versteht er nicht, sich mit einem Kind zu unterhalten, und weiß nicht, wie er in verschiedenen Situationen reden muß. Ohne diese Fertigkeiten kann es keinen guten Erzieher geben. Wer seine Mimik nicht beherrscht, seinem Gesicht nicht den jeweils erforderlichen Ausdruck zu verleihen weiß und seine Launen nicht zu zügeln vermag, kann nie ein guter Erzieher werden. Ein Erzieher muß organisieren, schreiten, scherzen, fröhlich und zornig sein können. Er muß sich so verhalten, daß bereits jede seiner Bewegungen eine erzieherische Wirkung ausstrahlt. Er muß immer wissen, was er im gegebenen Augenblick will und was er nicht will. (...)

Wenn bereits vom Erzieher so viel gefordert werden muß, so müssen die Forderungen an denjenigen, der die Erzieher im Kollektiv zusammenschließt, noch höher sein.

Ein außerordentlich wichtiger Umstand ist die Kontinuität des pädagogischen Kollektivs. Meiner Meinung nach schenken unsere Pädagogen dieser Frage zu wenig Beachtung. Wenn in unserer Kommune eine bestimmte Anzahl Kommunarden lebt und deren mittlere Aufenthaltsdauer fünf Jahre beträgt, dann muß auch die mittlere Aufenthaltsdauer eines Erziehers mindestens fünf Jahre betragen. Das ist ein Gesetz. Denn wenn ein Kollektiv lebendig und auf echte Weise zusammengefügt ist, dann ist jeder Neueintretende ein Neuling — nicht nur der Zögling, sondern auch der Pädagoge. Es wäre auch ein Fehler zu glauben, daß ein heute eingetroffener Pädagoge sogleich erziehen könne. Der Erfolg des Erziehers hängt davon ab, inwieweit er ein altes Kollektivmitglied ist, wieviel Kraft und Energie er in der Vergangenheit bei der Führung des Kollektivs eingesetzt hat. Ist das Pädagogenkollektiv jünger als das Zöglingskollektiv, so wird es selbstverständlich nicht stark sein. Das bedeutet freilich nicht, daß man in das Kollektiv nur Greise aufzunehmen hätte. Unsere Pädagogen sollten sich einmal mit der hier auftauchenden Frage beschäftigen, ob ein älterer Pädagoge mehr Anklang findet als ein jüngerer. Das Kollektiv soll nicht zufällig zusammengewürfelt, sondern vernünftig zusammengesetzt sein. Es bedarf einer gewissen Anzahl älterer, erfahrener Pädagogen, und unbedingt auch einer jüngeren Erzieherin, die gerade eine Pädagogische Hochschule absolviert hat und noch nicht recht aufzutreten weiß. Sie muß aber unbedingt vorhanden sein, weil sich hier ein pädagogisches Mysterium vollzieht. Denn wenn solch eine junge Erzieherin unversehens in ein Kollektiv von alten Pädagogen und Erziehern gerät, dann beginnt ein kaum faßbares, zartes Mysterium, das für den pädagogischen Erfolg bestimmend sein kann. Diese junge Erzieherin wird zunächst bei den älteren Pädagogen und älteren Schülern manches lernen. Dadurch aber, daß sie von ihnen lernt, erhalten die alten Pädagogen die Verantwortung für ihre normale Arbeit.

Es erhebt sich die Frage, wieviel Männer und wieviel Frauen in einem pädagogischen Kollektiv vertreten sein sollen. Darüber muß ernsthaft nachgedacht werden, denn gewöhnlich pflegen die Männer zu überwiegen, und es herrscht dann ein schlechter Ton. Eine Überzahl an Frauen führt aber ebenfalls zu einer einseitigen Entwicklung.

Ich möchte sagen, daß auch schon allein das Äußere des Pädagogen von großer Bedeutung ist. Am besten wäre es natürlich, wenn alle Pädagogen schön wären. Auf jeden Fall sollte sich aber wenigstens ein junger schöner Pädagoge und unbedingt eine schöne junge Frau im Kollektiv befinden. (...)

Die Arbeit des Pädagogen muß sich in größter Nähe zum Grundkollektiv, in bester Freundschaft mit ihm, als eine kameradschaftliche Erziehung abspielen. Das pädagogische Vorgehen ist im ganzen ein komplizierter und langwieriger Prozeß. Wenn zum Beispiel ein Kollektivmitglied die Disziplin verletzt oder sich von einer schlechten Seite gezeigt hatte, forderte ich, der Pädagoge müsse vor allen Dingen durchsetzen, daß sich die Abteilung mit dieser Angelegenheit befasse. Die Arbeit des Pädagogen hatte also darin zu bestehen, die Aktivität der Abteilung und die Forderungen des Kollektivs an die Einzelpersönlichkeit zu wecken.

Ich kann mich nicht bei der Arbeitsmethodik der einzelnen Lehrer aufhalten. Das würde zu viel Zeit erfordern. Ich kann Ihnen nur erzählen, wie ich selbst mit den Zöglingen, den Einzelpersönlichkeiten, als Erzieher verfuhr.

Im Hinblick auf die Einzelpersönlichkeit zog ich immer noch den Frontalangriff vor und empfahl ihn auch meinen Kollegen. Das bedeutet, wenn ein Knabe eine schlechte, oder eine verwerfliche Handlung begangen hat, so sage ich ihm auf den Kopf zu: „Du hast eine verwerfliche Handlung begangen!"

Der berühmte pädagogische Takt, über den so viel geschrieben wird, muß in der Aufrichtigkeit Ihrer geäußerten Meinung bestehen. Ich würde mir nie erlauben, etwas zu verheimlichen oder zu beschönigen. Ich sage, was ich auch denke. Das ist am aufrichtigsten, am einfachsten, am leichtesten und verspricht den meisten Erfolg. Aber man kann nicht im einen wie im anderen Falle reden.

Nach meiner Meinung hilft ein Gespräch am wenigsten von allem. Deshalb sagte ich auch nichts mehr, nachdem ich einmal eingesehen hatte, daß meine Gespräche überflüssig waren.

Einmal hatte beispielsweise ein Junge ein Mädchen beleidigt. Ich erfuhr davon. Sollte ich darüber sprechen? Für mich war von Wichtigkeit, daß er auch ohne Gespräche begriff, worum es ging. Ich schrieb ihm einen kleinen Zettel und schickte ihn in einem Umschlag ab.

Hier muß ich bemerken, daß es bei mir sogenannte „Verbindungsleute" gab. Das waren zehnjährige Jungen mit richtigen Luchsaugen. Sie wußten immer, wo irgendjemand zu finden sei. Gewöhnlich war solch ein „Verbindungsmann" ein zuverlässiger Bursche und hatte große Bedeutung. Ich übergebe ihm den Umschlag in dem geschrieben steht: „Genosse Jevstignejev, komm bitte heute um elf Uhr abends bei mir vorbei."

Mein Verbindungsmann weiß sehr wohl, was in dem Brief steht, was passiert ist, warum ich ihn gerufen habe usw. Er kennt den Hergang der Geschichte, läßt sich aber nichts anmerken. Ich sage zu ihm:

„Händige den Brief aus."

Mehr brauche ich nicht zu sagen. Ich weiß wie das vor sich geht. Er kommt in den Speisesaal:

„Hier ist ein Brief für Sie."

„Was ist los?"

„Anton Semenovič beordert Sie zu sich."

„Warum?"

„Das werde ich dir gleich erklären. Du erinnerst dich doch, daß du gestern die und die beleidigt hast?"

Und um halb elf Uhr kommt dieser Verbindungsmann wieder:

„Bist du fertig?"

„Ja."

„Man erwartet dich."

Manchmal hält es so ein Jevstignejev nicht aus und kommt nicht erst um elf Uhr abends, sondern schon um drei Uhr nachmittags.

„Anton Semenovič, Sie haben mich herbeordert?"

„Nein, nicht jetzt, sondern erst um elf Uhr abends."

Er geht zur Abteilung zurück. Und dort bestürmen sie ihn mit Fragen:

„Was ist los? Mußt du die Zeche zahlen?"

„Ja."

„Und warum?"

Bis elf Uhr knöpft ihn sich dann die Abteilung richtig vor. Um elf Uhr kommt er zu mir, bleich und durch die Ereignisse des ganzen Tages erregt. Ich frage ihn:

„Hast du verstanden?"

„Ja."

„Dann geh!"

Und mehr ist nicht erforderlich.

In anderen Fällen verfuhr ich anders. Ich sagte zu dem Verbindungsmann:

„Der und der hat sofort zu erscheinen!"

Und wenn der Beorderte erscheint, sage ich ihm rundheraus, was ich denke. Ist es ein schwieriger Mensch, der kein Vertrauen zu mir hat, gegen mich eingenommen ist oder Argwohn gegen mich hegt, so werde ich nicht mit ihm reden. Ich werde vielmehr die Ältesten um mich versammeln und ihn herbeizitieren. Dann werde ich mit ihm in höchst offiziellem, freundlichem Tone sprechen. Dabei ist für mich nicht von Wichtigkeit, daß ich mit ihm spreche, sondern wie die anderen ihn dabei mustern. Er sieht mir in die Augen, fürchtet sich aber, die Genossen anzublicken. Ich sage:

„Das Weitere werden dir deine Genossen erzählen."

Und seine Genossen erzählen ihm, was ich ihnen vorher unterbreitet hatte. Er aber wird meinen, daß sie sich das selbst ausgedacht haben. (...)

Dies sind die Formen der individuellen Einwirkung. Von besonderer Wichtigkeit sind solche Formen, die vom Zögling selbst ausgehen. Gewöhnlich kommt dann ein Junge oder ein Mädchen und sagt:

„Ich habe mit Ihnen etwas vertraulich zu besprechen."

Das ist die freundschaftlichste und zugleich beste Form.

8.3 Arbeitserziehung, Beziehungen, Stil und Ton im Kollektiv

(. . .) Wie Sie sich erinnern, nannte man zu Beginn der Revolution unsere Schule Arbeitsschule, und wir Pädagogen standen alle nicht so sehr unter dem Eindruck der Arbeitsmethode als unter der Ausstrahlung des Wortes „Arbeit", des Arbeitsprinzips. In der Kolonie gab es natürlich mehr Arbeitsmöglichkeiten als in der Schule. Während der sechzehn Jahre meiner Tätigkeit in der Gor'kij- und Dzeržinskij-Kolonie mußte ich indessen eine komplizierte Entwicklung auch in meiner Einstellung zur pädagogischen Rolle der Arbeit, zu der Organisierung der Arbeitsprozesse und sogar in meiner Auffassung von der Arbeitsmethode durchlaufen. 1920 hätte ich mir nicht im Traum die Arbeitseinrichtungen vorstellen können, die in der Dzeržinskij-Kommune in den Jahren 1935/36 bestanden. Ich kann nicht mit sicherer Überzeugung sagen, daß die Arbeitsorganisation und ihre Entwicklung, so wie ich sie durchschritten habe, auf geradem Wege vor sich gegangen ist, da ich nicht selbständig auf diesem Sektor tätig war, sondern von vielen Meinungen und Standpunkten anderer Leute abhängig, die zeitweilig mit meiner Arbeit in Berührung traten und dabei ihre Gesichtspunkte, Änderungsvorschläge und Formen geltend machten. Im Laufe der sechzehn Jahre mußte ich mich an die jeweiligen Umstände, unter denen ich mich befand, anpassen und mit ihnen Schritt halten. In der Gor'kij-Kolonie mußte ich mich hauptsächlich den Bedürfnissen anpassen und das Arbeitsprinzip aus der Notwendigkeit, aus den Umständen der Not ableiten. In der Dzeržinskij-Kommune hingegen hatte ich mich den einzelnen Strömungen die von meinen Vorgesetzten ausgingen, anzupassen und sogar gegen sie anzukämpfen.

Ich glaube, daß einige Perioden in der Geschichte meines Kollektivs mit gewissem Recht als wirklich ideal bezeichnet zu werden verdienen. Das gilt für die Dzeržinskij-Kommune ungefähr von 1930 bis 1931.

Warum bezeichne ich diese Periode als ideal? Während dieser Periode arbeiteten alle meine Kommunarden bereits in einer echten

Quellennachweis: A. S. Makarenko, Pedagogika individual'nogo dejstvija. In: A. S. Makarenko, Sočinenija, Tom 5, Moskva: Izd-vo APN-RSFSR 1951, 511 S.; hier S. 160—185 (Soč. T. 5).

Produktion, das heißt, es bestand eine Organisation mit einem Produktions- und Finanzplan (Promfinplan), es gab eine harmonische Ordnung mit allen Formen eines ernstzunehmenden Betriebes, wie Planungs- und Herstellungsabteilung, Normen für jeden Arbeitszweig, ein wohlabgestimmtes Zusammenwirken aller Arbeitsstellen, ein streng berechnetes Verzeichnis aller Arbeitsteile, das nicht nur die Menge der erzeugten Arbeitsteile, sondern auch die Erzeugungs- und Qualitätsnormen enthielt . . .

Damals arbeitete unsere Produktion mit voller Rentabilität. Sie warf Ertrag nicht nur für sich, sondern auch für das Kommunardenkollektiv ab, verbesserte dadurch seinen Lebensstandard und sammelte Reserven an, das heißt, wir verfügten über eine echte Produktion. Die Kommunarden erhielten indessen zu dieser Zeit keinen Arbeitslohn. Dies war natürlich eine Streitfrage und ist es bis auf den heutigen Tag geblieben. Ich kenne keine anderen Anstalten, die diesen Versuch unternommen hätten.

Ich war zu dieser Zeit ein Gegner des Arbeitslohnes. Mir ging es um die Steigerung der Arbeitsproduktivität, die den Interessen des Kollektivs entspringen mußte, um eine Steigerung der Arbeitsbegeisterung für eine beständige Normerfüllung. Das sollte keine stürmische Begeisterung und keine Begeisterung für die nächsten Ziele der laufenden Sechstagewoche sein, sondern eine ruhige und gleichmäßige Begeisterung, die fernere Perspektiven im Auge hatte. Und unter dem Einfluß dieser Begeisterung sollte die gewaltige Arbeit vollzogen werden, die vom Pädagogen die Mobilisierung aller psychischen, physischen und ideologischen Kräfte erfordert . . . Ich hielt diese Begeisterung für die wertvollste Erziehung und war der tiefen Überzeugung, daß dieses Bild sittlichen Gedeihens durch den Arbeitslohn in gewisser Weise verdorben und zerstört worden wäre. (. . .)

Heute kann ich mir keine Arbeitserziehung der Kommunarden vorstellen, die sich außerhalb der Bedingungen der Produktion vollzöge. Wahrscheinlich ist eine solche Erziehung ebenfalls möglich, das heißt, eine Erziehung durch Arbeit, die nicht den Charakter einer Produktion hat. Ich erlebte diese Erziehung vergleichsweise kurze Zeit in den ersten Jahren des Bestehens der Gor'kij-Kolonie, als ich mich mangels einer Produktionsstätte und Produktionseinrichtung gegen meinen Willen sozusagen mit der produktiven Selbstversorgung und dem sogenannten Produktionsprozeß zufriedengeben mußte. Ich bin heute der Überzeugung, daß Arbeit, die nicht die Schaffung von Werten zum Ziele hat, kein positives Erziehungselement ist, da die Arbeit, auch die sogenannte Lehrproduktionsarbeit, von der Vorstellung der durch die Arbeit zu schaffenden Werte ausgehen muß. (. . .)

Ich mußte in der Dzeržinskij-Kommune unter weit schwierigeren Verhältnissen beginnen als in der Gor'kij-Kolonie, wo es immer-

hin einen Etat gab. Die Dzeržinskij-Kommune war sehr nobel ausgebaut worden. Sie wurde in den ersten Jahren in einem recht
philanthropischen Stil aufgezogen. Man wollte das Andenken an
F. E. Dzeržinskij verewigen und baute zu dem Zwecke ein sehr
schönes Gebäude, eine der herrlichsten Schöpfungen eines sehr bekannten Architekten der Sowjetunion, an der man auch heute keine
Disharmonien, weder im Gesamtplan, noch im Aufriß der Fassade
und ebensowenig in Schmuckwerk, Fensterlinien usw. feststellen
könnte. Dort gab es prächtige Schlafräume, eine großartige Eingangs-
halle, Bäder, Duschräume und sehr schöne Klassenzimmer. Die
Kommunarden waren in Anzüge aus sehr gutem Tuch gekleidet und
bekamen genügend Vorrat geliefert. Dagegen hatten wir keinen
Gemüsegarten und kein Stückchen Land. Einen Etat gab es ebenfalls nicht. Man nahm an, es werde schon irgendwie gehen.

In den ersten Jahren lebte die Kommune von den Abzügen,
die die Tschekisten der Ukraine von ihrem Gehalt in Höhe von
einem halben Prozent abgaben. Das ergab etwa 2000 Rubel monatlich. Ich benötigte aber fast 4000 bis 5000 Rubel monatlich, allein
zur Bestreitung der laufenden Kosten, einschließlich Schule. Die
fehlenden 2000 bis 3000 Rubel konnte ich nirgends beschaffen,
denn es gab auch nirgends irgendwelche Arbeitsmöglichkeiten.
Auf Grund einer falschen Einschätzung der Lage setzte das Narkompros seit Adam und Eva alle Hoffnungen auf Schuster-, Schneider-
und Tischlerwerkstätten. Diese Schuster-, Schneider- und Tischlerwerkstätten hielt man, wie sie wissen werden, für das A und O
des pädagogischen Arbeitsprozesses. Dabei verfügte eine Schuster-
werkstatt lediglich über einige Paar Leisten, einige Schemel, Ahlen
und Hämmer, während es keine einzige Werkbank und auch kein
Leder gab. Man nahm an, daß wir Flickschuster ausbilden würden,
das heißt, einen Handwerkertyp, der heutzutage gar nicht mehr
gebraucht wird. (. . .)

In diesen drei Jahren lebte die Dzeržinskij-Kommune in beträchtlicher Not. Es gab Zeiten, da aßen wir den ganzen Tag nur
trocken Brot. Wie groß die Not war, mag man daraus ersehen,
daß ich in den ersten acht Monaten kein Gehalt bezog und mich
vom Brote der Kommune ernähren mußte. Es gab Zeiten, da besaß
die Kommune nicht eine Kopeke und man mußte, wie die Ukrainer
sagen, „fechten" gehen. Und denken Sie: Diese Not erwies sich,
obwohl wir sie all in ihrer Schwere und Schmählichkeit ertragen
mußten, nachgerade als wunderbarer Anreiz für die Entwicklung
der Arbeit. Die Tschekisten — das danke ich ihnen sehr — er-
klärten sich nie bereit, einen Etat aufzustellen und das Narkompros
um Unterstützung anzugehen: „Gebt uns Geld für den Unterhalt
der Zöglinge!" Das wäre auch wirklich beschämend gewesen:
Erst bauen sie eine Kommune und dann haben sie kein Geld für

den Unterhalt der Kinder. Und deshalb waren alle unsere Anstrengungen darauf gerichtet, selbst zu verdienen: ein ganz und
gar unverholenes Bestreben, den eigenen Lebensunterhalt zu bestreiten.

Im ersten Jahr arbeiteten wir sehr viel in unseren Tischlerwerkstätten. Wir stellten alles für den Hausgebrauch her, Stühle,
kleine Schränke. Dann hatten wir auch Auftraggeber. Wir arbeiteten
schlecht, die Auftraggeber reklamierten, und wir hatten gewöhnlich den Nachteil davon. Die Kosten für Material, elektrischen
Strom, Nägel und Leim waren gerade so hoch wie der Preis, den
wir mit den Kunden abgemacht hatten. Unsere Arbeit wurde nicht
bezahlt.

Da kam uns ein glücklicher Umstand zu Hilfe. Wir stellten als
Produktionsleiter Solomon Borisovič Kogan ein, einen in pädagogischer Hinsicht höchst prinzipienlosen, sonst aber außerordentlich
energischen Menschen. Ich bin diesem Genossen sehr zu Dank
verbunden und muß ihm wohl auch irgendwann meine besondere
Anerkennung abstatten für die völlig neuen pädagogischen Prinzipien, die er mir, ungeachtet seiner glänzenden pädagogischen
Prinzipienlosigkeit, eröffnet hat.

Schon seine ersten Worte versetzten mich in Erstaunen. Er war
ein dicker Mensch mit Schmerbauch, hatte Atembeschwerden, war
aber voller Energie.

Als er in die Kommune eintrat sagte er:

„Wie? Hundertfünfzig Kommunarden, dreihundert Hände können
sich nicht einmal ihre Suppe verdienen? Wie ist das möglich? Die
müßten doch ihren Lebensunterhalt selbst verdienen können. Das
wäre ja gelacht!"

Das war ein Prinzip, an dem ich vorher gezweifelt hatte. Er aber
bewies mir bereits nach einem Monat, daß er recht hatte. Allerdings
mußte ich ihm in vielen meiner pädagogischen Thesen Zugeständ-
nisse machen. (. . .)

Jemand, der nicht in der Produktion steht, wird schwer verstehen, was ein Plan in der Produktion ausmacht. Im Plan ist nicht
nur vorgesehen, wieviele Tische und Stühle hergestellt werden
müssen. Der Plan ist vielmehr ein Gewebe von Normen und Beziehungen. Er ist ein Gewebe von allen möglichen Einzelteilen und
Details, eine Bewegung von Werkbank zu Werkbank. Er muß
die Ausnutzung der Materialeigenschaften, die Anlieferung des
Materials, Ausgabe, Anschliff und Ergänzung des Werkzeugs, sowie
endlich die Kontrollforderungen enthalten. In einer guten Produktion ist die Kontrolle nur ein weiteres System der Ausnutzung aller
Normen und Bedingungen. Der Plan ist die komplizierteste „Einrichtung" in der Tätigkeit der Menschen. Mit Hilfe dieser „Einrichtung" müssen wir unsere Staatsbürger erziehen, sofern sie nicht

in der Heimproduktion, sondern in einer staatlichen Produktion
größten Maßstabes tätig sind, die nach dem letzten Stand der
Technik organisiert ist. (. . .)

Die Arbeitserziehung ging bei uns allmählich zur Produktions-
erziehung über. Ich konnte nicht einmal selbst absehen, wohin das
führen könnte. Aber in den letzten Jahren verwunderte es mich
nicht mehr, wenn bei uns Jungen von 13 bis 14 Jahren eine Gruppe
an den Fräsmaschinen leiteten, was Mathematikkenntnisse und sehr
genaue Überlegung erforderte.

Ich spreche schon gar nicht davon, daß man dabei die Eigenschaften des Materials und Drehstahls kennen, daß man in der
Lage sein mußte, die Zeichnungen zu lesen und dergleichen mehr.
Neben Jungen von 14 bis 15 Jahren, die bereits selbst gute Fräser
waren und eine Fräsergruppe leiteten, konnten sie Jungen von 16
bis 17 Jahren als Abteilungsleiter fungieren sehen. Zwar waren das
vielleicht noch einfachere Abteilungen, aber schon mit neunzehn
Jahren konnte ein Jugendlicher Leiter einer recht komplizierten
Abteilung sein. So leitete beispielsweise Volod'ka Kozyr', ein ehe-
maliger Verbindungsmann von mir, der früher immer herum-
gelaufen war und seine Kameraden gesucht hatte, eine komplizierte Mechanikerwerkstatt.

Dieser Weg, für den ein Erwachsener vielleicht zehn Jahre benötigt, wurde von einem Jungen in der Produktion in ein bis zwei
Jahren durchschritten. Dieser Weg zu dem ich allmählich überging, ist nicht so leicht; und es erscheint im ersten Augenblick
kaum glaubhaft, daß Jungen und Mädchen in ihrer Produktion
eine so hohe Qualifikation erreichen können. — Hinsichtlich der
Mädchen ist folgende Bemerkung am Platze: sie erreichen ebenso
rasch wie die Jungen die Stachanov-Produktionsnormen, aber nicht
in der metallverarbeitenden Produktion, sondern beim Zusammen-
setzen, bei der Montage, in einer Produktion mit leichter physischer
Arbeit, besonders in der optischen Industrie, bei der Herstellung
von Linsen, wo es auf größte Sauberkeit und äußerste Genauigkeit
ankommt. Im Hinblick auf Exaktheit der Bewegung und Aufmerksamkeit übertrafen sie die Jungen. Die Jungen zeichneten sich
durch ihre Fähigkeiten als Konstrukteure; die Mädchen durch
ihre exakte und organisierte Arbeit bei komplizierten und verant-
wortungsvollen Arbeitsprozessen. Die Jungen kamen mit der Herstellung von Linsen nicht zurecht, deshalb wurde dieser Produk-
tionszweig den Mädchen übertragen. Bei der Zusammensetzung
feinster Teilchen, wo es nicht nur auf Genauigkeit der Bewegungen
von Hand und Auge ankam, sondern auch auf peinlich genaue Anordnung der einzelnen Teilchen auf dem Arbeitstisch, übertrafen
die Mädchen die Jungen ebenfalls, und das nicht nur in der Herstellung, sondern auch in der Organisierung der Herstellung. (. . .)

Betrachtet man diese Arbeit vom gleichen Standpunkt wie einen gewöhnlichen pädagogischen Prozeß, das heißt, betrachtet man den einzelnen Menschen, hier den Zögling, da den Erzieher, so wird einem die Produktion leicht als ein falsch aufgezogener pädagogischer Prozeß erscheinen. Betrachtet man sie aber im Rahmen des Kollektivs und der Zeit, so wird sie sich als sehr überzeugend erweisen.

Jede kompliziertere Produktion birgt allein schon den Vorteil in sich, daß sie der Befriedigung von Neigung und Veranlagung weiten Raum schenkt. (. . .)

Die Nützlichkeit dieses Produktionsprozesses liegt für mich in jedem einzelnen Punkte, der wesentlich für die Charaktererziehung eines Menschen ist, der die Kommune verläßt. Es kommen häufig Kommunarden, die die Kommune verlassen haben und an Hochschulen studieren, aus der Stadt zu mir auf Besuch. Das sind alles Menschen, die eine Hochschulbildung erhalten oder schon abgeschlossen haben. Unter ihnen befinden sich Historiker, Geologen, Ärzte, Ingenieure, Konstrukteure usw. Allen aber eignet als besonderer Charakterzug eine Weite und Vielseitigkeit des Gesichtskreises, ihrer Gewohnheiten, Standpunkte usw.

Vor einiger Zeit suchte mich ein Arzt auf. Ich erinnerte mich, daß er bei uns als Schleifer an einer großen Schleifbank gearbeitet hatte, wo die Einzelteile auf den letztmöglichen Genauigkeitsgrad gebracht wurden, bis auf ein hundertstel Millimeter. Er hatte wie folgt gearbeitet. Der Meister sagte zu ihm:

„Schleif das bitte auf ein Hundertstel ab."

Er spannte das Einzelteil in die Schleifbank ein und ohne genau zu kontrollieren, ohne irgendwelche Meßgeräte zu Hilfe zu nehmen, sagte er:

„Bitte sehr, hier ist das Hundertstel!"

Auge und Hand waren so auf die Maschine eingearbeitet, daß er ohne jegliche Kontrolle arbeitete. Sein Gefühl für die Maschine war vollkommen.

Dieser ausgezeichnete Schleifer war nun Arzt, aber in seiner Lebensanschauung bemerkte ich immer noch große Hochachtung vor der Genauigkeit. Betrachte ich meine Kommunarden heute, so sehe ich, wie sich in ihnen die Fertigkeiten widerspiegeln, die sie sich in allen Organisations- und Produktionszweigen, die sie durchliefen, erworben haben.

Ein Kollektiv, das über einen Betrieb und eine für den Betrieb verantwortliche Person verfügt, erwirbt mancherlei organisatorische Fertigkeiten, das heißt, solche Fertigkeiten, die für einen Bürger der Sowjetunion womöglich am notwendigsten sind. (. . .)

Ich erinnere mich, daß es gar nicht so leicht war, eine solche Produktion zu organisieren. Aber man kann nicht immer nur von leichten Dingen reden. Und für mich bedeutete die Organisierung einer solchen Produktion sechzehn Jahre Mühe und Arbeit, sechzehn Jahre Not und Kampf. Gleichwohl bin ich überzeugt, daß jedes Kinderkollektiv, das zur echten Produktion übergehen möchte, dazu nicht weniger als zehn Jahre benötigt. Und natürlich treten die ersten Jahrgänge, die den Kampf um die Errichtung dieser Produktion auf sich nehmen, ab, bevor sie noch in den Genuß der Güter gekommen sind. Das ist erst bei den folgenden Generationen der Fall. (. . .)

Ich bin glücklich, daß mein Kollektiv immer klar gestellte Arbeitsziele vor Augen hatte, denen es entgegenging, daß es sich nicht einfach räumlich fortbewegte, sondern Schwierigkeiten, ja sogar Not und Mißhelligkeit innerhalb des Kollektivs meisterte. Wenn das Kollektiv zu klar gestellten Zielen in Marsch gesetzt ist, wenn man gerade diese Worte gebraucht: „eine Bewegung zu klar gestellten Zielen", dann kommt der Frage des Arbeitslohnes längst keine prinzipielle Bedeutung mehr bei. Im Wirtschaftskollektiv, in dem die Arbeitsleistungen ziemlich offensichtlich sind, in dem ein gemeinsamer Wohlstand herrscht und jeder gesparte Rubel irgend etwas für den kommenden Tag verspricht, braucht man den einzelnen nicht noch durch einen persönlichen Arbeitslohn anzureizen. (. . .)

Ich vergaß Ihnen zu sagen, daß ich in der Frage des Verhältnisses von Schule zu Produktion und Produktion zu Schule ein ständiger Gegner einer jeglichen Art von Koordination war und deswegen von nicht wenigen angefeindet wurde. Bis heute bin ich ein Gegner der Koordination geblieben und tief davon überzeugt, daß, wenn in unserem Bezirk oder in unserer Kolonie eine Zehnjahresschule besteht, die allen Forderungen des Narkompros gerecht wird (und diese Forderungen werden bei uns tagtäglich höher geschraubt), so würde ich dafürhalten, daß dann keinerlei Koordination mit der Produktion zu vollführen wäre, ja es ist sogar nützlich, eine solche Gleichschaltung zu verhindern.

Ich bin fest davon überzeugt, daß die dauernden Reden, die zugunsten einer Koordination geführt werden, Überbleibsel des Glaubens an die Komplexmethode sind. Und ich hatte immer eine Abneigung gegen die Komplexmethode, weil ich der Meinung bin, daß auch der freien Bildung von Assoziationen eine gewisse Rolle zukommt und daß nur deren freie Bildung, Weite und Eigenständigkeit der Persönlichkeit gewährleisten kann. Dort, wo wir uns hingegen bemühen, die Persönlichkeit durch assoziative Beziehungen zu aktivieren, können wir nur eine langweilige, uninteressante Persönlichkeit schaffen.

Deshalb habe ich in meiner Praxis nur eine einzige Abweichung von meinen Überzeugungen zugelassen: indem ich nämlich in jeder Schulklasse zwei Stunden technisches Zeichnen zusätzlich unterrichten ließ. Im übrigen aber wurde unsere Schule vom pädagogischen Rat geleitet, wie jede andere Schule, und hatte keinerlei Beziehungen zur Produktion. Bei uns hat jeder Wissenszweig, jeder Sektor des Lernens und des Unterrichts seine eigenen Gesetze, Forderungen und Ziele. Und diese Forderungen müssen jedermann in gleicher Weise zufriedenstellen.

Das Resultat war die gesündeste und natürlichste Verbindung: ein Mensch, der unsere Anstalt verließ, wußte in Produktion, Betriebsorganisation und Produktionsprozessen gut bescheid und war außerdem gebildet, da er eine gute Mittelschulbildung erhalten hatte. (...)

Ich komme jetzt zum abschließenden Teil meines Vortrages, in dem ich mich mit dem Grundaspekt und grundsätzlichen Charakter der Persönlichkeit, die im Erziehungskollektiv herangebildet werden soll, auseinandersetzen möchte.

Ich glaube, daß wir Pädagogen diesen Punkt noch nicht bis zu Ende durchdacht haben. Ich bin aber fest davon überzeugt, daß sich die Eigenschaften unserer sowjetischen Persönlichkeit grundsätzlich von den Eigenschaften der Persönlichkeit in der bourgeoisen Gesellschaft unterscheiden und daß deshalb auch unsere Erziehung grundsätzlich anders geartet sein muß.

Die Erziehung in der bourgeoisen Gesellschaft richtet sich auf die Erziehung der Einzelpersönlichkeit und ihrer Anpassung an den Existenzkampf. So ist es ganz natürlich, daß dieser Persönlichkeit die für diesen Kampf erforderlichen Eigenschaften vermittelt werden müssen, wie Gerissenheit, Lebensdiplomatie und die Eigenschaften, die ein isolierter Kämpfer in seinem isolierten Kampf für die eigenen Interessen braucht.

Und ebenso natürlich ist es, daß in der alten Schule, wie in jeder bourgeoisen Schule, auch der gesamte Komplex menschlicher Abhängigkeiten anerzogen wird, die für die bourgeoise Gesellschaft unerläßlich sind. Der Mensch befindet sich in dieser Gesellschaft in einer ganz anderen Verkettung von Abhängigkeiten als bei uns. (...)

Unser Zögling wird ebenfalls auf ein bestimmtes System von Abhängigkeiten vorbereitet. Es wäre ein großer Irrtum anzunehmen, daß nach der Befreiung vom Abhängigkeitssystem der bourgeoisen Gesellschaft, das heißt, von der Ausbeutung und der ungleichmäßigen Verteilung der für das Leben notwendiger Güter, unser Zögling im Genuß einer absoluten Freiheit von jeglicher Verkettung von Abhängigkeiten sei. In der Sowjetgesellschaft besteht eine andere Verkettung von Abhängigkeiten: es ist die Abhängigkeit der Mitglieder der Gesellschaft, die nicht einfach als Menge, sondern in einer organisierten Lebensform existieren und nach einem bestimmten Ziel streben. Und in dieser organisierten

Lebensform wieder gibt es Prozesse und Erscheinungen, die auch die ethische Ausrichtung unseres Sowjetmenschen und sein Verhalten bestimmen.

Und wir alle wachsen, in dem Maße, wie wir in der Sowjetgesellschaft leben, als Mitglieder eines Kollektivs, das heißt, als Menschen, die sich in einem bestimmten System von Abhängigkeiten befinden. (. . .)

Betrachten wir, um uns dieses Problem mehr zu verdeutlichen, das Kollektiv in Aktion, ein richtiges Kollektiv und nicht einen Menschenhaufen, das heißt, ein Kollektiv, das bestimmte allgemeine Ziele vor Augen hat. In diesem Kollektiv sind die Abhängigkeiten sehr verwickelt: Jede Einzelpersönlichkeit muß ihre eigenen Bestrebungen mit den Bestrebungen der anderen abstimmen, erstens mit denen des Gesamtkollektivs, zweitens mit denen des Grundkollektivs, der allernächsten Gruppe, so daß die eigenen Ziele nicht in ein antagonistisches Verhältnis zu den allgemeinen Zielen geraten. Die allgemeinen Ziele müssen folglich auch meine persönlichen bestimmen. Diese Harmonie zwischen allgemeinen und persönlichen Zielen ist ein Charakteristikum der Sowjetgesellschaft. Die allgemeinen Ziele sind für mich nicht nur vordringlich und dominierend, sondern sie sind auch mit meinen persönlichen Zielen eng verbunden. Es ist offensichtlich, daß ein Kinderkollektiv nur auf dieser Basis aufgebaut sein kann. Ist dies nicht der Fall, so kann nach meiner Meinung nicht mehr von sowjetischer Erziehung die Rede sein.

In der Kollektivpraxis tauchen Schritt für Schritt Fragen des Widerstreites zwischen persönlichen und Kollektivzielen sowie ihrer Beilegung auf. Wird in einem Kollektiv ein Gegensatz zwischen allgemeinen und privaten, persönlichen Zielen spürbar, so bedeutet das, daß es sich um kein sowjetisches Kollektiv handelt, daß das Kollektiv falsch organisiert ist. Nur dann, wenn persönliche und allgemeine Ziele zueinanderstimmen und keinerlei Disharmonie entsteht, kann man von einem sowjetischen Kollektiv sprechen.

Die Frage ist jedoch unmöglich zu entscheiden, wenn man die praktischen, alltäglichen Einzelheiten eines jedes Tages außer Acht läßt. Die Frage kann nur in der Praxis jedes einzelnen Kommunarden und jedes einzelnen Kollektivs gelöst werden. Unter Praxis verstehe ich Arbeitsstil. Ich glaube, daß die Frage des pädagogischen Arbeitsstiles infolge ihrer besonderen Wichtigkeit in einer Reihe von einzelnen Abhandlungen behandelt zu werden verdient.

(. . .) In unserer Pädagogik kann man von einer Erziehung zum Genossen sprechen, von einer Erziehung des Mitglieds eines Kollektivs zum Mitglied des anderen Kollektivs. Sie sind nicht frei, bewegen sich nicht im leeren Raum, sondern sind durch ihre Verpflichtungen und Beziehungen zum Kollektiv, durch die Pflicht und

Ehre, einem Kollektiv anzugehören, und alle ihre Bewegungen an das Kollektiv gebunden. Dieser organisierten Beziehung der Mitglieder des einen Kollektivs zu den Mitgliedern des anderen Kollektivs kommt in der Organisation der Erziehung eine entscheidende Bedeutung zu.

Was ist ein Kollektiv? Es ist nicht einfach eine Versammlung, eine Gruppe zusammenwirkender Individuen, wie die Pädologen lehrten. Ein Kollektiv ist ein zielstrebiger Komplex organisierter Persönlichkeiten, die über die Kollektivorgane verfügen. Und dort, wo es eine Kollektivorganisation gibt, dort gibt es auch Kollektivorgane, dort gibt es eine Organisation bevollmächtigter Persönlichkeiten, Vertrauensleute des Kollektivs. Das Verhältnis von Kamerad zu Kamerad ist keine Frage der Freundschaft, der Liebe oder der Nachbarschaft, sondern eine Frage verantwortungsbewußter Abhängigkeit. Selbst wenn sich Kameraden unter gleichen Bedingungen befinden, nebeneinander in einem Glied marschieren, annähernd gleiche Funktionen zu erfüllen haben, werden sie nicht einfach durch die Freundschaft zusammengehalten, sondern durch die gemeinsame Verantwortung bei der Arbeit und die gemeinsame Teilnahme an der Kollektivarbeit.

Besonders interessant ist das gegenseitige Verhältnis von Kameraden, die nicht nebeneinander in einem sondern in verschiedenen Gliedern marschieren, und vor allem von solchen Kameraden, deren Abhängigkeit nicht gleich ist, sondern von denen der eine dem anderen untergeordnet ist. Die Beziehungen der Unterordnung und nicht der Gleichordnung herbeizuführen, ist in einem Kinderkollektiv von größter Schwierigkeit und bedarf erheblicher Geschicklichkeit. Gerade davor schrecken unsere Pädagogen meistens zurück. Ein Kamerad muß sich einem anderen Kameraden unterordnen können, nicht einfach unterordnen, sondern verstehen sich unterzuordnen. (...)

Ich habe dieser Seite der Sache meine besondere Aufmerksamkeit gewidmet. Deshalb schritt ich zu einem recht komplizierten System der Abhängigkeit und Unterordnung im Kollektiv. So mußte sich beispielsweise der gleiche Junge, der heute als diensthabender Kommandeur das Kollektiv leitete, schon am nächsten Tag einem neuen Leiter unterordnen. Es war gerade das beste Beispiel einer solchen Erziehungsmethode.

Ich ging noch weiter in dieser Beziehung, indem ich mich bemühte, die Abhängigkeit der einzelnen Kollektivbevollmächtigten nach Möglichkeit so sehr miteinander zu verflechten, daß Unterordnung und Befehlsgewalt möglichst oft zusammentrafen.

Aus diesem Grunde habe ich ... das System der Grundkollektive aufgebaut, indem ich die Rechte der Einzelleitung meinem Kommandeur übertrug. Ich bemühte mich, das Kollektiv in Abteilungen

zu je zehn Mann aufzuspalten, um die Zahl der Bevollmächtigten
nach Möglichkeit zu vergrößern. Ich bemühte mich, eine möglichst
große Anzahl verschiedener Kommissionen ins Leben zu rufen, und
ging in letzter Zeit sogar zur Form des persönlichen Auftrags
über. (...)

Es kam in der Kommune nicht vor, daß sich für einen bestimmten Fall, der plötzlich aufgetreten war, nicht ein Verantwortlicher
und zu seiner Unterstützung einige Jungen aus verschiedenen Abteilungen gefunden hätten. Einige Burschen sind in Streit geraten
und wollen sich nicht versöhnen. Sofort wird ein Kamerad bestimmt, der die Ursache des Streites herausfinden, die Jungen versöhnen und über die Erledigung seines Auftrages Bericht erstatten
muß.

Ernste Verantwortung war somit ein Erziehungsmittel bei der
Lösung vieler Probleme. Dabei versteht sich von selbst, daß dies
alles nur eine ergänzende Funktion im Hinblick auf das System der
Abteilung im allgemeinen hatte. Es war dies ein Befehlsstab, der
für seine Arbeit wirklich die Verantwortung trug und nicht nur
so nach außen hin tat. (...)

Als Kriterien für den Stil eines sowjetischen Kinderkollektivs
erachte ich folgende:

Erstens die Dur-Stimmung. Ich stelle diese Eigenschaft an die
Spitze. Ständige Munterkeit, keine finsteren Gesichter, keine sauren
Mienen, ständigen Tätigkeitdrang, rosige Stimmung, ja, gerade
fröhliche, frische Dur-Stimmung, aber ganz und gar keine Hysterie!
Bereitschaft zu nützlichem Handeln, zum interessanten, unterhalt-
samen und sinnvollen Tun, keinesfalls aber Bereitschaft zum Wirrwarr,
Schreien und Kreischen, und stumpfsinnigen, vertierten Treiben.

Solch tierisches Gebaren wie Schreien, Kreischen und Herum-
gerenne lehne ich entschieden ab. In der Dzeržinskij-Kommune,
in der 500 Jungen und Mädchen lebten, hätten Sie niemals Schreien
und Kreischen hören können. Indessen hätten Sie bei den Kindern
stets Munterkeit und Vertrauen in ihr eigenes Leben und ihre
eigene gute Laune bemerken können.

Diese Dur-Stimmung kann natürlich nicht durch besondere
Methoden herbeigeführt werden. Sie resultiert vielmehr aus der
Arbeit des gesamten Kollektivs, aus alldem, wovon ich eben sprach.

Ein weiteres Kriterium für den Stil eines sowjetischen Kinderkollektivs ist das Gefühl der Eigenwürde. Man kann es selbstverständlich nicht an einem Tage schaffen. Dieses Vertrauen in die
eigene Person entspringt der Vorstellung von dem Wert des eigenen
Kollektivs, aus dem Stolz auf das eigene Kollektiv. (...)

Sehr oft waren die Kommunarden mit diesem oder jenem unzufrieden. Sie sprachen darüber im Rat der Kommandeure, niemals
erlaubten sie sich jedoch im Beisein fremder Personen, vor denen

das Kollektiv als Ganzes auftrat, Beschwerden vorzubringen und „aufzumucken". Beschwerdesucht hat nichts mit Selbstkritik zu tun, sie ist vielmehr der Zustand einer Person, die sich im Kollektiv nicht glücklich fühlt, und Ausfluß und Weinerlichkeit einzelner Leute. Die Idee der Geborgenheit muß in einem Kollektiv in besonderer Weise gegenwärtig sein und seinen Stil noch vervollkommnen. Sie muß dort entstehen, wo der Stolz auf das Kollektiv verwurzelt ist, wo Forderungen an jede Persönlichkeit ihren Grund haben, das heißt dort, wo sich jede Persönlichkeit vor Gewalt, Willkür und Verrat sicher fühlt. (. . .)

Es versteht sich, daß diese Idee der Geborgenheit nicht von selbst entsteht, sie muß vielmehr erst geschaffen werden und man muß an ihr arbeiten. Wenn man in diesem Stil eine stetige Dur-Stimmung, die Fähigkeit zu Bewegung und energischem Handeln schafft, muß man zugleich auch an die Fähigkeit des Abbremsens denken. Gerade das ist es, was dem durchschnittlichen Erzieher relativ selten gelingt. Sich zu bremsen ist keine leichte Sache, besonders in der Kindheit; das entwickelt sich nicht biologisch, sondern kann nur anerzogen werden. Und wenn der Erzieher sich nicht um die Ausbildung von Bremsklötzen bemühen würde, dann würden sie sich nicht ergeben. Man muß sich auf Schritt und Tritt bremsen, das muß zu einer Gewohnheit werden. Und die Kommunarden wissen sehr genau, daß ein hemmungsloser Mensch einer defekten Maschine gleichkommt. Diese Selbstbeherrschung kommt in jeder physischen und psychischen Bewegung zum Ausdruck. Besonders bricht es bei Zank und Streit durch. Wie oft streiten sich nicht Kinder nur deshalb, weil sie nicht fähig sind, sich zu bremsen.

Sehr schwierig erweist es sich, ein Kind zur Nachgiebigkeit gegenüber seinen Kameraden zu gewöhnen. Ich erreichte diese Nachgiebigkeit ausschließlich dadurch, daß ich Erwägungen über den Nutzen für das Kollektiv vorbrachte. Ich erreichte, daß die Kinder, ehe sie sich in die Haare gerieten, sich innerlich „Halt! Bremse!" zuriefen und ein Streit sofort im Keime erstickt wurde. So erreichte ich, daß in der Kommune ganze Monate hindurch keine Schwierigkeiten zwischen den Kameraden vorkamen, geschweige denn Schlägereien, Klatschgeschichten und gegenseitige Intrigen. Das alles erreichte ich nicht dadurch, daß ich der Frage nachging, wer im Recht und wer schuldig sei, sondern allein dadurch, daß ich die Fähigkeit, sich zu bremsen, erzog.

Jeder von Ihnen wird genau wissen, welche Fälle im Leben damit berührt sind und wozu das führen kann. Natürlich werden alle diese Kriterien für den Stil und seine Besonderheiten in schlechthin allen Bereichen des Kollektivlebens entwickelt, aber sie entwickeln sich ebenso in den Regeln und Normen des äußeren Verhaltens. Worüber viele lachten und sich nicht beruhigen konnten,

als sie meine Arbeit unter die Lupe nahmen — das sind die äußeren
Normen des Verhaltens. (. . .)

Diese Normen des äußeren Verhaltens haben jedoch keinen
Sinn, wenn kein bestimmter gemeinsamer Stil besteht oder nicht
ausgebildet wird. Und dort, wo man ein solches äußeres Verhalten einführen wollte, ohne Fähigkeit zur Orientierung, ohne
Selbstbeherrschung, Verantwortungsbewußtsein, Gewissenhaftigkeit
bei der Arbeit, ohne verantwortungsbewußte Leitung, und ohne
die Idee der Geborgenheit zu entwickeln, dort würde es natürlich
eine solche äußere Form nicht geben, oder sie würde mit anderen
Worten, ins Leere verpuffen. Und nur dort, wo ein gemeinsamer
Stil besteht, der auf der stetigen Bewegung und dem Inhalt des
Kollektivs beruht, ist selbstverständlich eine Form der äußeren
Höflichkeit, die vielleicht ein wenig an Kasernenhof erinnern mag,
aber im allgemeinen nicht einmal das Prinzip der Pionierbewegung
überschreiten soll, unbedingt geboten und nützlich, und schmückt
ferner das Kollektiv. Indem sie aber zu einem Schmuck für das Kol-
lektiv wird, erhält sie bereits wieder rückwirkende Kraft, da sie das
Kollektiv auch von der ästhetischen Seite her anziehend macht. (. . .)

Hier noch ein weiterer Sektor, dem unsere Sorge gelten muß:
Schreiten wir zunächst zur Ästhetik wie zu einem Resultat des Stils,
einem Merkmal des Stils, so müssen wir späterhin damit beginnen,
in der Ästhetik auch einen Faktor zu sehen, der von selbst erzieherisch
wirkt. (. . .)

Ein Kollektiv muß auch in äußerlicher Hinsicht geschmückt
sein. Deshalb hielt ich es damals, als das Kollektiv arm war, immer
für meine erste Pflicht, ein Treibhaus auszubauen, und zwar nicht
irgendwie, sondern unter Einplanung eines Hektars Blumen, welche
Kosten es auch verursachen würde. Auch mußten es unweigerlich
Rosen sein, nicht irgendwelche lumpigen Blümchen, sondern Chry-
santhemen und Rosen. Meine Kinder sowohl wie ich umsorgten
diese Blumen mit liebevoller Aufopferung. Wir hatten wirklich einen
Hektar Blumen, und nicht irgendwelche, sondern richtige. Nicht
nur in Schlafsälen, Speiseräumen, Klassenzimmern und Arbeits-
zimmern, sondern selbst auf den Treppenfluren — überall standen
Blumen. Aus Blech stellten wir besondere Körbchen her und stellten
alle Treppenränder mit Blumen voll. Das ist sehr wichtig. Dabei erhielt jede Abteilung die Blumen ganz und gar nicht auf irgendeinen
Befehl hin; sondern wenn eine Blume verwelkt war, gingen die
Kinder einfach in das Treibhaus und nahmen sich den nächsten
Blumentopf oder auch zwei.

Denn diese Blumen, Anzüge, saubere Zimmer und sauberes
Schuhwerk, das muß es alles in einem Kinderkollektiv geben. Die
Schuhe müssen immer geputzt sein; wie sähe ohne das die Er-
ziehung aus? Nicht nur die Zähne, auch die Schuhe müssen ge-

putzt sein. An der Kleidung dürfen keine Staubteilchen sein. Dann die Forderung an die Frisur: „Bitte trage dein Haar wie du willst, nur muß es eine richtige Frisur sein." Deshalb griff das dienst-habende Mitglied der Sanitätskolonne (DMSK; DČSK) einmal monatlich zum Scherapparat und zog durch die Schlafsäle. War einer nicht richtig gekämmt, so fuhr er dem mit dem Apparat durchs Haar: „Mach, daß du zum Friseur kommst!" Daher waren immer alle sorg-fältig gekämmt. (. . .)

Ich litt nicht, daß die Lehrer schlampig gekleidet zum Unter-richt erschienen. Deshalb wurde es bei uns zur Gewohnheit, im besten Anzug zur Arbeit zu gehen. Auch ich selbst ging im besten Anzug, den ich hatte, zur Arbeit. So stolzierten denn alle unsere Pädagogen, der Ingenieur und der Architekt, wie die Stutzer ein-her. (. . .)

Bei jeder Kleinigkeit, auf Schritt und Tritt müssen also ernste Forderungen gestellt werden: beim Schulbuch, beim Federhalter, beim Bleistift. Ein angenagter Bleistift — was soll das heißen? Ein Bleistift muß immer fein gespitzt sein. Was bedeutet diese ver-rostete Feder, die nicht mehr schreibt? Was die Fliege im Tintenfaß usw.? Fügen Sie zu allen pädagogischen Bestrebungen, die Sie schon haben, noch Milliarden solcher Kleinigkeiten hinzu! Natürlich wird ein Einzelner, der ihnen nachgeht, nicht viel erreichen; wenn aber das Kollektiv danach strebt und den Wert dieser Kleinigkeiten erkennt, dann kann es damit durchaus fertig werden. (. . .)

Es gibt viele von diesen Kleinigkeiten im Leben des Kollektivs. Aus ihnen setzt sich die Ästhetik des Verhaltens zusammen, die in einem Kollektiv verhanden sein muß. Wenn ein Junge nicht ausspuckt und seine Nase mit zwei Fingern schnäuzt, dann ist er bereits erzogen. Und diese prinzipiellen Kleinigkeiten müssen nicht nur konsequent durchgesetzt werden, sie müssen vielmehr auch streng durchdacht und mit bestimmten allgemeinen Prinzipien ab-gestimmt sein. Hierher gehören auch viele Kleinigkeiten, die man hier unmöglich alle aufzählen kann, die aber alle in schöner und ge-sunder Weise, sowie in Verbindung mit der allgemeinen Tendenz des Kollektivs gepflegt werden können.

Hiermit komme ich zum Schluß. Ich glaube, was ich und meine Mitarbeiter getan haben, das wird von sehr vielen Leuten in der Sowjetunion getan. Ich unterscheide mich von ihnen lediglich da-durch, daß ich die Notwendigkeit fühle, es von allen zu fordern, das heißt, ich fühle die Notwendigkeit, solche gewöhnlichen Thesen, die nicht meine eigenen sind, sondern die von vielen Pädagogen der Sowjetunion geteilt werden, auch zu verbreiten. (. . .)

Quellennachweis: A. S. Makarenko, Trudovoe vospitanie. Otnošenija, stil', ton v kollektive. In: A. S. Makarenko, Sočinenija, Tom 5, Moskva: Izd-vo APN-RSRFSR 1951, 511 S.; hier S. 187—221 (Soč. T. 5).

PÄDAGOGISCHE ERFAHRUNGEN

Vorbemerkung zu

9. Kleinere pädagogische Beiträge

Kleinere Beiträge hat Makarenko mehrfach zwischen den größeren Werken und Schriften vorgelegt. Wir haben hier drei Veröffentlichungen dieser Art ausgewählt.

9.1 Den Zeitungsartikel ‚Das Ziel der Erziehung‘ schrieb der Sowjetpädagoge für die Moskauer ‚Izvestija‘, die ihn am 28. August 1937 veröffentlichte.

9.2 Den Aufsatz über ‚Die erzieherische Bedeutung der Kinderliteratur‘ verfaßte Makarenko für die ‚Literaturzeitung‘. Er behandelte darin neben pädagogischen Fragen auch die künstlerische Qualität dieses Zweiges der Sowjetliteratur (Literatur’naja gazeta, 15. Mai 1938, No. 27).

9.3 Die Broschüre ‚Die Kinder im Lande des Sozialismus‘ legte Makarenko für die sowjetische Abteilung der Weltausstellung in New York vor. Die Broschüre wurde zuerst in englischer Sprache veröffentlicht.

(*Dt. Übers.* in: Werke 5 [9.2], Werke 7 [9.1, 3, 4]; Ges. Werke 7 + 12; APS 161—177).

10. Aus der Arbeitserfahrung

(. . .) Im Jahre 1920 vertraute mir die Sowjetmacht eine Kolonie Straffälliger an. Ich ging keineswegs dorthin, weil ich mich für einen starken Erzieher hielt. Nach der Revolution arbeitete ich an einer Schule in Poltava und man hatte mir vorgeschlagen, meiner Beschäftigung im Gebäude des Gubsovnarchoz nachzugehen. Kam ich dorthin, so fand ich immer nur schmutzige Bürotische, auf dem Fußbogen lagen Tabakstummel und die Luft war regelmäßig aus Nikotin und Rauch zusammengesetzt. Die Beschäftigung mit den Kindern war unter diesen Bedingungen sehr schwierig, und ich war manchmal drauf und dran, mich aus dem Staube zu machen, ganz gleich wohin. So begann meine Arbeitserfahrung in der Kolonie. Sie dauerte 16 Jahre, und dabei hatte ich Glück. Es gibt wenig Menschen, denen es vergönnt ist, 16 Jahre lang ein und dasselbe Kollektiv zu leiten.

Meine Tätigkeit endete, wider meinen Willen und ohne meine Schuld, im Jahre 1935.

Alle diese Jahre arbeitete ich mit dem gleichen Kollektiv, in welchem natürlich die Menschen wechselten, aber sie wechselten so allmählich, daß die Traditionen, die Kontinuität der Generationen gewahrt werden konnten. Die Arbeit in diesem Kollektiv führte mich zu einigen Überzeugungen, die ich auch auf die gewöhnliche Schule ausdehnen möchte. Warum bin ich auf diese Weise an allgemeine schulische Fragen herangetreten? Weil sich in den letzten acht Jahren die Dzeržinskij-Kommune des NKVD-Ukraine in ihrer Eigenschaft als Kindergemeinschaft nur wenig von einer gewöhnlichen Schule unterschied.

In der Kommune gab es eine vollständige Mittelschule, und die Kinder erreichten sehr schnell, in etwa 3 bis 4 Monaten, den Stand normaler Kinder oder übertrafen ihn sogar, wenn wir unter einem normalen Kind unseren Durchschnittsschüler der Mittelschule verstehen wollen. So habe ich denn keinen Grund anzunehmen, daß mein Bestand aus besonders schwierigen Kindern zusammengesetzt

9.2 Das Ziel der Erziehung

In der pädagogischen Theorie hat sich das Ziel der Erziehungsarbeit, so seltsam das auch scheinen mag, in eine fast vergessene
Kategorie verwandelt. Auf der letzten Allrussischen Wissenschaftlichen Konferenz über die pädagogischen Wissenschaften kam das
Erziehungsziel nicht zur Sprache. Fast könnte man glauben,
daß die wissenschaftliche Pädagogik nichts mit dieser Frage zu
tun habe.

In speziellen pädagogischen Abhandlungen ist es nicht statthaft,
nur vom Erziehungsideal zu sprechen, wie es in philosophischen
Aussagen am Platze sein mag. Von den pädagogischen Theoreti-
kern wird nicht die Lösung der Problematik des Ideals gefordert,
sondern die Lösung des Problems der Wege zu diesem Ideal. Das
heißt, die Pädagogik hat das äußerst komplizierte Problem des
Erziehungszieles und der Methode zur Erreichung dieses Ziels zu
bearbeiten.

Desgleichen dürfen wir nicht nur von der Berufsausbildung der
neuen Generation sprechen. Wir müssen vielmehr auch an die
Erziehung des Verhaltenstyps, der Charaktere und persönlichen
Eigenschaften denken, die der Sowjetstaat in der Periode der Diktatur der Arbeiterklasse, im Augenblick der Errichtung der klassenlosen Gesellschaft benötigt.

Wie aber verhält es sich bei uns mit diesem Problem?

Zu Beginn der Revolution nahmen unsere pädagogischen Schriftsteller und Redner ihren Anlauf von den westeuropäischen pädagogischen Sprungbrettern, sprangen sehr hoch und ergriffen leicht-
hin Ideale von der Art der „harmonischen Persönlichkeit". Späterhin ersetzten sie die harmonische Persönlichkeit durch den „kommunistischen Menschen", indes sie sich in der Tiefe ihrer Seele mit
der sachlichen Erwägung beruhigten, daß dies ganz das „Gleiche"
sei. Schon nach einem Jahr weiteten sie ihr Ideal aus und verkündeten, daß wir einen „Kämpfer voll Initiative" heranzubilden
hätten.

Von Anfang an begriffen sowohl die Verkünder, ihre Schüler
als auch abseitsstehende Betrachter, daß bei einer so abstrakten
Fragestellung über das „Ideal" ohnehin niemand an eine kritische
Überprüfung der pädagogischen Arbeit herangehen konnte und
die Verkündung der genannten Ideale mithin eine völlig ungefähr-
liche Angelegenheit war.

Die pädagogische Arena wurde mehr und mehr zur Domäne
der Pädologie, und um das Jahr 1936 verblieben den Pädagogen
nur die unbedeutendsten „Territorien", die die Grenzen der speziellen Methodiken nicht überschritten.

Die Pädologie machte kaum einen Hehl aus ihrem gleichgültigen Verhältnis zu unseren Zielen. Doch was für Ziele konnten schon „dem Milieu und der Vererbung" entspringen, es sei denn, daß der Pädologe sich fatalerweise von biologischen und genetischen Launen leiten ließ?

Die Pädologen vermochten bei solcherlei Manipulationen noch den hoheitsvollsten Ausdruck zu wahren, während wir die Ohren spitzten und ihnen zuhörten und uns dabei fast ein wenig wunderten: „Woher haben die Leute diese tiefe Gelehrsamkeit?" (...)

Schwerlich können die Wunden gezählt werden, die der Sache des sozialistischen Aufbaus auf einem sehr wichtigen Gebiete, der Erziehung der Jugend, von der Pädologie zugefügt wurden. Es geht dabei um eine Krankheit der Theorie, nicht einmal der Theorie als solcher, sondern der Theoretiker, die von der Pädologie in einem Maße verblendet wurden, daß sie nicht mehr fähig waren, die wahrhaftigen Quellen der Theorie zu erkennen. In diesem Sinne besitzt die Krankheit einen sehr unsympathischen Aspekt. Das Wesen dieser Krankheit besteht nicht nur in einer großen Anzahl pädologischer Thesen, die bis auf den heutigen Tag beibehalten wurden, nicht nur in einer gewissen Leere, die sich an Stelle des pädologischen Olymps gebildet hat, sondern vor allem in der Vergiftung unseres Denkens schlechthin. Das wissenschaftliche Denken enthält selbst noch in der aufrichtigen Kritik an den pädologischen Behauptungen Überreste aus der Pädologie.

Die Ansteckung war ziemlich tiefgreifend. Die Infektion nahm ihren Anfang bereits vor der Revolution in den Brutstätten der experimentellen Pädagogik, die durch die Diskrepanz zwischen Erforschung des Kindes und seiner Erziehung gekennzeichnet war. Die bourgeoise Pädagogik zu Anfang des XX. Jahrhunderts, die durch zahllose Schulen und „Novatoren", durch endloses Hin- und Herschwanken zwischen äußerstem Individualismus und formlos-unschöpferischem Biologismus in viele Teile gespalten war, konnte den Anschein einer revolutionären Wissenschaft erwecken, weil sie unter dem Banner des Kampfes mit dem Drill der Staatsschule und der offiziellen Heuchelei angetreten war. Für ein feines Ohr aber gab es schon damals Grund genug, dieser „Wissenschaft" mit äußerstem Mißtrauen zu begegnen, da sie vor allen Dingen einer echten wissenschaftlichen Basis entbehrte. Bereits damals war an ihr die sehr zweifelhafte Neigung zu biologischen Exkursen wahrzunehmen, die in ihrem Wesen nichts anderes als ein offensichtlicher Versuch einer Revision der marxistischen Vorstellung vom Menschen war. (...)

Dem Appell der Partei, „Pädagogik und die Pädagogen wieder in ihre Rechte einzusetzen", können wir nur unter der Bedingung

folgen, daß wir mit dem gleichgültigen Verhalten zu unseren staatlichen und gesellschaftlichen Zielen endgültig Schluß machen.

Auf der Allrussischen Konferenz über die pädagogischen Wissenschaften im April 1937 wurde ein spezieller Vortrag über „Die
methodischen Prinzipien der Erziehungsarbeit" angesetzt. Was
wurde in diesem Vortrag über die Erziehungsziele gesagt? In
welcher Weise entspringt diesen Zielen eine Methode?

Der Vortrag erweckte den Anschein, als seien die Erziehungsziele
dem Autor und den Zuhörern seit langem wohlbekannt; man müsse
also nur über die Methoden und die Mittel, die zu ihrer Erreichung
führen, sprechen. Nur in dem feierlichen Finale, das von den übrigen
Ausführungen wie durch einen Strich getrennt war, verkündete
der Vortragende:

„Ihnen (den Prinzipien) liegt das Prinzip der kommunistischen
Ausrichtung zugrunde, das insofern das allgemeine, dialektische
Leitprinzip für die Erziehung ist, als es Inhalt, Methoden und
Organisation der gesamten Erziehungsarbeit bestimmt."

Und ganz zum Schluß hieß es:

„Dieses Prinzip verlangt vom Pädagogen Parteilichkeit (partij-
nost') bei der Arbeit, politische Wachsamkeit und tiefes Verständnis
der Ziele, Mittel und Bedingungen beim Erziehungsprozeß."

Solche Finales aber konnte man gerade auch früher in pädagogischen Schriften feststellen. Immer wurde vom Pädagogen
eine hohe Vollkommenheit gefordert, und immer brachte der
Theoretiker mit Vorliebe die drei Worte vor: „Der Pädagoge
muß..." Worin besteht aber die Pflicht des Theoretikers selbst?
Besitzt er denn selbst „das tiefe Verständnis der Ziele, Mittel und
Bedingungen?" Vielleicht besitzt er es auch: aber warum hält er
dann in diesem Falle seine Reichtümer geheim? Warum legt er die
Tiefen seines Wissens vor den Zuhörern nicht offen dar? Warum
erlaubt er sich nur bisweilen, gleichsam „hinter dem Vorhang"
einiges über die Ziele und Bedingungen vorzubringen? Warum
sieht und spürt man in seinen eigentlichen Darlegungen nichts
von diesen Zielen? Und endlich: wie lange noch wird ein
solcher Theoretiker mit der allgemein bekannten Behauptung
davonkommen, daß unsere Erziehung eine kommunistische sein
müsse?

Als ich in meinem Buch »Ein pädagogisches Poem« gegen die
Schwäche der pädagogischen Wissenschaft protestierte, beschul-
digte man mich an allen Ecken und Enden der Mißachtung der
Theorie, der Herumbastelei, der Negierung der Wissenschaft, sowie
der Geringschätzung des Kulturerbes. Hier habe ich aber nun
einen speziellen Vortrag über Erziehungsmethoden vor mir, der auf
einer wissenschaftlichen Tagung gehalten wurde. In dem Vortrag
wird der Name nicht eines einzigen Gelehrten erwähnt, gibt es

Verweise nicht auf eine einzige wissenschaftliche These, noch wird auch nur der Versuch unternommen, eine beliebige pädagogische Logik anzuwenden. In seinem Wesen stellt der Vortrag nichts anderes dar als ein gewöhnliches, hausbackenes Gerede, als Durchschnittskost aus Alltagsweisheit und gutgemeinten Wünschen. Nur an einigen Stellen schimmern die Ohren des bekannten deutschen Pädagogen Herbart daraus hervor, der übrigens auch von der offiziellen zaristischen Pädagogik als Erfinder des sogenannten erzieherischen Unterrichts hoch geschätzt war.

Am Anfang des obengenannten Vortrages heißt es, daß es bei uns, ungeachtet der Verbesserung, auch noch Mängel gibt, und zwar folgende:

a) Es besteht kein zuverlässiges System und keine Folgerichtigkeit in der Organisierung der Erziehungsarbeit des Pädagogen.

b) Die Erziehungsarbeit wird von Fall zu Fall geleistet, hauptsächlich in Verbindung mit einzelnen Vergehen der Lernenden.

c) Bei der Organisierung der Erziehungsarbeit ist ein Bruch in der Erziehung festzustellen.

d) Eine Diskrepanz zwischen Erziehung, Unterricht und Leitung der Kinder ist zu bemerken.

e) Es sind Fälle wenig feinfühliger Behandlungsweise festzustellen.

Diese Mängel, wie es bescheiden heißt, rücken aber in ein noch weit schärferes Licht, wenn wir ihnen noch einen weiteren hinzufügen: die Unklarheit in der Frage, in welche Richtung, zu welchen Zielen hin diese Erziehungsarbeit „fließt", die über kein System und keine Folgerichtigkeit verfügt, von Fall zu Fall lebt und sich durch verschiedene „Diskrepanzen" und „wenig feinfühlige Behandlungsweisen" auszeichnet.

Der Autor bekennt, daß „die Erziehungsarbeit wesentlich den Charakter einer bewahrenden Einwirkung trägt und auf den Kampf gegen negative Erscheinungen im Verhalten der Lernenden hinausläuft, das heißt, daß in der Praxis eine der Thesen der kleinbürgerlichen Theorie von der freien Erziehung verwirklicht wird". „. . . Die erzieherische Einwirkung durch die Pädagogen setzt in diesen Fällen erst ein, nachdem die Schüler sich eines Vergehens schuldig gemacht haben."

Demzufolge können wir Kinder, die sich eines Vergehens schuldig gemacht haben, nur beneiden. Denn sie wird man immerhin erziehen. Der Autor scheint gleichsam auch nicht daran zu zweifeln, daß man sie richtig erziehen wird. Ich aber möchte wissen, wie man sie erzieht, von welchen Zielen man sich bei ihrer Erziehung leiten läßt. Was aber die Kinder anbelangt, die keines Vergehens schuldig sind, so „fließt" deren Erziehung irgendwo ins Unbekannte.

Nachdem der Referent drei Viertel seines Vortrages den verschiedenen Mängeln gewidmet hat, geht er zu seinem positiven Credo über. Es bietet sehr tugendhafte Aspekte:

„Kinder zu erziehen bedeutet, ihnen positive Eigenschaften anzuerziehen (Ehrlichkeit, Wahrheitsliebe, Gewissenhaftigkeit, Verantwortungsbewußtsein, Diszipliniertheit, Liebe zum Lernen, ein sozialistisches Verhältnis zur Arbeit, Sowjetpatriotismus usw.) und auf dieser Basis die ihnen anhaftenden Mängel zu beseitigen."

An dieser lieblichen „wissenschaftlichen Aufzählung" bringt mich alles in Begeisterung. Vor allem gefällt mir das „usw.". Da vor dieser „positiven Eigenschaft" der „Sowjetpatriotismus" steht, ist zu hoffen, daß „usw." ebenfalls nichts Übles sein wird. Und welche begrifflichen Feinheiten: einerseits Ehrlichkeit, andererseits Gewissenhaftigkeit, und zwischen den beiden, von Tugenden gleichsam wie von Watte umgeben, ist die „Wahrheitsliebe" untergebracht worden. Eine bemerkenswert angenehme Aussicht! Welcher Leser wird nicht in Tränen ausbrechen, wenn er hört, daß auch die Liebe nicht zu kurz gekommen ist, zunächst natürlich zum Lernen. Und sehen Sie, mit welchem Fleiß das Wort „Diszipliniertheit" hingeschrieben ist! Und das ganz im Ernst, denn davor steht das Wort „Verantwortungsbewußtsein".

Deklarationen sind indessen etwas ganz anderes als Werktagsarbeit. In den Deklarationen kommt eine kommunistische Erziehung zum Ausdruck, während es im Einzelfall nur ein wahlloses Durcheinander von müßigen Entdeckungen gibt, die vom indolenten Fatalismus der Pädologie durchdrungen sind. (. . .)

Die Organisationsaufgabe, würdig unserer Zeit und unserer Revolution, kann einzig und allein die Schaffung einer Methode sein, die so allgemein und zugleich einheitlich ist, daß sie jeder Einzelpersönlichkeit die Entwicklung ihrer Besonderheiten und die Wahrung ihrer Individualität ermöglicht. Diese Aufgabe würde die Kraft der Pädagogik unbedingt überschreiten, hätte nicht längst der Marxismus das Problem der Beziehung von Persönlichkeit und Kollektiv gelöst.

Ganz offensichtlich dürfen wir keine hintergründige Tüfteleien anstellen, wenn wir an die Lösung unserer speziellen Aufgaben herangehen. Es gilt lediglich, die Situation des neuen Menschen in einer neuen Gesellschaft gut zu begreifen. Die sozialistische Gesellschaft gründet auf dem Prinzip der Kollektivität. In ihr darf es keine isolierte Persönlichkeit geben, die bald wie ein Pickel hervorspringt, bald zu Straßenstaub zerkleinert wird, sondern nur das Mitglied des sozialistischen Kollektivs.

In der Sowjetunion kann es keine Persönlichkeit außerhalb des Kollektivs geben, und mithin auch kein abgesondertes persönliches Schicksal, keinen persönlichen Weg und kein persönliches Glück, die dem Schicksal und Glück des Kollektivs gegenüberstehen.

In der sozialistischen Gesellschaft gibt es viele solcher Kollektive: die umfassende Sowjetgesellschaft besteht durch und durch eben aus solchen Kollektiven. Das heißt aber keineswegs, daß es den Pädagogen zur Pflicht gemacht wird, bei ihrer Arbeit vollkommene Kollektivformen anzustreben und aufzufinden. Das Schulkollektiv, die Zelle der sowjetischen Kindergesellschaft, muß vor allem das Objekt der Erziehungsarbeit werden. Indem wir die Einzelpersönlichkeit erziehen, müssen wir an die Erziehung des Gesamtkollektivs denken. In der Praxis werden diese beiden Aufgaben stets gemeinschaftlich und stets in einem gemeinsamen Verfahren gelöst. Immer wenn wir auf die Persönlichkeit einwirken, muß diese Einwirkung zugleich auch auf das Kollektiv gemünzt sein. Und umgekehrt wird jede unserer Berührungen mit dem Kollektiv unbedingt auch zur Erziehung jeder Persönlichkeit beitragen, die dem Kollektiv angehört.

Diese Thesen sind in ihrem Wesen allgemein bekannt. Aber in unserer Literatur sind sie nicht Gegenstand genauer Forschungen über das Kollektivproblem. Über das Kollektiv bedarf es noch spezieller Forschungen.

Das Kollektiv, das erste Ziel unserer Erziehung, muß über ganz bestimmte, deutlich seinem sozialistischen Charakter entspringende Eigenschaften verfügen. In einem kurzen Aufsatz wird es wahrscheinlich nicht möglich sein, alle diese Eigenschaften aufzuzählen, so werde ich nur die hauptsächlichsten anführen:

A. Das Kollektiv vereinigt Menschen nicht nur zu einem gemeinsamen Ziel und zu gemeinsamer Arbeit, sondern auch zur gemeinsamen Organisierung dieser Arbeit. Das gemeinsame Ziel ist dabei kein zufälliges Zusammentreffen privater Ziele, wie es etwa in einem Straßenbahnwagen oder in einem Theater, sondern es ist eben das Ziel des Gesamtkollektivs. Das Verhältnis vom gemeinsamen und privaten Ziel ist bei uns kein Gegensatzverhältnis, sondern lediglich das Verhältnis des Allgemeinen (also auch des Meinigen) zum Besonderen, welches, indem es freilich das Meinige bleibt, in einer bestimmten Ordnung in das Allgemeine eingeht.

Jede Handlung eines einzelnen Schülers, jeder seiner Erfolge und Mißerfolge muß als Erfolg oder Mißerfolg der gemeinsamen Sache bewertet werden. Von dieser pädagogischen Logik muß buchstäblich jeder Schultag, jede Bewegung des Kollektivs durchzogen sein.

B. Das Kollektiv ist ein Teil der Sowjetgesellschaft. Es ist organisch mit allen anderen Kollektiven verbunden. Auf ihm lastet die erste Verantwortung vor der Gesellschaft. Es trägt die erste Pflicht vor dem ganzen Land. Nur durch das Kollektiv tritt jedes seiner Mitglieder in die Gesellschaft ein. Hier hat die Idee der sowjetischen Disziplin ihre Wurzel. Auf diese Weise werden jedem

Schüler auch die Interessen, Ehr- und Pflichtbegriffe des Kollektivs
verständlich. Nur mit einer solchen Instrumentierung ist eine
harmonische Erziehung der persönlichen und allgemeinen Interessen, eine Erziehung des Ehrgefühls, das in keiner Weise an den
überlebten Dünkel des überheblichen Gewalttäters mehr erinnert,
möglich.

C. Die Erreichung der Kollektivziele, die gemeinsame Arbeit,
Pflicht und Ehre des Kollektivs dürfen nicht zum Spielball zu-
fälliger Launen einzelner Leute werden. Das Kollektiv ist keine
Menschenmenge. Das Kollektiv ist ein sozialer Organismus und
verfügt infolgedessen über Verwaltungs-und Koordinierungsorgane,
die befugt sind, in erster Linie die Interessen des Kollektivs und
der Gesellschaft zu vertreten.

Der Versuch des Lebens im Kollektiv ist nicht nur ein Versuch
nachbarlichen Zusammenlebens mit anderen Menschen, es ist vielmehr ein komplizierter Versuch zweckdienlicher Kollektivbewegun-
gen, unter denen die hervorragendste Stelle die Prinzipien der Anordnung, der Erwägung, der Unterordnung unter die Mehrheit, der
Unterordnung des Kameraden unter den Kameraden, der Verantwortlichkeit und der Koordiniertheit einnehmen.

Für die Arbeit der Lehrer in der Sowjetschule eröffnen sich helle
und umfassende Perspektiven. Der Lehrer ist dazu berufen,
diese vorbildliche Organisation zu schaffen, sie zu schützen, zu
verbessern und an einen neuen Lehrerstand weiterzugeben. Nicht
trockenes Moralisieren, sondern taktische und weise Lenkung
eines richtigen Wachstums des Kollektivs ist die Bestimmung des
Lehrers.

D. Das Sowjetkollektiv nimmt grundsätzlich die Position der
Einheit aller werktätigen Menschheit der Welt ein. Das ist nicht
einfach eine Vereinigung aller Menschen auf Grund ihrer Lebens-
weise, sondern ein Teil der Kampffront der Menschheit in der
Epoche der Weltrevolution. Alle vorgenannten Eigenschaften des
Kollektivs kommen nicht zum Klingen, wenn in seinem Tun und
Lassen nicht das Pathos des von uns durchlebten, historischen
Kampfes auflebt. In dieser Idee müssen alle übrigen Eigenschaften
des Kollektivs vereinigt und entwickelt werden. Dem Kollektiv
müssen die Vorbilder unseres Kampfes immer, buchstäblich auf
Schritt und Tritt, gegenwärtig sein. Es muß immer die kommu-
nistische Partei vor sich spüren, die es zu wahrem Glück führt.

Aus diesen Thesen vom Kollektiv gehen auch alle Einzelheiten
der Entwicklung der Persönlichkeit hervor. Wir müssen aus unseren
Schulen energische, der Idee ergebene Mitglieder der sozialistischen
Gesellschaft entlassen, die fähig sind, stets, in jedem Augenblick
ihres Lebens das richtige Kriterium für ihr persönliches Handeln
zu finden und zugleich auch von den anderen richtiges Verhalten

zu fordern. Unser Zögling, und wer er auch sei, soll niemals im Leben als Träger irgendeiner persönlichen Vollkommenheit auftreten, sondern einzig und allein als ein guter und ehrlicher Mensch. Er muß vor allem immer als Mitglied seines Kollektivs, als Mitglied der Gesellschaft auftreten, das nicht nur für sein eigenes Verhalten, sondern auch für das seiner Kameraden verantwortlich ist.

Ein besonders wichtiges Gebiet ist die Disziplin. Darin haben wir Pädagogen die meisten Fehler gemacht. Bis auf den heutigen Tag besteht bei uns eine Ansicht von der Disziplin als von einem der zahlreichen Attribute des Menschen. Manchmal sieht man in ihr auch nur eine Methode, manchmal eine Form. In der sozialistischen Gesellschaft, die frei ist von jeglicher transzendentalen Grundlegung der Ethik, wird die Disziplin nicht zu einer technischen, sondern zu einer ethischen Kategorie. Deshalb ist uns die Disziplin des Abbremsens, wie sie heutzutage infolge eines Mißverständnisses zum A und O der Erziehungsweisheit vieler Pädagogen wurde, total fremd. Eine Disziplin, die sich lediglich in Verbotsnormen ausspricht, böte einen äußerst schlechten Aspekt der ethischen Erziehung in der Sowjetschule.

In unserer Schulgesellschaft muß die Disziplin herrschen, die auch in unserer Partei und in unserer gesamten Gesellschaft herrscht: die Disziplin des Vorwärtsschreitens und der Überwindung der Hindernisse, besonders solcher Hindernisse, die in den Menschen vorhanden sind.

In einem Zeitungsartikel kann man schwer ein umfassendes Bild von allen Einzelheiten der Erziehung der Persönlichkeit geben. Das bedürfte einer speziellen Untersuchung. Für eine solche Untersuchung liefert unsere Gesellschaft und unsere Revolution offensichtlich die erschöpfendsten Unterlagen. Unsere Pädagogik wird unbedingt und rasch zur Formulierung der Ziele schreiten, sobald sie nur die durch die Pädologie eingerissene Indolenz hinsichtlich des Zieles aufgibt.

Und in unserer Praxis, in der täglichen Arbeit unserer Lehrerarmeen tritt schon jetzt, ungeachtet aller pädologischen Überbleibsel, die Idee der Zweckdienlichkeit klar hervor. Jeder gute, jeder ehrliche Lehrer hat als großes politisches Ziel die Erziehung zum Staatsbürger vor Augen und kämpft unablässig um die Erreichung dieses Zieles. Nur damit läßt sich der Welterfolg unserer gesellschaftlich-erzieherischen Arbeit wirklich erklären, die eine so bemerkenswerte Generation wie unsere Jugend hervorgebracht hat.

Um so mehr scheint es angebracht, daß auch das theoretische Denken Anteil an diesem Erfolg nimmt.

Quellennachweis: A. S. Makarenko, Cel' vospitanija. In: A. S. Makarenko, Sočinenija, Tom 5, Moskva: Izd-vo APN-RSFSR 1951, 511 S.; hier S. 325—337 (Soč. T. 5).

9.3 Die erzieherische Bedeutung der Kinderliteratur

Jedes für Kinder bestimmte Buch muß vor allem Erziehungsziele verfolgen. Leider haben wir noch keine Forschungen über den
erzieherischen Einfluß der Literatur und müssen uns in jedem
einzelnen Falle hauptsächlich auf unsere Erfahrungen stützen, auf
die pädagogischen wie literarische.

Man kann im Leben gewöhnlich sehr schwer bestimmen, welche
Handlungen der Kinder eine Folge von Lektüre sind. Ich konnte
sehr oft ein ganz unerwartetes erzieherisches Ergebnis der Lektüre
beobachten, und zwar ein ganz anderes, als man auf Grund des
Inhalts des Buches erwartet hätte. Es ist für einen unerfahrenen
Menschen sehr schwer vorherzusagen, welchen positiven oder nega-
tiven Einfluß ein Buch auf den jungen Leser ausübt. Überhaupt
muß offen gesagt werden: für einen solchen Schluß bedarf es einer
sehr feinen pädagogischen Logik. Und selbstverständlich sollten
sowohl diejenigen über diese Logik verfügen, die die Herausgabe von
Kinderbüchern leiten, als auch diejenigen, die für Kinder schreiben.

*Unser Ziel, das Ziel der sowjetischen Kinderliteratur, muß die Erziehung
einer ganzheitlichen kommunistischen Persönlichkeit sein.*

Die belletristische Literatur soll im Kinde nicht nur die Ein-
bildungskraft fördern oder sich nur rein erkenntnisvermittelnde Aufgaben stellen.

Ebenso soll man auch kein spezielles politisches Ziel herausstellen, da jedes unserer Bücher ein politisches Buch sein muß.
Doch sündigt man bei uns gerade auf dem Gebiete der politischen
Erziehung häufig durch eine „zu dick aufgetragene" Logik, ohne
ihre Plumpheit und Schädlichkeit zu bemerken.

Ich weiß, daß bei uns in den Pioniergruppen manchmal Wett-
bewerbe in der Zusammenstellung von Alben abgehalten werden,
die den Ereignissen in Spanien gewidmet sind. Dabei sind die
Pionier-Leiter überzeugt, daß eine für die politische Erziehung
sehr nützliche Arbeit getan wird. Die Pioniere suchen in allen
Illustrierten Bilder zusammen, schneiden sie aus, kleben sie in die
Alben, versehen sie mit Unterschriften und schauen voll Stolz ihre
weniger erfolgreichen Mitbewerber an.

Der Krieg in Spanien mit all seiner Heftigkeit, seinen Schrecken,
seinem Heroismus geht uns sehr nahe, er bestätigt unbestreitbar für
jeden Sowjetbürger die Einheitsfront der Werktätigen, und gerade
deshalb muß man mit allem Ernst an die internationale Erziehung
des Kindes herangehen. Erziehen wir die Kinder nicht, wenn wir
ihnen die Zusammenstellung von Alben nahelegen, zu kaltblütigen
Beobachtern, fähig mit der Schere in der Hand jede beliebige gesellschaftliche Erscheinung zu „präparieren"?

Das bedeutet natürlich keineswegs, daß jedes Buch oder jede Zeile sich ein so grandioses Ziel wie die Erziehung der integeren Persönlichkeit vornehmen und unmittelbar erreichen muß. Der Erziehungsprozeß ist ein sehr langwieriger und komplizierter Prozeß; die Literatur allein ist überhaupt nicht in der Lage, mit dieser Aufgabe fertig zu werden. Dennoch muß jedes Buch diese integere sowjetische Persönlichkeit als ein erstrebenswertes Ziel vor Augen haben.

»Der Zerstreute aus der Bassejnaja-Straße« ist auf den ersten Blick einfach ein fröhliches Kindergedicht, doch gibt es die synthetische Gestalt des jungen sowjetischen Lesers wieder, der nicht einfach spottet, sondern eine gesundes Lachen hat.

Wir befinden uns unter außerordentlich günstigen Umständen, weil die echte belletristische Literatur immer eine humanistische Literatur war, immer die besten Ideen der Menschheit verfochten hat. Deshalb können wir in unseren Kindern sowohl Mark Twain als auch Jules Verne u. a. in die Hand geben. Was ist auf den ersten Blick so besonders Wertvolles am »Tom Sawyer«? Hier üble Erwachsene, da Kinder, die Schelme, ja manchmal Rowdys sind. Und doch ist in dem Buch so viel Menschlich-Gesundes, durchdrungen von fröhlichem und tatkräftigem Lebensgefühl, daß es prinzipiell in Einklang mit unserer Epochen zu bringen ist.

Nur Bücher, die das Ziel der Schaffung und Erziehung einer integeren menschlichen Persönlichkeit verfolgen, sind von unzweifelhaftem Nutzen für unsere Kinder. Und nicht jedes Buch, das über ein vortreffliches Thema geschrieben wird, ist an sich schon ein vortreffliches Buch. Man kann sich zum Beispiel schwerlich ein Buch über den Genossen Kirov vorstellen, wenn darin nicht sein Charakter, sein Wille im politischen Kampf deutlich zur Darstellung kommen.

Dieser Grundforderung, die man an jedes Kinderbüchlein stellen muß, steht vor allem die weitverbreitete Tugendmanier unserer Autoren entgegen. Die Schriftsteller wollen häufig „besser" sein, als es für unsere Kinder notwendig ist. Die Quellen dieser Tugend sind nicht sowjetische Ideen und auch nicht die Ideen des Humanismus, sondern die Ideen der christlichen Moral. Es ist dies die langweilige, fade, tatenlose, zurechtgeputzte christliche Tugend, der „Heldenmut" der Enthaltsamkeit, der „Heroismus" der Mäßigung und des Nichtwiderstrebens. Diese Kräfte sind sehr lebendig, es findet sich für sie noch immer Platz auf den Seiten unserer Bücher und in der Arbeit einiger Pädagogen.

In unserem Kinderbuch muß es sehr viel Energie, Lachen und Schalkahaftigkeit geben — all dies sind prächtige Eigenschaften des Kindes, die seine Charakterstärke, Dur-Stimmung, Standhaftigkeit und seinen Kollektivgeist bestimmen. Unser Kinderbuch muß äußerst lebensfroh sein.

Einige Worte über den Stil unseres Kinderbuches.

Die Kritiker jammern gern: „Das Kinderbuch muß ein hochkünstlerisches Buch sein!" Derartige Erklärungen scheinen so lobenswert, daß es niemanden in den Sinn kommt, Einwände zu erheben.

In der Tat, was kann man gegen hohe künstlerische Qualität einwenden? Was aber besagen diese Worte? Bei meinem Ehrenwort: nichts. Solche Erklärungen haben keinerlei konkrete Bedeutung. Wir wissen wohl, daß alle Kinder früher oder später beginnen, Tolstoj oder Gor'kij zu lesen. Bei den einen geschieht das mit fünfzehn Jahren, bei den anderen mit dreizehn. Von einem gewissen Alter ab wird den Kindern die richtige „Erwachsenenliteratur", die hochkünstlerisch ist, zugänglich. Aber bis dahin brauchen die Kinder eine spezielle Kinderliteratur.

Worin besteht das besondere Kennzeichen ihres Stiles, ihrer Ausdrucksweise? Diese Literatur muß künstlerischen Wert in einem besonderen Sinne besitzen. Einfachheit und streng logische Folgerichtigkeit der Erzählung, das Fehlen jeglicher sprachlicher Raffinessen — das ist noch nicht alles. In der Kinderliteratur muß es besondere Klarheit und blutvolle Farben, einen völlig offensichtlichen Realismus, und eine genaue Verteilung von Hell und Dunkel geben. Hier ist keinerlei Impressionismus am Platze, darf es keinerlei ästhetische Schattierungen geben. Jenen aufrechten Kampf zwischen Hell und Dunkel, wie er im Märchen vorkommt, muß es auch in jedem Kinderbuch geben; es darf darin aber kein feines psychologisches Spiel, keine zu detaillierte Analyse geben. Noch viel weniger sind passiv kontemplative Lyrik und greisenhaft traurige Gedanken über die Natur statthaft.

Der allgemeine Unterschied zwischen dem Stil der Kinderliteratur und der „Erwachsenenliteratur" muß, wie mit scheint, durch ihre ganz geringe Annäherung (ich betone: ganz geringe!) an die Volksmalerei (lubok) gekennzeichnet sein. Eine solche Annäherung besteht sowohl bei Cooper, als auch bei Jules Verne und vielen anderen. In unserer Literatur konnte man immer einen Widerstand gegen die Tendenz feststellen, und es muß offen gesagt werden; daß das keinen besonderen Nutzen gebracht hat. Auch die Volksmalerei hat ihre unentbehrliche Ästhetik, die man nicht einfach ignorieren kann. Diese Annäherung an die Volksmalerei erfordert von den Autoren sowohl Talent, Erfindungsreichtum, als auch in der Hauptsache eine Lebhaftigkeit des Gefühls.

Quellennachweis: A. S. Makarenko, Vospitalel'noe značenie detskoj literatury. In: A. S. Makarenko, Sočinenija, Tom 7, Moskva: Izd-vo APN-RSFSR 1962, 575 S.; hier S. 181—184 (Soč. T. 7).

9.4 Die Kinder im Lande des Sozialismus

Ich arbeitete vor der Revolution als Lehrer einer Elementarschule und habe bis auf den heutigen Tag nie aufgehört, mit
Kindern zu arbeiten. Große Veränderungen sind in den letzten
zwanzig Jahren im Leben des Volkes, das das Territorium des
ehemaligen Russischen Reiches bewohnt, vor sich gegangen. Besonders wenn man beginnt, die Lage der Kinder zu studieren, so
entsteht natürlich der Wunsch, den Zahlenindex der Vergangenheit und der Gegenwart zu vergleichen. Der Unterschied zwischen
dem Alten und dem Neuen ist jedoch so groß, daß der Verstand
die Fähigkeit verliert, diese statistischen Vergleiche zu erfassen.
Wenn wir beispielsweise sagen, daß die Anzahl der Mittelschulen
in den ländlichen Gegenden in den letzten zwanzig Jahren um
19.000 — neunzehntausend! — Prozent angestiegen ist, dann über-
steigt ein solcher statistischer Vergleich die Grenzen unserer Phantasie.

In der ganzen Welt ist bekannt, daß das zaristische Regime ein
Zuchthaus für die kleinen Kinder geschaffen hatte. Wenn unser
Land in kultureller Hinsicht damals hinter den anderen Ländern
zurückblieb, so hatte es hinsichtlich der Kindersterblichkeit nicht
seinesgleichen. Die Gründe für diese hohe Sterblichkeit lagen in
dem niederen Lebensstandard der überwältigenden Mehrheit der
Bevölkerung, in der grausamen Ausbeutung der Arbeiter in den
Städten, in der furchtbaren Armut der Bauern in den ländlichen
Gegenden und in der Ausnutzung Minderjähriger bei einer ihre
Kräfte übersteigenden Arbeit.

Gegenwärtig hat sich die Lage einschneidend geändert. Im
Vergleich zu 1913 ist das Nationaleinkommen der Sowjetunion
um das Fünffache gewachsen. Als Resultat der Liquidation der
Ausbeuterklassen wurde das gesamte Nationaleinkommen zum
Besitz des Volkes, dessen Lebensstandard sich von Jahr zu Jahr
erhöht. Ungeachtet des riesigen Wachstums der Industrieproduk-
tion und der großen Nachfrage nach Arbeitskräften, verbietet ein
sowjetisches Gesetz die Ausnutzung der Arbeit von Kindern unter
14 Jahren. In Bergwerken und anderen gesundheitsschädlichen
Produktionen verbietet es auch die Arbeit von Jugendlichen unter
17 Jahren. Kinder im Alter von 14 bis 16 Jahren werden zur Arbeit
nur mit Erlaubnis des Arbeitsinspektors zugelassen. Sie arbeiten
vier Stunden täglich unter der Leitung erfahrener Instrukteure.
Aus diesem Grunde werden Sie niemals einen sowjetischen Jugendlichen sehen, der auch nur im geringsten Maße an Erschöpfung
leidet. Sie werden niemals Kinder sehen, die durch eine ihre Kräfte
übersteigende Arbeit geschunden werden.

Das bedeutet natürlich nicht, daß die Kinder in der Sowjetunion zu verantwortungslosen Menschen und Tagedieben erzogen
werden. Im Gegenteil, wir stellen an unsere Kinder große Forderungen: wir fordern, daß sie gut in der Schule lernen, wir fordern,
daß sie sich physisch entwickelt, daß sie zu würdigen Bürgern der
UdSSR heranwachsen, daß sie wissen, was in ihrem Land vor sich
geht, worauf das Streben unserer Gesellschaft gerichtet ist, in
welchen Bereichen des Lebens sie Erfolg hat und in welchen sie
noch zurückbleibt. Wir vermitteln den Kindern eine allgemeine
und politische Entwicklung, helfen ihnen, aktive und bewußt diszi-
plinierte Menschen zu werden. Und doch besteht bei uns nicht die
geringste Ursache, körperliche Strafen bei ihnen anzuwenden oder
ihnen das geringste Leid zuzufügen. Da unsere Kinder fühlen, mit
welcher Liebe, Aufmerksamkeit und Fürsorge wir sie auf Schritt
und Tritt umgeben, sind sie sich ihrer Verpflichtungen bewußt und
erfüllen diese Verpflichtungen aus moralischer Überzeugung gern
und ohne sich zu weigern.

Unsere Kinder sehen, daß alles, was sie tun, keinesfalls dem
Vergnügen Älterer dient, sondern ihnen selbst und der gesamten
Zukunft unserer Heimat. Sowjetischen Kindern ist jegliches Gefühl
der Schmeichelei und Kriecherei fremd. Sie brauchen sich nicht
vor der Obrigkeit, von der ihr Schicksal abhängig ist, zu erniedrigen.

In unserem Lande ist das Gefühl der Abhängigkeit von einer
anderen Person, einem Herrn, Arbeitgeber oder Meister nicht nur
den Kindern, sondern auch den Erwachsenen fremd. Es ist bei uns
längst in Vergessenheit geraten, in die Vergangenheit entwichen.
Unsere Kinder spüren besser als jeder andere die frische Luft in
ihrem sozialistischen Vaterland. Aus diesem Grunde können sie
frei lernen, sich entwickeln und auf die Zukunft vorbereiten. Aus
diesem Grunde vertrauen sie auf ihre Zukunft, lieben sie ihre
Heimat und streben danach, würdige Bürger, Patrioten der UdSSR
zu werden.

Am Beispiel ihrer Eltern und aller, die sie umgeben, sehen sie,
daß vor ihnen jedes beliebige Wirkungsfeld, alle Wege offenstehen,
daß der Erfolg ganz und gar von ihrem Bestreben und ehrlichen
Fleiß im Schulunterricht abhängt.

Den sowjetischen Jungen und Mädchen, die die Elementar-
oder Mittelschule beenden, stehen so viele Wege offen, wie es
Berufe und Fachgebiete gibt; sie haben das Recht und die Möglichkeit, darunter beliebig zu wählen. Es bestehen keinerlei un-
überwindliche Schwierigkeiten, die ihre Wahl verhindern könnten.
Jungen und Mädchen, die eine Hochschule besuchen möchten,
wissen, daß sie, wenn es nötig ist, in eine andere Stadt gehen
können, ohne sich um Wohnung und Ernährung zu kümmern, da
jede Hochschule Wohnheime besitzt und jeder Student Anrecht

auf ein Stipendium von seiten des Staates hat, unabhängig davon, ob er noch Eltern hat oder nicht.

Allein, die Freiheit ist nicht die einzige Errungenschaft, die unsere Kinder dank den der sowjetischen Gesellschaftsordnung eigenen Bedingungen genießen. Diese Bedingungen stimulieren eine zielstrebige Arbeit in der Schule und schaffen Vertrauen auf die Zukunft.

Bereits in den ersten Jahren der Sowjetmacht übernahm die Arbeiter- und Bauernregierung mannhaft die Sorge um Millionen Verwahrloster auf sich, die im Gefolge des Ersten Weltkrieges von 1914 und der bewaffneten Intervention von 1918 bis 1921 aufgetaucht waren. Diese Bürde nahm der junge sowjetische Staat zu einer Zeit auf sich, als er an allen seinen Grenzen Krieg führte und gegen die wirtschaftliche Zerrüttung und den Hunger kämpfte, die große Gebiete befallen hatten. Dessen ungeachtet widmete die Sowjetregierung den Kindern große Aufmerksamkeit. In unserem Lande gab es viele obdachlose, verwahrloste Kinder, die ihre Eltern verloren hatten, keine Verwandten und keinen Vormund besaßen, Kinder, die sich auf den Straßen der Städte und Dörfer herumtrieben.

Aber auch diese Kinder wuchsen zu qualifizierten Arbeitern und guten Staatsbürgern heran. Die Sowjetgesellschaft gab jedem von ihnen nicht nur ein Dach über den Kopf und den Lebensunterhalt, sondern brachte ihnen auch etwas bei und bereitete sie auf ein ehrenhaftes, arbeitsames Leben vor. Viele Jahre sind nun schon vergangen, seit in unserem Land die Landstreicherei der Kinder abgestellt wurde. In unseren Fabriken und Anstalten werden Sie häufig auf ehemalige Verwahrloste treffen, die heute verantwortliche Posten einnehmen und die Achtung ihrer Mitarbeiter und der gesamten Gesellschaft genießen.

Die Geschichte des Kampfes gegen die Landstreicherei der Kinder, die soviel Schadenfreude und Verleumdung auf seiten unserer Feinde hervorgerufen hat, bewies, daß die Sowjetgesellschaft für das Wohlergehen der Kinder keine Anstrengungen und Mittel scheut und daß sie das tut, ohne das Kind zu erniedrigen, indem sie die volle Achtung vor seiner Persönlichkeit wahrt. Nur dadurch läßt sich die bemerkenswerte Tatsache erklären, daß trotz der großen Schwierigkeiten, die manchmal im Zuge unseres Kampfes an dieser Front auftauchen, die Sowjetregierung niemals zu physischen Strafen oder Kindergefängnis Zuflucht nahm. Sie zog es vor, sich auf den Unterricht und eine den Anlagen entsprechende Wahl des Arbeitsplatzes zu verlassen und half damit den Verwahrlosten, würdige Bürger ihres Landes zu werden.

Dennoch stellt der Kampf um die Liquidierung der Kinderverwahrlosung nur einen geringen Teil jener gewaltigen Arbeit mit den Kindern dar, die die Sowjetgesellschaft im Laufe von 21 Jahren geleistet hat. Die überwiegende Mehrzahl der Bevölkerung Rußlands war in der zaristischen Zeit analphabetisch. Man hielt es für selbstverständlich, daß die herrschenden Klassen und die staatliche Macht keinerlei Sorge um das Volk an den Tag legten, geschweige denn um die Kinder. Kinderspielplätze, Kindergärten und Kinderkrippen waren der breiten Masse des Volkes sogar dem Namen nach unbekannt. Die Sowjetgesellschaft mußte dies alles buchstäblich aus dem Nichts schaffen.

Heute erkennt die Bevölkerung selbst in den entferntesten Gebieten der Sowjetunion aus eigener Erfahrung, daß die erste Sorge des sozialistischen Arbeiter- und Bauernstaates die Erziehung der Kinder ist. Tausende von Schulen wurden errichtet, Alphabete für die Sprachen vieler Völkerschaften wurden geschaffen, neue Schriftsteller traten auf, neue Kader von Lehrern wurden ausgebildet für den Unterricht bei den Völkern, die vor der Revolution keine Schrift hatten und häufig nicht einmal den Zweck des Papiers kannten. Kinderkrippen, Kindergärten, Kinderklubs wurden zu unerläßlichen Elementen des sowjetischen Lebens, und niemand in der UdSSR kann sich ein Leben ohne diese Einrichtungen vorstellen.

Im Zuge des zweiten Fünfjahresplanes (1933—1937) wurden für die Kinder 864 Paläste und Klubs, 170 Kinderparks und -anlagen, 174 Kindertheater und -kinos, 760 Zentren für technische und künstlerische Ausbildung der Kinder errichtet. Diese Zentren werden von über 10 Millionen Kindern besucht. Von 1933 bis 1938 wurden 20.607 neue Schulen errichtet. In der UdSSR ist bereits die allgemeine Elementarschulbildung eingeführt worden, und nach dem dritten Fünfjahresplan (1938—1942) wird die allgemeine Mittelschulbildung in den Städten und die allgemeine Siebenjahresschulbildung in den ländlichen Gegenden eingeführt. Diese Zahlen beweisen, welch große Anstrengungen gemacht werden, um den sowjetischen Kindern Lebensglück und Lebensziel zu geben.

Ein erstaunliches Beispiel sind die Kinderlager und verschiedene Maßnahmen zur Organisierung der Kindererholung in den Sommerferien. Nach Beendigung des Schuljahres begibt sich die Mehrzahl der Kinder zur Erholung aufs Land. Die Kinderlager werden vom Staat, von Berufsverbänden oder Industrieunternehmen organisiert. Jeder Betrieb und jede Institution in der UdSSR hat hierfür entsprechende Möglichkeiten und Geldmittel. In der Umgebung jeder Stadt werden Lager organisiert; besonders viele gibt es in den südlichen Rayons der Sowjetunion, auf der Krim und im Kaukasus. Im Jahre 1939 werden 1.400.000 Kinder in den Sommerlagern Erholung finden. Außer Lagern des stationären Typs bestehen auch Wanderlager.

Ich selbst habe zum Beispiel mit meiner Kinderkommune sieben große Fahrten durch die UdSSR unternommen. Mit Zelten, Lagergerät und Proviant ausgestattet, legte meine Kommune Tausende von Kilometern per Eisenbahn, auf dem Wasser und zu Fuß zurück. Wir unternahmen Fahrten auf die Krim und in den Kaukasus, an die Küste des Asowschen Meeres, wanderten durch den Donbass. Wir fuhren mit dem Dampfer auf dem Schwarzen Meer und auf der Wolga. Wir schlugen unsere Zelte in Sotschi, Jalta, Sevastopol und am Ufer des Donec auf. Überall wurden wir von der örtlichen Bevölkerung herzlich aufgenommen; die Menschen zeigten uns ihre Betriebe, Kinderanstalten, Klubs. Es gibt keine bessere Methode der Entwicklung und Ausbildung der Jugend als diese Sommerfahrten.

Nach Beendigung des Unterrichts in der Mittelschule haben die sowjetischen Jungen und Mädchen nicht nur Kenntnisse erworben, sondern sie sind auch um viele Eindrücke bereichert, die sie bei Begegnungen mit Menschen und beim Kennenlernen ihrer Arbeit und Psychologie gewannen.

Doch auch in der Winterszeit vollzieht sich die Entwicklung der sowjetischen Kinder nicht nur innerhalb der engen Wände der Schule. Nach dem Schulunterricht gehen sie in ihre Pionierklubs, die sich von Jahr zu Jahr vervollkommnen und mehr und mehr den Charakter von erstklassigen Forschungsinstitutionen für Kinder und Zentren der künstlerischen Erziehung der Kinder annehmen. Hier kann jeder Schüler Rat erhalten und nützliche Betätigung finden, wenn in ihm der lebendige Funke der Wißbegierde und der Selbständigkeit vorhanden ist.

Die sowjetischen Kinder haben einen erstaunlichen Drang zur Technik. Unter den Kindern im Alter von zwölf bis sechzehn Jahren wird man kaum jemanden finden, der sich nicht für die Probleme der Technik interessierte oder dem nicht die Grundgesetze der einfachsten Maschinen vertraut wären. Dieses brennende Interesse an der Mechanik und Technik wird nicht nur durch die speziell zu diesem Zwecke organisierten Klubs, sondern auch durch eine große Anzahl technischer Kinderzeitschriften und -bücher befriedigt. Diese wertvollen Lehrmittel dienen zur Ausbildung der technischen Kader für die junge Industrie der UdSSR.

In der Armee und bei der Flotte, in der Kunst, Literatur und Politik beweist die junge sowjetische Generation auf Schritt und Tritt, daß die Aufmerksamkeit, die den Kindern in der UdSSR von frühester Jugend an zuteil wird, schon jetzt reiche Früchte trägt.

Quellennachweis: A. S. Makarenko, Deti v strane socializma. In: A. S. Makarenko, Sočinenija, Tom 7, Moskva: Izd-vo APN-RSFSR 1952, 575 S.; hier S. 321—326 (Soč. T. 7).

Vorbemerkung zu

10. Aus der Arbeitserfahrung

Den letzten öffentlichen Vortrag hielt Makarenko am 29. März 1939, zwei Tage vor seinem Tode. Er sprach in Moskau auf Einladung des Verdienten Lehrers der RSFSR A. K. Volnin vor etwa 200 Lehrern auf einer pädagogischen Konferenz. Volnin berichtete später, der Vortrag Makarenkos hätte großen Eindruck hinterlassen (Werke 5, 528).

Zwei Tage nach diesem Vortrag fuhr Makarenko in das Heim des Schriftstellerverbandes zurück und starb an akutem Herzversagen in einem Eisenbahnabteil auf dem Bahnhof dieses Ortes.

Der Vortrag wurde erstmals 1948 veröffentlicht.

(*Dt. Übers.* in: Werke 5; Ges. Werke II; APS 178—188).

9. Kleinere pädagogische Beiträge

9.1 Über die Waldschule

(Brief an den Rat der Schriftstellerfrauen vom 5. August 1936)

In der „Literaturzeitung" (Literaturnaja Gazeta) vom 15. Juli las ich den Beitrag über die Organisation des Rates der Schriftstellerfrauen. Von ganzem Herzen möchte ich diese bemerkenswerte Sache begrüßen, und das um so mehr, als in der Liste ihrer Ziele genannt wird: die Verbesserung der Lebensweise der Kinder von Schriftstellern. Zu diesem Problem möchte ich einen Vorschlag unterbreiten ... in der Umgebung von Moskau eine Waldschule zu organisieren oder eine Arbeitskolonie, oder man kann es auch noch richtiger und origineller nennen. In dieser Anstalt muß eine vollständige, gut ausgestattete Zehnjahresschule bestehen mit einem Wohnheim für Jungen und Mädchen und kleinen Werkstätten, die Waren herstellen (diese unbedingt). Der Arbeitstag in der Produktion umfaßt zwei Stunden, die Arbeitsleistung der Kinder muß vergütet werden wie die eines jeden Produktionsarbeiters. Besonders bin ich an einem solchen Aufbau dieser Anstalt interessiert, bei dem es keinen Bruch zwischen Schule und Elternhaus gibt.

Verpflegung, Kleidung, kulturelle Leistungen, Bücher und alles übrige muß den Kindern von der Anstalt gestellt werden; die Familie darf nur mit Erlaubnis der Schule etwas beisteuern. Damit meine ich nicht, daß die vollständige Versorgung der Kinder den Charakter irgendeiner Verwöhnung oder gar einer übermäßigen oder vorzeitigen Befriedigung von Bedürfnissen annehmen soll. Neben den Problemen der Ausbildung müssen alle Probleme der Charaktererziehung und physischen Erziehung gut gelöst werden. Denn es ist doch allgemein bekannt, daß man gerade auf diesen Gebieten in unseren Familien, selbst den kulturell hochstehenden, den Kindern nicht das zu geben vermag, was sie brauchen.

Ich schreibe an den Rat der Schriftstellerfrauen, weil ich annehmen möchte, daß diese Aufgabe von den Müttern in Angriff genommen werden muß, und es ist, das versichere ich Ihnen, eine sehr gute und würdige Aufgabe.

Mit Gruß   A. Makarenko

Quellennachweis: A. S. Makarenko, O lesnoj škole. In: A. S. Makarenko, Sočinenija, Tom 7, Moskva: Izd-vo APN-RSFSR 1952, 575 S.; hier S. 307 f (SočT.7).

war. Die Zusammensetzung war bei mir sogar günstiger als in
manchen Schulen. Ich konnte mir so viel Handlungsfreiheit gestatten, daß ich zum Beispiel von meinem dritten Arbeitsjahr an
von planmäßigen Erziehern in der Kommune absehen konnte. In
ihrem Alltagsleben bedurften meine Zöglinge bereits keiner speziellen
Aufsichtskraft mehr.

Die Arbeit in der Schule gestaltete sich bei mir schwieriger als
bei Ihnen, weil ich schulisch mehr oder weniger zurückgebliebene
Kinder aufnehmen mußte. Mit zehn oder zwölf Jahren schrieben
und lasen sie mit Mühe und Not; manche konnten überhaupt nicht
schreiben. Kein Wunder also, daß es den Kindern schwerfiel, die
Zehnjahresschule mit dem 18. Lebensjahr abzuschließen.

Es gab einmal ein altes Vorurteil der Intelligenz, daß der Verwahrloste immer sehr befähigt, ja ein Genie sei. In Wirklichkeit
waren sie in mancher Hinsicht schwächer als ein normales Kind,
da sie weniger Voraussetzungen für die systematische Arbeit in der
Schule mitbrachten. Dies erschwerte das Vorwärtskommen im
Mittelschulkurs. Jedoch besaßen die Verwahrlosten auch etwas, das
ihnen und mir die Überwindung vieler Schwierigkeiten ermöglichte.
Sie konnten nicht auf irgendwelche Unterstützung von seiten ihrer
Eltern rechnen, sondern waren allein auf sich angewiesen. Das
hatten sie begriffen. Bald begriffen sie auch, daß die Schule der Weg
ist, der zur Hochschule führt. Das wurde ihnen besonders deutlich,
als die ersten aus der Kommune hervorgegangenen Studenten in
die Kommune auf Besuch kamen.

Damals begriffen die Kommunarden, daß der Weg zur Hoch-
schule bei weitem der vielseitigste und interessanteste ist. Weitere
Anziehungskraft ging von dem Umstand aus, daß die Hochschulen
Unterkunft stellten und Stipendien vergaben.

Bei meinen Kommunarden war der Drang zum Studium größer
als bei gewöhnlichen Mittelschülern. Und dank dieses Dranges überwanden sie ihre Trägheit und alle Hindernisse auf diesem Wege.

Die Erziehungsarbeit in meiner Kommune stand unter günstigeren
Umständen als bei Ihnen in der Schule, weil ich die Kommunarden
fünf, sechs oder sieben Jahre lang Tag und Nacht in meinen
Händen hatte. (...)

Ich war seinerzeit ein Anhänger der „Arbeitsprozesse". Wir
glaubten alle, daß das Kind in den Arbeitsprozessen seinen Arbeits-
instinkten freien Lauf lassen könne. Zudem dachte ich, daß der
Arbeitsprozeß dem Kind ein gewisses Arbeitskolorit verleihen würde.
In der Folgezeit begriff ich jedoch, daß es darauf ankommt, dem
Kind eine bestimmte produktive Arbeit beizubringen, um ihm eine
bestimmte Qualifikation mit auf den Weg zu geben.

Wir Pädagogen unternahmen einen theoretischen Höhenflug,
doch blieben wir praktisch weit zurück. Wir glaubten, unserem

Zögling eine gute Qualifikation zu geben, in Wirklichkeit erhielt er nur eine Qualifikation, die ihn vielleicht instand setzte, einen schlechten Schemel herzustellen. Oder wir bildeten eine Näherin heran, die vielleicht gerade eine Turnhose nähen konnte. Ich selbst hatte sogar ein gewisses pathetisches Gefühl, als die Kinder Schuhe gut reparierten, Turnhosen nähten und schlechte Schemel herstellten. Später befreite ich mich von diesem pädagogischen Vorurteil. Sie erinnern sich gewiß der irrigen Auffassung, daß der Arbeitsprozeß mit dem Lehrplan „verquickt" werden müsse. Was haben wir uns die Köpfe über dieses verdammte Problem zerbrochen! Da stellen die Kinder nun Schemel her, und das soll nun mit Geographie und Mathematik verquickt werden (*Lachen*). Ich hatte ein schlechtes Gefühl, als eine Kommission angereist kam und keine Koordination zwischen dem Schemel und der russischen Sprache vorfand (*Lachen*). Dann winkte ich ab und behauptete rundheraus, daß es da nichts zu verquicken gäbe.

Heute kann ich es auch beweisen, da sich in der Kommune ein hervorragender Betrieb entfaltet hat, den wir mit eigener Hand errichtet haben, ein Betrieb, der „Leicas" herstellt. Es ist ein sehr reicher Betrieb. Die „Leica" besteht aus 300 Einzelteilen, die eine Genauigkeit von 0,001 mm haben müssen, und eine Präzisionsoptik. Die Arbeitsvorgänge sind äußerst kompliziert, so wie man sie im alten Rußland überhaupt noch nicht kannte.

Ich verfolgte zunächst die Arbeit eines solchen Betriebes. Solch ein Betrieb aber erfordert einen genauen Plan, Toleranz und Qualitätsnormen, da er von Dutzenden von Ingenieuren und Konstruktionsbüros betreut wird usw. usf. Da erkannte ich erst, was Produktion bedeutet. Und wie jämmerlich nahm sich dagegen das Gestammel von Verbindung des Lehrplanes mit den Arbeitsprozessen aus! Es zeigte sich, daß der Prozeß des Schulunterrichts und die Arbeit in der Produktion die Persönlichkeit in starkem Maße formen, weil sie die Kluft zwischen körperlicher und geistiger Arbeit aufheben. Daraus gehen hochqualifizierte Menschen hervor.

In Charkov begegnete ich einem Mädchen, das eben das Institut absolviert hat. Sie besitzt die Qualifikation einer Linsenpoliererin sechster Klasse. Sie studiert jetzt an der Hochschule, indessen hat sie diese Qualifikation sechster Klasse in Händen und behält alles gut. Und wenn die Zöglinge die Kommune mit vollständiger Mittelschulbildung und einer Qualifikation sechster oder siebenter Klasse verlassen, dann sehe ich, daß ihnen die Lehre einen Nutzen gebracht hat. Die Bedingungen der Produktion, einer ernsthaften Produktion, waren es, die zugleich auch die pädagogische Arbeit erleichterten. Ich werde künftig dafür eintreten, daß in unserer Sowjetschule die Produktion eingeführt wird, und das um so mehr, als die Arbeit der Kinder in der Produktion der Pädagogik viele Wege eröffnet.

Und schließlich ist der Vorteil, den diese Sache birgt, auch eine ganz und gar nicht zu verachtende Seite. Die Dzeržinskij-Kommune konnte auf staatliche Zuwendungen verzichten und zur vollen Rentabilität übergehen. In der letzten Zeit deckte sie nicht nur die Unterhaltungskosten für den Betrieb, das Wohnheim, das gesamte Leben, Nahrung, Kleidung und für die Schuhe in vollem Umfang, sondern die Kommune führte auch noch fünf Millionen Rubel Reingewinn jährlich an den Staat ab. Und das war nur dadurch möglich, daß sie nach dem Rentabilitätsprinzip arbeitete.

Sie können sich vorstellen, welch mächtiges Instrument die Pädagogen dadurch in die Hände bekamen. Wir beschließen: 500 Mann fahren an die Wolga, eine Fahrt in den Kaukasus. Dafür sind 200.000 Rubel erforderlich. Es wird beschlossen, im Laufe eines Monats mit einer halben Überstunde zu arbeiten, und schon erhalten wir im Endergebnis die 200.000 Rubel

Wir konnten die Jungen in Tuchanzüge kleiden, die Mädchen in Seiden- und Wollkleider. Wir konnten 40.000 Rubel für Theaterbesuche aufwenden. Und wenn dies auf dem Wege der Arbeitsdisziplin und im Kampf um den Wohlstand geschaffen wurde, indem das gesamte Kollektiv seine Kräfte dafür einsetzte, was kann man dann noch mit dieser neuen pädagogischen Kraft vergleichen? (. . .)

Ich werde heute und immer darauf bestehen, daß solche Bedingungen auch in der Schule geschaffen werden. Das mag fürs erste abschreckend erscheinen, ist aber in Wirklichkeit gar nicht so schrecklich. Wenn man mir heute eine Schule anvertrauen würde, so würde ich auf einer pädagogischen Versammlung darlegen, welche Ideen ich zu verwirklichen gedenke, während ich mir zur gleichen Zeit Gedanken machen würde, wie ich die erforderlichen Mittel erlangen könnte. (. . .)

Was ich Ihnen hier sage, soll keineswegs heißen, daß ich nur Wirtschaftler bin. Nein, ich bin immer Pädagoge geblieben. Immer haben mich Erziehungsfragen interessiert, und ich gelangte zu einigen Folgerungen, die vielleicht im Widerspruch zu den gängigen theoretischen Überzeugungen stehen. Ich war immer ein Gegner der Ansicht, daß die Pädagogik auf dem Studium des Kindes und auf dem Studium isoliert betrachteter, gedanklich-abstrakter Erziehungsmethoden fundiert ist. Ich glaube vielmehr, daß die Erziehung Ausdruck des politischen Glaubensbekenntnisses eines Pädagogen ist und daß seine Kenntnisse lediglich Hilfsmittel darstellen. Pumpen Sie mich mit methodischen Mitteln voll, soviel Sie wollen, ich werde dennoch nicht in der Lage sein, einen Weißgardisten zu erziehen. Und Sie wären dazu auch nicht in der Lage. Das könnte nur einer, dessen innere Haltung weißgardistisch ist.

Die pädagogische Meisterschaft kann eine halbe Stufe der Vollkommenheit erreichen, beinahe die Stufe der Technik. Das ist mein Glauben, und mein ganzes Leben suchte ich nach Beweisen für diesen Glauben. Ich bestehe darauf, daß die Probleme der Erziehung, die pädagogische Methodik, nicht auf die Probleme des Unterrichts beschränkt werden dürfen, und das um so weniger, als der Erziehungsprozeß sich keineswegs nur in der Schulklasse, sondern buchstäblich auf jedem Quadratmeter unserer Erde abspielt. Unsere Pädagogik muß über Mittel der Beeinflussung verfügen, die von universaler und durchschlagender Wirkung sein sollten. daß wir alle beliebigen schädlichen Einflüsse, denen der Zögling ausgesetzt ist, und seien sie noch so stark, durch unseren Einfluß ausmerzen und liquidieren können. Das bedeutet aber, man darf keinesfalls annehmen, daß die Erziehungsarbeit nur in der Klasse geleistet werden könne. Die Erziehungsarbeit lenkt das ganze Leben des Schülers.

Das zweite, worauf ich bestehe und dessen Anhänger ich bin, ist die aktive Erziehung, das heißt, ich will einen Menschen mit bestimmten Eigenschaften erziehen und tue alles, richte meinen ganzen Denkapparat und alle meine Anstrengungen darauf, dieses Ziel zu erreichen. (. . .)

Und wenn nun das Kollektiv bewußt Stellung zu einer solchen Ordnung nimmt, dann tritt im Kollektiv tatsächlich jene Stille ein, jene Strenge und genaue Begrenzung der Bereiche, wo gelaufen werden darf und wo nicht, die zur Beruhigung der Nerven unbedingt erforderlich ist. Ich selbst kam zu dieser Schlußfolgerung nicht so rasch. Doch man konnte die Kommune zu jeder beliebigen Zeit besuchen und hätte niemals bemerken können, daß die Kinder untereinander Püffe verteilten, Fensterscheiben einwarfen usw. Das Kollektiv war munter und lebensfroh; keiner prügelte den anderen. Ich bin fest davon überzeugt, daß das Bestreben der Kinder, ungeordnet herumzurennen und zu schreien, sehr gut in innere Ruhe umgewandelt werden kann. Wie oft wird nicht etwas als pädagogische Weisheit ausgegeben, obwohl es in Wirklichkeit sehr zweifelhaft ist, ob es sich um eine pädagogische Weisheit, ja ob es sich überhaupt um Weisheit handelt.

Wahrscheinlich beschäftigt Sie die Frage des Risikos . . . (. . .)

Es kam zu mir einmal ein Direktor und fragte: „Wie würden Sie vorgehen? Ich habe einen Schüler aus der Schule verwiesen, er aber bringt mir einen Zettel vom Städtischen Volksbildungsamt, ich solle ihn wieder aufnehmen. Dieser Junge hatte einige Rasierklingenstückchen ins Treppengeländer eingedrückt, so daß sich die Kinder die Finger zerschnitten." Ich fragte den Mann: „Was haben Sie getan?" „Ich habe ihn wieder aufgenommen", sagte er . . . „Sie hätten ihn zusammen mit seinem Zettel hinauswerfen sollen." „Ja, aber dann würde ich doch meine Stelle verlieren", antwortete er. Der Zettel hatte ihn eingeschüchtert und so hatte er den Rowdy wieder aufgenommen. Das war inkonsequent. Wenn Sie sich im Recht fühlen, dürfen Sie grundsätzlich nicht nachgeben, selbst wenn Sie dabei riskieren, aus ihrem Dienst entlassen zu werden. Natürlich hätte niemand den Direktor entlassen. So leicht kann man einen sowjetischen Direktor ja auch wieder nicht entlassen. Aber er muß auf seinem Standpunkt beharren!

Zum Risiko möchte ich noch sagen: wenn sich in einem Kollektiv ein allgemeiner Ton in den Forderungen, Zielstrebigkeiten des Handelns richtig ausgebildet hat, dann unterstützt das Kinderkollektiv auch Sie, und Sie brauchen dann fast nichts mehr zu riskieren. Als ich das Recht der Bestrafung als ein völlig unanzweifelbares Recht eingeführt hatte, von dem ich nicht abgehen würde, da begriffen meine Schüler sehr wohl, daß es auch so sein müsse. Je klarer und bestimmter das Recht der Forderungen verkündet wird, um so weniger braucht man zu fordern, um so natürlicher entsteht ein gemeinsamer Stil.

Die Erziehung durch Forderungen erscheint schwer, solange wir uns richtig entschieden haben, sie durchzuführen. Haben wir uns aber dazu entschieden, so wird sie leicht.

Ich unterstreiche, daß Sie ein gebührendes Benehmen fordern müssen, ohne sich beirren zu lassen und zu fürchten, „der Mensch könnte aufbegehren" oder irgendein Bürokrat könnte Ihnen mit Entlassung drohen.

Dies, Genossen, sind allgemeine Thesen. Ich kann sie eingehend darlegen. Zu ihnen kommen unbedingt noch einige Ergänzungen von sehr großer Wichtigkeit. Es sind die Probleme des Stils und des Tones. Das Problem des Stiles ist in der Pädagogik noch vollkommen unbearbeitet, obwohl der Stil über sehr vieles entscheidet. Soviel Schulen ich sah, soviel verschiedene Stile konnte ich feststellen.

Der Stil eines Kinderkollektivs ist, wie Sie wissen, meist aufgeregt, frech, laut, dann wieder leidend, niedergeschlagen, pessimistisch, auf Dur gestimmt. Man könnte ohne Ende Stilarten aufzählen. Ein gesunder sowjetischer Stil kann nur auf dem Wege einer Erziehung der Achtung vor sich und dem Kollektiv entstehen. Dies aber ist in jeder unserer Schulen unbedingt erforderlich. Ein Stil kann deshalb nur sehr langsam geschaffen werden, weil er ohne das Bewußtsein einer Tradition undenkbar ist.

Ich war in der Schule Nr. 899. Diese Bezeichnung klingt freilich sehr uniform und sticht durch nichts in die Augen. Doch trägt diese Schule Nr. 899 den Namen Kirovs. Das will schon etwas heißen. Die Pädagogen wissen durch die Bank einen so glücklichen Umstand nicht auszunutzen. Der Geburtstag des Genossen Kirov müßte in dieser Schule als großer Festtag begangen werden, jeder Schüler müßte die Biographie des Genossen Kirov ganz genau kennen. Und so hielt ich es auch. In der Gor'kij-Kolonie waren alle Bewunderer Gor'kijs, während die Zöglinge der Dzeržinskij-Kommune im Bewußtsein trugen, daß der Genosse Dzeržinskij ein wahrhafter Mensch und der Stifter der Kolonie war.

In einer pädagogischen Zeitschrift wurde die Frage erörtert, wie man die Schüler nennen sollte: „Kinder", „Genossen" oder einfach „Vanja", „Kolja". Warum will man nur nicht verstehen, daß das Kind in der Schule unbedingt ein Bürger ist? Ich nannte ein zehnjähriges Kind „Genosse", besonders wenn ich mit ihm sachliche Dinge zu besprechen hatte. Auf einem Spaziergang im Park konnte ich es „Petja" nennen. Hatte es aber ein Verschulden auf sich geladen, so sagte ich: „Genosse Fedorenko, zwei Stunden Arrest!" Das soll nicht heißen, daß Sie ihn bei anderen Gelegenheiten nicht wieder „Petja" nennen können. Doch unterstreicht dieser Stil, daß es sich nicht um eine Spielerei handelt, sondern um eine offizielle Angelegenheit. Die Methode, die man mir immer am stärksten zum Vorwurf machte, ist die „Militarisierung". Man nannte mich Gendarm, verglich mich mit Arakčejev usw. Und trotzdem bin ich in den 16 Jahren nicht von dieser spielerischen „militärischen" Form abgegangen.

Ich bin ein Gegner des Drills. Da führt man manchmal die Kinder paarweise zu den Kleiderablagen. Das ist völlig überflüssig. Ist ein Kollektiv diszipliniert, so heißt es einfach im Tagesbefehl: „Die und die Klasse kleidet sich ordnungsgemäß nach der und der Klasse an. Aufsicht führt der und der." Und sofort weiß jeder, wann er zum Ankleiden zu gehen hat. Bei einer solchen Ordnung braucht man keineswegs die Garderobe paarweise zu betreten ...

Am 7. November 1938 konnte ich in Kislovodsk beobachten, wie eine Schule in voller Unordnung zur Demonstration antrat. Dabei geschah das nicht etwa in böser Absicht, sondern die Kinder konnten einfach nicht antreten. Und als sie angetreten waren, standen die Lehrer herum und paßten auf, daß die Kinder nicht wieder auseinanderliefen. Das war weiß Gott nicht „militärisch". Die sogenannte „Militarisierung" besteht vielmehr darin: „Marsch! Angetreten! Eine Minute — ausgerichtet! Rechts schwenkt zu sechst!" Sie sind angetreten. Sie fragen: „Wie lange werden wir hier bleiben?" „Zwei Stunden." „Weggetreten!" Die Kinder verstreuen sich, kaufen Bonbons und Eis. Doch da läßt der Trompeter das Signal ertönen: rasch eilen sie herbei und treten an.

Das bedeutet Freiheit für den Lehrer und für die Schüler, und keinesfalls Drill. (...)

Die „militärische" Form nun gestattet es dem Lehrerkollektiv, sich an pünktliches Sammeln zu gewöhnen. Sechzehn Jahre hindurch nahm ich täglich den Rapport der Kommandeure entgegen. Gewöhnlich wurde er um neun Uhr erstattet. Wenn der Tag zu Ende ging, gab der diensthabende Kommandeur das Signal. Auch ich, als Leiter der Anstalt kam nicht ein einziges Mal zu spät. Nicht ein einziges Mal hätte ich mir erlaubt, zu spät zu kommen. Und ebenso waren die Kommandeure stets pünktlich zur Stelle.

Die „militärische" Form ermöglicht die Erziehung zur richtigen Bewegung. Bewegung aber — das ist keine Kleinigkeit. Gehen und stehen können, reden können und höflich sein können, all das ist keine Kleinigkeit. Es unterliegt keinem Zweifel, daß ein Kollektiv dann in sich selbst den Eindruck erweckt, es sei ein hoffnungsvolles Kollektiv. (. . .)

Ich gestattete einige besondere Verfahrensweisen, die an ein Spiel mit dem „Militärischen" erinnerten. Als Arbeitszimmer suchte ich mir den größten Raum aus, Sofas kamen an die Wände, und jeder beliebige Kommunarde konnte sich hier aufhalten, konnte lesen oder zuhören, was gesprochen wurde. Er hatte das volle Recht dazu. Und hier brauchte auch keiner vor dem anderen Haltung anzunehmen. Wenn ich aber jemand zu mir beorderte, dann stand er vor mir so, wie es sich gehört.

Und schließlich noch ein letztes Wort zum Stil. Das ist ein äußeres Spiel. Denn auch wir Erwachsenen spielen doch alle im Leben. Der eine läßt sich einen besonderen Kragen machen und setzt eine besondere Brille auf, in der er einem Professor zu ähneln scheint. Ein anderer trägt seine Frisur wie ein Dichter. Und wenn man Ihnen für eine Exkursion einen „ZIS"-Wagen überläßt, dann kommen Sie sich gleich wie ein „kleiner Bourgeois" vor. Und die Kinder? Ein Kind wird so arbeiten, wie es auch spielt. Das Leben des Kindes muß selbst ein Spiel sein. Sie müssen mit ihnen spielen, wie ich es 16 Jahre getan habe. Dieses Spiel des Pädagogen ist ein ernsthaftes, echtes und sachliches Spiel. Es macht das Leben schön. Was ist ein schönes Leben? Ein Leben voller Ästhetik. Ein Kinderkollektiv muß eine schöne Lebensweise haben. Jede Minute muß mit Spiel gefüllt sein. Die „militärische" Form in der Kinderanstalt ist einer der Aspekte des Spiels. Zuweilen gingen meine Kinder zur Feldarbeit, in den Garten, in die Werkabteilungen, und jede Woche erließ der Rat der Kommandeure einen Befehl, der mit ein und demselben Satz zu beginnen pflegte. Jeder Zögling kannte seinen Arbeitsplatz, für den er verantwortlich war und an dem er seine Qualifikation erhielt. Jeder hörte jeden Morgen diesen obligatorischen Satz im Tagesbefehl. Und so war es viele Jahre hindurch.

Das ist das Spiel, und solche spielerischen Elemente müssen bewahrt werden. Man muß sie aber so erfinden, daß es den Kindern scheint, sie hätten sie selbst erfunden. Ein solches Spiel war die Wachabteilung. Sie glauben doch nicht, daß die Kommune bewacht werden müßte? Die Kommune unterstand dem NKVD. Wer hätte es gewagt, dort einzubrechen? Wir hatten absichtlich den Geldkasten, ein Safe, in der Vorhalle beim Eingang aufgestellt, und ein Posten mit geschultertem Gewehr stand hier Tag und Nacht auf Wache. Wenn ich das Lehrern erzählte, dann fragten sie erstaunt: „Standen auch die Mädchen und die Kleinen auf Wache?"

Ja, und das sogar nachts. Die ganze Kommune schläft, nur er steht allein mit geschultertem Gewehr, und die Tür ist nicht verschlossen. Ich sagte zu einem Direktor in Moskau: „Es wäre nicht übel, wenn Ihre Kinder die Schule selbst bewachen würden." Er antwortete: „Ja, aber sie werden sich fürchten, und die Mütter werden es nicht zulassen." Aber einige Kinder, die die Worte des Direktors gehört hatten, schrien gleich: „Sie sollen nur versuchen, uns nicht zu lassen." (. . .)

Der Pädagoge hat die Pflicht, die Kinder zum Mut zu erziehen. Auch das Gefühl der Furcht muß mittels des Spieles überwunden werden. Eine weitere große Frage: in der Schule müssen hohe Anforderungen gestellt werden. Ich bin den Kommunarden dankbar dafür, daß sie die Bedeutung der Forderungen verstanden und selbst mich in mancher Hinsicht erzogen haben.

Das ist zum Beispiel der Wettbewerb . . . Ich forderte viel; auch das gesamte Kollektiv forderte viel. Der Wettbewerb wurde nicht auf der Basis von Zweierverträgen aufgestellt, es nahmen vielmehr alle Klassen, alle Abteilungen an allen seinen Disziplinen teil; zum Beispiel Höflichkeit, gute Führung usw. Ich hatte eine Kartothek und registrierte die Ergebnisse. Die beste Abteilung, Sieger im Monatswettbewerb, erhielt eine Prämie: sechs Theaterkarten täglich für die ganze Abteilung, also für 30 Mann, und das Recht, die Klosetts zu reinigen.

Tatsache ist, daß die Entwicklung einer Logik der Forderungen zu sehr seltenen Formen geführt hatte: die Verrichtung der unangenehmsten Arbeit wurde in der Regel besonders bevorzugt. So gab es die prachtvolle vierte Abteilung. Sie war durch das Los bestimmt worden, einen Monat lang das Klosett zu reinigen. Mit Lauge und Säure scheuerte sie das Klosett und bestäubten es endlich noch mit Kölnisch Wasser. Alle wußten, welche Mühe sich die Abteilung mit dem Klosett gegeben hatte und welche Reinlichkeit dort herrschte. Die Abteilung errang den ersten Platz in der Reinigung. Nach einem Monat meldete sich die Abteilung erneut: „Wir behalten die Klosettreinigung." Auch im dritten Monat behielt die Abteilung sie bei. Schließlich aber, im nächsten Monat, erlangte die auch nicht schlechte dritte Abteilung den ersten Platz und erklärte: „Nein, jetzt haben wir den ersten Platz erreicht; damit ist es jetzt auch unsere Aufgabe, das Klosett zu reinigen."

Heute will es mir fast lächerlich erscheinen, wenn ich daran denke. Zuerst mußte die Klosettreinigung, wie auch die übrigen Reinigungspflichten, durch das Los bestimmt werden, und darauf wurde sie einer Abteilung von Rechts wegen zuerkannt .

Genossen, diese Logik ist keine Erfindung von mir, sie ist eine natürliche, aus den Forderungen entspringende Logik.

Man kann keinerlei Forderungen stellen, wenn ein Kollektiv nicht einheitlich und wirklich festgefügt ist. Würde man mir heute eine Schule anvertrauen, so würde ich vor allem dies tun: Ich würde eine Lehrerversammlung einberufen und sagen: „Liebe Freunde, ich schlage diese Verfahrensweise vor." Wären die Lehrer damit nicht einverstanden, so würde ich ihnen, ungeachtet ihrer hohen Qualifikation sagen: „Gehen Sie an eine andere Schule." Einem achtzehnjährigen Mädchen aber, das sich mit mir einverstanden erklären würde, sagte ich: „Sie sind noch unerfahren, aber Sie haben solche brennende Augen. Ich sehe, daß Sie gewillt sind, zu arbeiten. Bleiben Sie hier und arbeiten Sie. Wir werden Ihnen alles zeigen."

Ein echtes Kollektiv zu schaffen, das ist eine sehr schwierige Angelegenheit: denn die Frage, ob einer recht hat oder nicht, darf hier nicht um des eigenen Dünkels oder um persönlicher Interessen willen entschieden werden, sondern einzig im Interesse des Kollektivs. Hohe Disziplin wird gerade auch darin bestehen, dauernde Disziplin zu halten und die Aufgaben zu erfüllen, die zwar unangenehm, aber notwendig sind.

Ich bin der Meinung, daß die Lehrer einer Schule auf ein gutes gegenseitiges Verhältnis nicht nur im Dienst bedacht sein müssen, sondern auch untereinander befreundet sein sollten.

Im letzten Abschnitt komme ich auf das Verhältnis zu den Eltern zu sprechen. Hier wird meine alte Erfahrung aus der Eisenbahnerschule durch die Arbeit in der Kommune ergänzt. In den letzten fünf Jahren schickte man mir Schüler, die von den Lehrern als desorganisierende Elemente abgelehnt wurden.

Diese Kinder waren freilich auch schwieriger als die Verwahrlosten. Bei einem Verwahrlosten führen in der Kommune alle Wege bei mir und im Lehrerkollektiv zusammen. Jener aber hat noch Vater und Mutter. Der Vater besitzt bisweilen ein Auto, hat einen hohen militärischen Rang, ein Grammophon und eine Menge Geld. Versuchen Sie mal, das Kind eines solchen Mannes ins Gebet zu nehmen. Das ist ziemlich schwer. Und so geriet ich notwendigerweise in engen Kontakt mit den Eltern.

Die alte schablonenhafte Durchschnittsregel ist Ihnen ja bestens bekannt: Man beordert die Eltern zu sich und sagt: „Ihr Sohn hat dies und jenes angestellt." Die Eltern schauen Ihnen in die Augen und denken: „Was sollen wir mit ihm tun?" Sie aber nehmen einen wohltätigen Gesichtsausdruck an und sagen: „Prügeln hat natürlich keinen Zweck." Der Vater geht wieder. Sie sprechen mit keinem darüber, aber in der geheimsten Tiefe ihrer Seele, die selbst Ihrer Frau verborgen sind, denken Sie: Es wäre weiß Gott am besten, wenn er den Burschen richtig versohlen würde. Wir können so etwas, wie jene Scheinheiligkeit, keinesfalls dulden.

Wir müssen eine andere Form im Verkehr mit den Eltern anwenden. Angenommen, dem Klassenleiter und dem Direktor ist klar, daß eine Familie ihr Kind nicht erziehen kann, was tun Sie dann? Sie gehen, auch wenn sie zur Überzeugung gelangt sind, daß die Familie nichts von Erziehung versteht, zu dieser Familie und beginnen, die Eltern über Erziehung zu belehren. In der Mehrzahl der Fälle begreift die Familie, die das Kind verzogen hat, Ihre Belehrung gar nicht. Umerziehung ist eine sehr schwierige Angelegenheit. Und wenn Sie damit beginnen, einer solchen Familie pädagogische Methoden einzupauken, dann können Sie nur noch mehr an der Sache verderben.

Das heißt nun keineswegs, daß man von jeder Einwirkung auf die Familie absehen soll. Wir sind schließlich verpflichtet, sie zu unterstützen. Am besten aber nimmt man diese Einwirkung über das Kind vor . . .

Die Einwirkung auf die Familie durch die Schüler kann verstärkt werden. Ich arbeitete an der Eisenbahnerschule in Krjukov. Die Schüler lebten bei ihren Familien. Ich organisierte Schüler-Brigaden, nach territorialen Gesichtspunkten. Alle Brigadeleiter erstatteten jeden Morgen Meldung darüber, was in den Höfen geschah und wie sich die Schüler, die Mitglieder der Brigade, verhalten hatten. Durch Befehl ordnete ich von Zeit zu Zeit Besichtigungen an. Daran nahmen außer mir auch die Klassenältesten teil. Ich betrat den Hof. Die Brigade war angetreten. Mit den Mitgliedern der Brigade machte ich einen Rundgang durch die Wohnungen, in denen die Schüler meiner Schule wohnten.

Und diese Brigaden nun, verantwortlich über ihre Brigadiere vor dem Direktor, legten in den Vollversammlungen Rechenschaft ab — eine ausgezeichnete Methode zur Einwirkung auf die Familie. Ich denke, daß die Frage über die Formen des Einflusses auf die Familie durch folgende Logik gelöst werden muß: Die Schule ist eine staatliche Organisation, die Familie aber eine vom Alltagsleben bestimmte Organisation. Die Einwirkung auf die Familie erfolgt daher am besten durch den Schüler.

Quellennachweis: A. S. Makarenko, Iz opyta raboty. In: A. S. Makarenko, Sočinenija, Tom 5, Moskva: Izd-vo APN-RSFSR 1951, 511 S.; hier S. 304—318 (Soč. T. 5).

Auswahlbibliographie

Die Auswahlbibliographie weist nur die wesentlichsten Veröffentlichungen (Werke, Hauptschriften, Auswahlbände u.a.) nach, begrenzt diese zudem auf die in der DDR und Bundesrepublik Deutschland vorgelegten deutschen Übersetzungen (mit Ausnahme der sowjetischen Akademieausgabe, Werkausgaben 1. u. 2.). Die Bibliographien 3. u. 4. vermitteln den Zugang zur russischen Originalliteratur.

Bibliographien

1. Wittig, Horst E.: A. S. Makarenko in deutscher Sicht. In: Ders., Das Bildungswesen der ,DDR'. Auswahlbibliographie. Hrsg. von der Hochschule für Internationale Pädagogische Forschung, Frankfurt am Main 1960, S. 121—135 (Nrn. 1543—1710).
2. Hillig, Götz und Irene Rauch, A. S. Makarenko. Das deutschsprachige Schrifttum bis 1962, Berlin 1963. — Bibliographische Mitteilungen des Osteuropa-Instituts an der Freien Universität Berlin, H. 7.
3. Wittig, Horst E.: Makarenko-Auswahlbibliographie. Literaturauswahl zum Leben, Werk und zur Diskussion des pädagogischen Erbes A. S. Makarenkos (14. März 1888 — 1. April 1939). In: A. S. Makarenko, Ausgewählte pädagogische Schriften. Zweite, überarb. und verb. Aufl., Paderborn 1969, S. 261—320.
4. Hillig, Götz und Siegfried Weitz, Gesamtverzeichnis der Makarenko-Literatur in Bibliotheken der Bundesrepublik Deutschland und West-Berlins, Marburg 1969. — Beiträge zur Sozialistischen Pädagogik, Band 6.

Werkausgaben

1. Soč. 1 = A. S. Makarenko, Sočinenija (Werke in sieben Bänden; russ.) Moskva 1950—1952.
2. Soč. 2 = A. S. Makarenko, Sočinenija. V 7 tomach. 2-e izd. (Werke in sieben Bänden. 2. Aufl.; russ.), Moskva 1957—1958.
3. Werke = A. S. Makarenko, Werke (in sieben Bänden + Ergänzungsband), Berlin 1956—1962.
4. Ges. Werke = Anton Makarenko, Gesammelte Werke. Marburger Ausgabe (I. Abteilung: 13 Bände, II. Abteilung: 7 Bände; zweisprachig), Ravensburg 1976 ff (I. Abteilg. soll bis 1979/80 abgeschl. sein).

Hauptschriften (deutsche Erstausgaben)

1. A. S. Makarenko, Der Weg ins Leben. Ein pädagogisches Poem. Übers. v. Ingo-Manfred Schille, Berlin 1949 (weitere Ausg. + Aufl. ff).
2. A. S. Makarenko, Flaggen auf den Türmen. Übers. a. d. Russ. von Erich Salewski, Berlin 1952 (ff).
3. A. S. Makarenko, Ein Buch für Eltern. A. d. Russ. übertr. von Larissa Bortnowski und Maria Steim, Berlin 1952 (ff).
4. A. S. Makarenko, Vorträge über Kindererziehung. Übers. Alexander Bolz, Leipzig 1949 (ff).

5. A. S. Makarenko, Einige Schlußfolgerungen aus meiner pädagogischen Erfahrung. Übers. Friedrich Redlich, Berlin 1952 (ff).

Auswahlbände

1. A. S. Makarenko, Ausgewählte Pädagogische Schriften. Übers. von Friedrich Redlich, Berlin 1952 (ff).
2. A. S. Makarenko, Eine Auswahl. Zusammengestellt und eingeleitet von Alexander Bolz, Berlin 1967.
3. APS = A. S. Makarenko, Ausgewählte pädagogische Schriften. Besorgt von Horst E. Wittig. Zweite überarb. und verb. Aufl. Übersetzt von Reinhard Lauer und H. E. Wittig, Paderborn 1969.

Makarenkiana (Hrsg. vom Makarenko-Referat, Universität Marburg)

1. Makarenko-Materialien I—IV. Hrsg. vom Makarenko-Referat der Forschungsstelle für Vergleichende Erziehungswissenschaft an der Philipps Universität, Marburg 1969, 1971, 1973, 1976. — Beiträge zur Sozialistischen Pädagogik, Bde. 1, 8, 11 und 12.
2. Vtoroe roždenie. Zum zweiten Mal geboren. Die F. E. Dzeržinskij-Jugendarbeitskommune in Char'kov. Reprint der Kommune-Festschrift von 1932 mit paralleler deutscher Übersetzung. Herausgegeben von Götz Hillig und Siegfried Weitz, Marburg 1970. — Beiträge zur Sozialistischen Pädagogik, Bd. 2.
3. A. S. Makarenko und die sowjetische Pädagogik seiner Zeit, Marburg 1972. — Beiträge zur Sozialistischen Pädagogik, Bd. 10.
4. Auf holprigen Wegen der Pädagogik oder Makarenkos ,Marsch' durch das Jahr Zweiunddreißig, Marburg 1975. — (mit Bibliographie).

Schwerpunkthefte zur Pädagogik Makarenkos und deutsche Erstabdrucke von Text-Material aus der Makarenko-Forschung in der Zeitschrift ,Pädagogik und Schule in Ost und West' (PSOW), Paderborn

1. Beiträge zur Pädagogik A. S. Makarenkos
   In: PSOW, 15/November 1967/H. 11, S. 377—422.
2. Beiträge zur Pädagogik Makarenkos. Zum 30. Todestag von A. S. Makarenko am 1. April 1969. In: PSOW, 17/Juni 1969/H. 6, S. 165—191.
3. Beiträge zur Sowjetpädagogik A. S. Makarenkos
   In: PSOW, 19/Februar 1971/H. 2, S. 33—58.
4. Beiträge zur Sowjetpädagogik (u. a. Makarenko)
   In: PSOW, 22/1974/H. 5, S. 155—160.
5. Textmaterial aus frühen Ausgaben des ,Pädagogischen Poems'
   In: PSOW, 22/1974/H. 5, S. 155—160; 23/2. Quartal 1975/H. 2, S. 39—48.
6. A. S. Makarenko, Die Kinderverwahrlosung und ihre Bekämpfung
   In: PSOW, 23/1975/H. 2, S. 31—48; H. 4, S. 117—123.
7. A. S. Makarenko, Rede im Höheren Institut für kommunistische Bildung (Sommer 1936)
   In: PSOW, 23/1975/H. 2, S. 113—116.
8. Beiträge zur Makarenko-Forschung
   In: PSOW, 24/2. Quartal 1976/H. 2, S. 49—81.
9. A. S. Makarenko, An der gigantischen Front
   In: PSOW, 24/2. Quartal 1976/H. 2, S. 49—54.
10. A. S. Makarenko, Mehr Aktivität beim Spielen
    In: PSOW, 24/2. Quartal 1976/H. 2, S. 55.

UTB

PÄDAGOGIK

553 Hans-Hermann Groothoff; Ingeborg Wirth: **Erwachsenen-bildung und Industriegesellschaft** ISBN 3-506-99185-X (Schöningh). 1976. 352 S., DM 19,80
Eine umfassende Einführung, die Erwachsenenbildung funktional und historisch aus den Bedingungen der Industriegesellschaft ableitet. Von diesem Ansatz her werden Aufgaben, Möglichkeiten und Institutionen analysiert und insbesondere bildungspolitische Konsequenzen entwickelt. Einen Abschnitt über die Gesetzgebung zur Erwachsenenbildung, über die Ausbildung der Lehrkräfte und eine Bibliographie der einschlägigen Literatur schließen den Band ab.

DIDAKTIK DES SACHUNTERRICHTS

556 Hans Gärtner:
Bibliographie Sachunterricht – Primarstufe
Eine Auswahl.
ISBN 3-506-99179-5 (Schöningh). 1). 1976. 290 S., DM 16,80
Diese Bibliographie zum Sachunterricht der Grundschule umfaßt Gesamt- und Detaildarstellungen in Buchform. Aufsätze aus Zeitschriften, Beiträge aus Sammel- und Nachschlagewerken, Unterrichtsbeispiele aus Periodica, gedruckte Lern- und Arbeitsmaterialien sowie eine Auswahlliste Kindersachbücher. Der zeitliche Untersuchungsrahmen liegt zwischen 1965 und 1975. Er umfaßt das Jahrzehnt, in dem sich die Reform des Sachunterrichts der Grundschule abspielte. Darüber hinaus wird eine grundlegende Einführung in die Entwicklung des Sachunterrichts gegeben.

PÄDAGOGIK

115 J. J. Rousseau: **Emil oder Über die Erziehung** – Vollst. Ausgabe in neuer deutscher Fassung, besorgt von Ludwig Schmidts, Gießen. (Schöningh). 72. DM 14,80

459 Dirk Schwerdt: **Vorschul-erziehung** – Grundlagen – Ziele – Förderungsbereiche (Schöningh). 75. DM 16,80

GESCHICHTE

460 Jochen Bleicken: **Die Verfassung der römischen Republik** Grundlagen und Entwicklung (Schöningh). 75. DM 16,80

461 Rolf Sprandel: **Verfassung und Gesellschaft im Mittelalter** (Schöningh). 75. Ca. DM 15,00

GERMANISTIK

401/402 Josef Billen / Helmut Koch (Hrsg.):
Was will Literatur? 1/2
(Schöningh). 75. Jeder Band DM 19,80

60 Karl Konrad Polheim (Hrsg.): **Der Poesiebegriff der deutschen Romantik** (Schöningh). 72. DM 19,80

153 Herbert Anton: **Die Romankunst Thomas Manns** – Begriffe und hermeneutische Strukturen. (Schöningh). 72. DM 6,80

DIDAKTIK DES DEUTSCH-UNTERRICHTS

155 Wolfgang Menzel: **Die deutsche Schulgrammatik** – Kritik und Ansätze zur Neukonzeption. (Schöningh). 3. Aufl. 75. DM 10,80

UTB 7 Stuttgart 80
Am Wallgraben 129
Postfach 80 11 24.